大国追梦

The
Chinese
Dream

王炳林◎主编

人民出版社

目　　录

CONTENTS

大国追梦 DAGUO ZHUIMENG

前　言

实现中华民族伟大复兴，是近代以来中华民族所追求的最伟大的梦想。有过灿烂辉煌的历史，才会懂得复兴的含义；经历过苦难的民族，才有对复兴更深切的渴望。

遥想当年，秦皇汉武开疆拓土，奠定了中国辽阔版图的基本轮廓，中国从此以东方大国的雄姿屹立于世界。唐代中国是政治昌明、经济繁荣、文化灿烂的强盛大国，名扬海外，在世界文明史上谱写了壮丽篇章。清代康、雍、乾三朝文治武功，版图辽阔，综合国力位居世界前列。曾经有过这样辉煌历史的民族，怎能没有梦想？

中国是一个历史悠久的大国，追求梦想既有强烈的渴望，更有坚定的自信。古代的辉煌成就令世人赞叹不已。中国是远古人类起源的重要地区，中华文明多元一体、源远流长，历尽沧桑，却绵延发展，传承不绝，始终没有中断，这在世界历史上是罕见的。

中国古代的物质文明和精神文明丰富多彩，曾经在世界上独领风骚，在世界文明史上占有重要地位。中国古代有"三皇五帝"之说，这些古代帝王都是原始社会一些氏族部落的首领或氏族部落的代号。他们之间或联盟、或战争，经过长期的分化与融合，形成华夏民族。公元前21世纪开始形成夏、商、周等王朝国家。公元前221年，秦始皇建立了统一的多民族国家。此后，历经朝代的更迭，封建制度虽有演变，但基本都与秦汉制度一脉相传。这种封建国家行政体制对于多民族国家的

统一与稳定，对于封建社会经济与文化的发展都起到了积极作用。从隋朝初年到清末的科举制，延续 1300 多年，为庶族学子乃至贫寒子弟打开了仕进之门，使官僚集团得以不断扩充更新，巩固了封建统治。中国封建时代的贞观之治、开元盛世、康乾盛世的出现，不仅仅是由于某个君主个人的开明和睿智，而且与这种行政体制下官民共同努力有很大关系。高度发达的中国古代官僚制度，在世界政治史上占有重要地位。

古代中国的科学技术长期处于世界领先地位，在天文学、数学、农学、医药学等领域取得过许多卓越成就。中国古代的青铜文化十分发达，并以制作精良、气魄雄伟、技术高超而著称于世。青铜器以其独特的器形、精美的纹饰、典雅的铭文向人们展示了先秦时期的铸造工艺、文化水平和历史源流，因此被史学家们称为"一部活生生的史书"。以指南针、造纸术、活字印刷术、火药四大发明为代表的重大科技发明，深刻影响着人类的生活，也使中国的农耕、纺织、冶金、手工制造技术长期处于世界领先水平。中国生产的丝绸绚丽多彩，瓷器精美绝伦，都是闻名世界的珍品，由此开辟的丝绸之路等商贸通道是中外交往的历史见证。中国的工程建筑气势恢宏，万里长城、大运河等宏伟工程，堪称人间奇迹。宫殿建筑金玉交辉、巍峨壮观，石窟雕塑神秘精美，古典园林巧夺天工。

中国古籍文献浩如烟海，哲学思想博大精深。春秋战国时期就出现了波澜壮阔的思想解放运动，诸子心系天下，才思喷涌，百家新说迭出，切磋争鸣，汇聚成中华民族优秀传统文化的源头活水，为后代留下了极其宝贵而丰富的精神文化遗产。无论是儒、道、佛、玄，还是程朱理学，都各有思想体系，而且多种思想文化碰撞交融，不断擦出耀眼的思想火花。中国的文学艺术同样精彩纷呈。《诗经》是我国最早的诗歌总集，后经孔子删定而流传于后世，音律整齐和谐，语言丰富优美。战国时期的楚辞则形成了我国文学史上最早的浪漫主义流派。此后，中国文学艺术高峰迭起，美不胜收，汉赋、唐诗、宋词、元曲、明清小说，各具特色，影响深远。戏剧艺术百花竞艳，书法艺术妙笔神功，水墨绘画以神似取胜。藏族《格萨尔》史诗、蒙古族《江格尔》史诗、维吾尔族《十二木卡姆》套曲等，展现了各族人民丰富的精神生活。中国的史学成就斐然，不断树起一座座巍峨的丰碑。司马迁的《史记》被称为"史家之绝唱，无韵之《离骚》"。司马光主编的《资治通鉴》开创编年体的新体裁，强化了史学的资政功能。一套皇皇巨著二十四史，约有 4000 万字。它记叙的时间，从第一部《史记》记叙传说中的黄帝起，到最后一部《明史》记叙到明崇祯十七年（1644 年）止，前后历时 4000 多年，可以说是我国一部比较完整、系统的"编年大史"。它记载了历代经济、政治、文化艺术和科学技术等各方面的活动和成就。中国史学著述之辉煌和史料之丰富是世界上任何一个国家所不能媲美的。

中国是文明古国，与外部世界的经济文化交流也是源远流长。汉武帝时代，张骞出使西域，连接中国与中亚、西南亚、印度北部的陆上丝绸之路从此正式开通。隋唐宋元时期，中国的经济有巨大进步，加之科学技术发展，进一步促进了对外关系的发展，与中国交往的国家和地区不断增加。从公元 7 世纪到 9 世纪，日本不断向中国选派"遣隋使""遣唐使"，学习中国文化。这是古代中日关系最密切的时期。陆上丝绸之路在隋唐时期有新的发展，商队不绝于道。南海的交通在这一时期有显著的进步，一条东起中国港口，经过南中国海，由马六甲海峡进入印度洋抵达波斯湾和阿拉伯半岛，直至非洲东北部的航线，在唐代已开辟为新的海上丝绸之路。明代郑和七下西洋，船队遍及东南亚和印度洋地区诸国，远抵阿拉伯半岛和非洲东北部，达到了古代中国与外部世界交往的高峰。可以说，中华文明是中华民族辛勤创造的结晶，也是中外文化交流、融合的结果。

总之，中华文明以其独有的特色和辉煌走在了世界文明发展的前

列，为世界文明进步作出了巨大贡献。

然而，随着欧洲近代工业革命脚步的加快，中国错过了发展机遇，很快落伍了。为什么曾经领先世界文明的中国会走向衰落？这当然是复杂的内外因素共同作用的结果。

从中国内部来看，在经济上，自给自足的小农经济占主要地位。这种以个体家庭为单位并与家庭手工业结合的生产结构对维护社会稳定有积极作用，但也限制了生产力的发展。历代王朝大都实行重农抑商政策，也阻碍了商品经济的发展。在政治上，高度中央集权的君主专制体制，巩固了封建统治，有利于维护多民族国家的统一，同时也会导致社会缺乏民主、缺乏生机活力。在文化上，以三纲五常为伦理道德的儒家文化是封建社会的正统思想，在维护君主统治、突出道德教化方面发挥了重要作用，但是封建统治者实行文化专制主义，又阻碍了思想进步，导致唯我独大，故步自封。在对外关系上，中国历代王朝处理对外关系的基本模式是朝贡制度。按照这种模式，外国使节觐见中国君主必须行臣属之礼，他们带来的礼品被视为贡品。中国君主则会授予这些国家统治者以各种名号，并"回赐"各种礼品。凡是有"朝贡"关系的国家，中国允许它们前来贸易。在前资本主义时期，中国的经济、文化长期在亚洲甚至世界处于领先地位，由此产生了中国是世界中心的思想。清朝继续推行朝贡体制，同时为了镇压国内东南地区的反抗力量，在沿海推行更加严格的海禁和迁海措施，逐步走上闭关锁国的道路。闭关锁国使封建统治者更加昏庸、封建制度更加腐朽，加剧了中国的贫穷落后和愚昧无知。

从外部环境看，17世纪以来，欧洲的科学技术得到迅速发展。18世纪中叶，英国发生了工业革命，经济腾飞，其他资本主义国家紧紧跟上。由于资产阶级要求更广阔的国外市场和原料供应地，推动了西方列强向世界急剧扩张，到处建立殖民统治。人类历史进入了从分散走向整体的时代，进入了资本主义发展和扩张的时代。殖民主义者运用各种手段对一些国家和地区进行军事、经济、政治、文化等方面的侵略，使它们在不同程度上沦为资本主义强国所垄断的商品倾销市场、廉价劳动力和廉价原料的供应基地以及自由的投资场所。在这个世界性大变化的时代，清朝统治者仍然盲目自大，对外部世界的变化不感兴趣，拒绝变革，使中国与西方国家在经济上、科学技术上的差距不断拉大。在这种背景下的战场较量，中国的失败就在所难免了。19世纪40年代，由于抵挡不住列强的坚船利炮，中国被迫打开了大门。

西方列强来到中国，当然不是为了给中国送来资本主义的政治制度和先进的科学技术，而是为奴役和殖民中国人民，占有中国的市场和资源。世界上的帝国主义国家，几乎都侵略和欺凌过中国。他们对中国发动一系列军事侵略，制造众多惨案，屠杀中国人民；他们迫使中国签订一系列不平等条约，对中国进行疯狂掠夺，既蛮横地强迫割地赔款，又贪婪地攫取种种特权。中国经济社会发展受到严重破坏，中国人民过着饥寒交迫和毫无政治权利的生活，中华民族遭受的屈辱与苦难世所罕见。

"四万万人齐下泪，天涯何处是神州？"中国遭受如此欺凌，陷入如此境况，怎能不使善良的人民痛心疾首？谭嗣同的诗句，喊出了中国有识之士的悲愤。昔日辉煌与悲惨现状形成的巨大反差，激发了中华民族的觉醒。

昔日的泱泱大国沦落到亡国灭种的边缘，其根本原因就是毛泽东所说的，"一是社会制度腐败，二是经济技术落后"。为实现中华民族伟大复兴的梦想，就必须推翻帝国主义、封建主义统治的半殖民地半封建的社会制度，争取民族独立和人民解放；就必须改变中国经济技术落后的面貌，实现国家繁荣富强和人民共同富裕。这就是近代以来中华民族面临的两大历史任务。为了完成这两大历史任务，觉醒的中国人，前仆后

继，英勇奋斗，进行反对帝国主义列强和腐朽封建统治者的斗争。但是，无论是农民起义还是改良变法，都以失败而告终。民主革命先行者孙中山石破天惊地喊出了"振兴中华"的伟大号召，激励着一代又一代中国人奋力前行。孙中山领导的辛亥革命推翻了在中国延续两千多年的封建君主专制制度，然而，人民群众依然在水深火热中苦苦挣扎。也有一些仁人志士奔走世界，求索振兴中华之路，寻找强国富民的真理。但是，无论考察西洋还是留学东洋，所获得的理论以及工业救国、教育救国、科学救国等方案，都没有根本改变中国遭受屈辱与苦难的命运。

苦苦抗争中的志士仁人从未放弃对美好梦想的向往和追求。1932年11月，《东方杂志》向全国各界知名人物发出新年梦想的征稿信，旨在征求两个问题的答案——一是先生梦想中的未来中国是怎样的？二是先生个人生活中有什么梦想？主编胡愈之在信中说："在这昏黑的年头，莫说东北三千万人民，在帝国主义的枪刺下活受罪，便是我们的整个国家、整个民族也都沦陷在苦海之中……我们诅咒今日，我们却还有明日。假如白天的现实生活是紧张而闷气的，在这漫长的冬夜里，我们至少还可以做一两个甜蜜的舒适的梦。梦是我们所有的神圣权利啊！"这场"于1933年新年大家做一回好梦"的策划，忠实地记录了在那苦难深重、国危世乱的日子里中国人对美好未来的憧憬和对现实世界的无奈。

"天若有情天亦老，人间正道是沧桑。"在千年中华辉煌与百年中国衰败的变奏曲中，敏锐把握时代脉搏，指引正确方向，凝聚伟大力量，真正把亿万人民带上实现民族复兴中国梦的人间正道的，是中国共产党。中国共产党成立后，团结带领广大人民前仆后继、顽强奋斗，书写了感天动地的壮丽史诗，把贫穷落后任人宰割的旧中国变成独立自主、繁荣富强的新中国，中华民族伟大复兴展现出前所未有的光明前景。

2012年11月29日，习近平总书记率中央政治局常委和中央书记处的同志参观《复兴之路》展览时指出:"我以为,实现中华民族伟大复兴,就是中华民族近代以来最伟大的梦想。这个梦想,凝聚了几代中国人的夙愿,体现了中华民族和中国人民的整体利益,是每一个中华儿女的共同期盼。"①中华民族伟大复兴的中国梦一经提出,便释放出强大的号召力和感染力。

"述往事,思来者。"一个民族的历史深刻地影响着一个民族的现在和未来。国家和民族的发展史,揭示着发展道路的历史必然性,蕴含着治国安邦的深刻道理。"欲知大道,必先为史。"历史是最好的教科书。中国人民敢于有梦、勇于追梦、勤于圆梦的奋斗历程,是我们的宝贵精神财富,是鼓舞我们前行的强大精神动力。实现中华民族伟大复兴,当然不是简单地重复过去的历史盛世,而是要使中华民族自立于世界民族之林,走进世界先进文化的行列,为人类社会发展做出更大贡献。

面对波澜壮阔的历史进程和纷繁复杂的历史事件与人物,各种纷争从未停歇。学术争鸣理所当然,但也有立场不稳和是非不辨的模糊认识,甚至还有恶意抹黑,历史虚无主义时常以不同的形式出现,必须引起高度重视。因此,本书不是一般性叙述中国近现代历史的全过程,而是按照历史进程有针对性地选择一些重大问题,进行专题化论述,以讲故事与讲道理相结合的方式回顾中国人民波澜壮阔的追梦历程,揭示蕴含其中的历史智慧和深刻道理,回应一些对历史事实的质疑,澄清一些模糊认识,相信对于正确认识中国近现代史的主流和本质,对于坚定中国特色社会主义道路自信、理论自信、制度自信、文化自信,实现中华民族伟大复兴的中国梦会有启迪作用。

---

① 《十八大以来重要文献选编》上,中央文献出版社 2014 年版,第 84 页。

第一章 苦难中的抗争

——为什么说中华民族追求梦想的道路是艰难曲折的？

具有悠久历史和灿烂文明的中国在近代遭受了磨难。自强不息的中华民族从未放弃对美好梦想的向往和追求。为了实现民族复兴，几亿人魂牵梦绕，几代人上下求索。中华民族追求梦想的道路为什么艰难曲折？回望历史，民族苦难太深重，很多道路行不通。正如毛泽东的词所云："长夜难明赤县天，百年魔怪舞翩跹，人民五亿不团圆。"西方列强的侵略欺凌和封建统治的腐败，导致近代中国政治被控制、经济受掠夺、文化被摧残，中国逐步演变为半殖民地半封建社会。正是因为不能忍受被欺侮，有识之士才走上了艰难的救亡图存之路。屈辱和磨难考验斗争意志。在"救亡图存"的呐喊与不懈抗争的号角中，实现中华民族伟大复兴的历程拉开帷幕。

一、晚清的历史悲歌

世界近代的历史，基本上是资本主义产生和发展的历史。在 16 世纪的西欧，资本主义在封建社会内部发展起来。16 世纪 60 年代，反对西班牙统治的尼德兰资产阶级革命爆发，揭开了世界近代史的序幕。

1640 年，英国资产阶级革命开始，从此资本主义生产关系和政治制度逐步确立起来。1784 年，英国人瓦特改良了蒸汽机，工业革命的大门由此开启。在工业革命的推动下，英国逐步发展壮大起来，成为世界上首屈一指的强国。继英国之后，法、德、美、俄等国也纷纷崛起，并走上殖民扩张道路，用坚船利炮征服落后国家和地区。

当西方世界经济、科技在飞速进步的时候，清朝统治者对外部世界的巨大变化几乎懵然无知，其社会内部也矛盾重重，如土地兼并严重，军备废弛，吏治腐败，清王朝的统治可谓江河日下，但统治集团仍安于现状，自我陶醉，不知危机将至，最终陷入悲惨境地。

当时，清政府推行的是闭关政策，即只准在广州一地与外国通商。这在一定程度上会起到保护自身经济、防范西方殖民势力入侵的作用，但是从历史的长期发展看，其实质是一种短视的对外政策，它阻滞了中外经济文化的交流，阻碍了社会的发展进步，使中国在时代的巨变中被抛在后面。

侵略和扩张是资本主义的本性。列宁对此曾进行过深刻的揭示："资本主义如果不经常扩大其统治范围，如果不开发新的地方并把非资本主义的古老国家卷入世界经济的漩涡，它就不能存在与发展。"[1] 在迅猛发展并急欲向外扩张的资本主义西方国家中，英国是当时最为强盛的世界帝国，它的殖民地遍及全球，其开拓的疆域之广阔，统治的人口之多，任何国家无法相比，号称"日不落"帝国。1839年，英国的煤产量比法国、比利时、普鲁士的总和多3倍，1840年英国的生铁产量增加到140万吨。从1830年开始，历经20年，英国筑成的铁路近1万公里。在机器化大生产发展的刺激下，只有向海外进行殖民扩张才能满足英国商人对市场、原材料的极大欲求。1825年，英国爆发了第一次资本主义经济危机，为摆脱困境，转嫁危机，英国资产阶级加紧推行殖民扩张。地大物博而又按照"蜗牛爬行的速度"缓慢行进的封建主义中国就成为英帝国对外侵略扩张

---

[1] 《列宁全集》第三卷，人民出版社1984年版，第547页。

的目标。

英国对中国茶叶、瓷器、丝绸有着较大需求，在正常的中英贸易中，英国一直处于入超地位。为了扭转长期存在的对华贸易逆差，英国商人从事了罪恶的鸦片贸易。

鸦片给中国带来了极大的危害。首先，白银大量外流，导致银贵钱贱，百姓的实际负担也随着银价的升高而加重。其次，鸦片摧毁了许多中国人的健康。清朝上至官吏、下至百姓中，都出现了不少成天沉迷于吞云吐雾、不务正业之人，一些士卒则一手持御敌护命之枪，一手持油光锃亮的烟枪，百姓讥讽为"双枪兵"。对于鸦片带来的危害，清统治者也深感忧虑。清廷内部先后出现了两种不同主张：一种是太常寺卿

英国东印度公司的鸦片储藏库

许乃济提出的弛禁论，主张允许外国鸦片通过纳税合法进口，可公开买卖；另一种是鸿胪寺卿黄爵滋提出的严禁论，要求不仅严惩鸦片贩卖者、烟馆开设者，还要"重治吸食者"，过期不戒烟者，平民处以死刑，官吏更是罪加一等，不仅本人被处死，其子孙不准参加科举考试。黄爵滋的主张得到湖广总督林则徐等人的支持。道光帝最终下定决心，任命林则徐为钦差大臣前往烟祸横行的广州严禁鸦片。为表示禁烟决心，林则徐掷地有声地宣布：若鸦片一日未绝，本大臣一日不回，誓与此事相始终，断无中止之理！①

1839 年 3 月，林则徐来到广州后，雷厉风行地实施多项严禁鸦片的措施，并迫使英、美商人交出大量鸦片。1839 年 6 月 3 日至 25 日，林则徐下令将收缴的 237 万斤鸦片在虎门海滩当众销毁。获悉中国销禁鸦片的消息后，英国从事东方贸易的利益集团迅速向其政府施加强大的压力，要求采取坚决行动。英内阁会议最后通过了对中国发动战争的议案。1840 年 6 月，英国政府派出 40 余艘舰船和 4000 名士兵组成的"东方远征军"入侵中国，第一次鸦片战争爆发了。

有人说："鸦片战争的爆发是因为林则徐的禁烟运动导致的，如果没有林则徐的禁烟运动，鸦片战争就不会爆发。"这一观点只看到表象，而没有看到实质。实际上，鸦片战争是英国推行全球殖民扩张的必然结果。除非清王朝一开始就完全屈从、妥协，否则，即使没有林则徐禁烟，英国殖民者也会寻找其他借口挑起战争，将中国变成其掠夺压榨的对象。

面对英国的武力挑衅，林则徐积极备战，英国侵略军看到广州无隙可乘，转而北上，抵达天津大沽口外。本来主张战争的道光帝，慑于兵威，开始动摇，将林则徐革职，改派直隶总督琦善为钦差大臣，与英军

---

① 林则徐：《林则徐集公牍》，中华书局 1965 年版，第 60 页。

虎门销烟场景

谈判，但双方最终没有谈拢，战争又进一步升级。

定海之战是鸦片战争中中国军民抗击敌人最壮烈的战役之一。1841年9月26日至10月1日，英军为了扩大侵华战争，调集了31艘舰船，再犯定海。在萧山老家守孝的定海总兵葛云飞听到消息后，穿上母亲亲手染黑的孝服，带着她"国之忠臣，即家之孝子"的嘱托，星夜奔赴战场。葛云飞与寿春镇总兵王锡朋、处州镇总兵郑国鸿率领5600名清军顽强抵抗英军六昼夜。王锡朋一条腿被炸断，仍奋力杀敌直至壮烈牺牲；郑国鸿身中数弹，英勇献身；葛云飞被敌削去半张脸，炮弹从后背穿透，身中40余枪，牺牲时双目如炬，倚崖而立。这次定海之战表现了中国人民誓死反抗外敌入侵的大无畏精神和不可欺不可辱的民族气节。

在反对侵略者的斗争中，既有爱国官兵的浴血奋战，也有人民群众的自发斗争。其中，三元里人民抗英是第一次鸦片战争中影响深远的战役。

在战争过程中，尽管有爱国官兵和人民群众的抵抗活动，但清政府决策多变，和战不定，将帅不善指挥，战法呆板，加之武器装备落后，

链接：三元里抗英之战

　　三元里抗英是鸦片战争中广州人民自发的一场抗英斗争。1841 年 5 月 29 日，英军窜到三元里村抢劫奸淫，村民奋激反抗，打死英军数名。为了防止敌人的报复，村民齐集村北古庙商讨对策，后又联络集结了附近 103 乡的义勇，决定采取诱敌深入之计，将敌引诱至牛栏冈打伏击战。5 月 30 日，三元里及各乡义勇数千人，向四方炮台的英军进行佯攻，边打边退，将敌引入牛栏冈，双方随之展开激战。下午 1 时，大雨倾盆，手持锄头、木棍、刀矛的三元里人民愈战愈勇，英军却因火药受潮而枪炮失灵，被打死打伤近 50 人，最后在广州知府余保纯的帮助下才得以解围。三元里人民不畏强暴、敢于斗争的精神表明中华民族内部蕴含着巨大的抗争力量，西方列强要征服中华民族，是不可能得逞的。

处于被动状态。鸦片战争最终以清政府的失败而告终。1842 年 8 月 29 日，在南京江面的英舰"皋华丽"号上，清朝议和大臣耆英、伊里布与英国代表璞鼎查签订了不平等条约《南京条约》。《南京条约》是近代西方资本主义国家强加在中国人民身上的第一个不平等条约，影响深远。按照该条约规定，英国强占香港岛，使中国的领土完整遭到破坏。五口通商加剧了西方资本主义对中国的殖民掠夺。巨额赔偿加重了清政府的财政负担，同时转嫁到劳动人民的身上，国内阶级矛盾更加激化。

　　社会制度的腐败和经济技术的落后是中国失败的重要原因。《南京条约》没有也不可能给中国带来长久的和平，因为西方列强的野心和欲望是没有止境的。1844 年，美国、法国又强迫清政府签订了中美《望厦条约》、中法《黄埔条约》，清王朝的危机越来越严重。1856 年，侵略者又一次将战争强加到清王朝身上。英、法、美三国声言要修约，遭到清政府的拒绝。于是，英国以"亚罗号"事件、法国以"马神甫"事件为借口，挑起了第二次鸦片战争。此时，紫禁城又换了主人，这就是

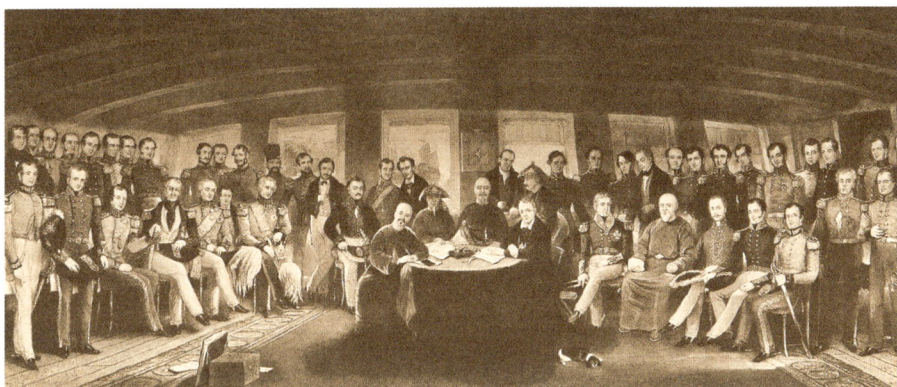

中英签订《南京条约》

年轻的咸丰帝。咸丰帝与其父道光帝一样，对待战事举棋不定、首鼠两端。一有小胜，沾沾自喜，自我膨胀；一被敌军打败，便六神无主、惶惶不安。1860 年 9 月，英法联军举兵进逼北京，咸丰帝以"木兰秋狝"的名义仓皇逃出紫禁城，逃到热河（承德）。同年 10 月 6 日，英、法联军在俄国、美国的帮助下，闯入圆明园，大肆抢劫后又纵火焚烧，大火持续了三天三夜，这座历经 150 余年建造，耗银二亿两，中西合璧、令人叹为观止的皇家园林被付之一炬。1860 年 10 月 24 日、25 日，英法联军以焚毁紫禁城作为威胁，迫使清廷签订《天津条约》《北京条约》，第二次鸦片战争终于结束。而早在 1858 年，俄国就在第二次鸦片战争期间趁火打劫，玩弄种种花招，迫使中国签订《瑷珲条约》，割去黑龙江以北大片领土。俄国通过一系列不平等条约共侵占中国领土 150 多万平方公里。

据统计，晚清 70 余年间，中国被迫签订了 1145 个不平等条约和章程。民主革命的先驱孙中山先生就曾尖锐地指出，不平等条约"就是我们的卖身契"[①]，国家的领土与主权被这一个个"卖身契"葬送了。

---

① 《孙中山全集》第 11 卷，中华书局 1986 年版，第 337 页。

二、数千年未有之变局

清光绪元年即 1875 年，晚清重臣李鸿章在一封《因台湾事变筹画海防折》中说："历代备边，多在西北。其强弱之势、主客之形，皆适相埒，且犹有中外界限。今则东南海疆万余里，各国通商传教，来往自如，麇集京师及各省腹地，阳托和好之名，阴怀吞噬之计，一国生事，数国构煽，实为数千年未有之变局！"此后，"数千年未有之变局"成为形象而又深刻地揭示中国社会变迁的常用概括。

鸦片战争在中国历史上成为一个重要的分水岭。战前的中国是一个领土和主权完整的国家。战后，国土沦丧，关税要与外国协商才能确定，外人在华犯法，中国政府无权过问，外国军舰和商船可以随意在中国的江面上巡行。清政府虽然在未被割让的领土上对本国人民行使着各种权力，维持着形式上的独立，但由于部分独立权、管辖权等权力的丧失，中国已不是一个拥有独立主权的国家。一个过去被西方诸国钦羡不已的东方大国开始沉沦为一个半殖民地国家。

列强侵占中国领土，破坏了中国的主权和领土完整。通过一系列的不平等条约，列强从中国攫取了大量的土地。香港岛和九龙半岛被英国人割占；俄国以战争、讹诈、欺骗、恐吓等手段，攫取中国领土。恩格斯曾指出："俄国从中国夺取了一块大小等于法、德两国面积的领土和一条同多瑙河一样长的河流"。[①] 鸦片战争前，中国版图像个秋海棠，此后，秋海棠周边被啃食得七零八落。葡萄牙人早在明末就用欺诈手段借居澳门。1849 年，葡萄牙趁火打劫，用武力强占澳门半岛，后又通过不平等条约，"永居管理澳门"。1895 年，日本强迫清政府签订《马关条约》，割去中国台湾全岛及所有附属各岛屿和澎湖列岛。1898 年，德

---

① 《马克思恩格斯全集》第 12 卷，人民出版社 1995 年版，第 662 页。

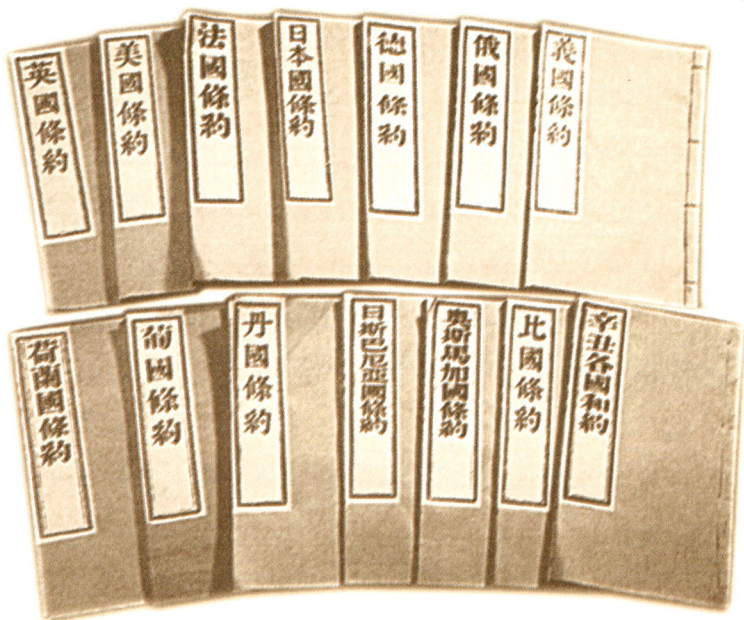

不平等条约

国强租山东的胶州湾，把山东划为其势力范围。英国处心积虑地提出要在通商口岸租借大片土地作为居留地，于是，租界，这个具有殖民地烙印的怪胎便出现了。1843年，英国驻上海领事巴富尔利用不平等条约向上海道台宫慕久提出，要在当地划出一块供英国领事和侨民专用的居留地。几经谈判，双方签订了《上海租地章程》，830亩地划归在英人手里，上海英租界就此形成。1848年，它的面积又增到2820亩。英租界之后，其他国家也争先恐后划地建立本国的租界，一时在中国的土地上，各国租界纷纷建立，多达27处。最初，中国地方政府还有权管辖这些租界，但是租界千方百计把行政、司法、立法等权力掌控在手中，俨然成为"国中之国"。上海的公共租界部门齐全，工部局掌握着决策权和执行权，万国商团担负着租界保安和保卫工作，工部局还设有巡捕房，会审公廨虽由中国人和英国人共同审理中外纠纷的案件，但洋人的话常常一言九鼎。100 多年来，租界始终是列强侵略中国的"桥头堡"，上海租界更是被称为"冒险家的乐园"，而这"乐园"都是由中国人民的脂膏和血肉铸成的，对中国人民来说它是罪恶的渊薮。

列强剥夺了中国的关税自主权。协定关税是中国主权丧失的一个重要标志。中英《南京条约》第 10 款这样规定：英商"应纳进口出口货税、饷费，均宜秉公议定则例"，首开了"协定关税"的恶例。在第二次鸦片战争中所签订的《天津条约》又规定了值百抽五的税则，进口的印花布、棉纱等货物，连 5% 的税率都不到。《天津条约》还规定：洋货进入内地，或者从内地收购土货，只需一次交 2.5% 的子口税，就可以在中国内地畅行无阻。协定关税，使得中国的关税自主权丧失，中国成为世界上关税最低的国家之一，大大便利洋货在中国市场的倾销，中国长期出超的局面被打破，迅速跌落为入超大国。第二次鸦片战争后，中国

万国商团轻骑队巡逻

海关权也落入列强之手。海关总税务司之职由英国人赫德长期把持，用人、行政、财务诸多大权都由其独断，直至 1908 年他才卸任，掌握中国海关重权长达 45 年之久，成为清末政坛上的"洋不倒翁"。当时，各口岸的海关正、副税务司也由外国人担任。海关是一国门户，中国门户由外国人来控制的奇特景观，反映了其殖民地属性。

通商口岸变成列强倾销廉价商品的据点、掠夺中国原料的聚集地以及走私鸦片的窝点。通过一个个不平等条约，列强迫使中国向其开放的通商口岸累次达到 83 处。开放通商口岸，大大便利了列强商品的倾销。洋纱、洋布充斥着中国市场，中国手工纺纱织业在技术、成本各方面难以与国外价廉的机织纱、布相抗衡，导致中国的民族工业难以独立发展，传统的家庭手工业，特别是家庭手工棉纺织业开始衰落，中国广大地区特别是农村的经济濒临破产。外国商人依仗特权低价收购中国农副产品，如棉花、羊毛、桑、茶、烟叶、豆类、花生等等，作为其工业生产的原料，获取高额利润，使中国逐渐成为外国资本主义的原料供应地，成了西方大国的经济附庸。

片面最惠国待遇是危害中国主权最严重的一个条款。1843 年签订的中英《虎门条约》规定：中国如给予其他国家特权利益，应准英人均沾。列强以此相互援引，结成了共同宰割中国的联合阵线。

领事裁判权严重破坏了中国的司法主权。《五口通商章程》规定：中英之间的诉讼，先由英国人调停，调停不成，再由中国官府"秉公定断"；英人如犯罪，要按照英国法律裁定。此后的中美《望厦条约》又扩大了这一权利，不但美国人甚至其他外国人在中国的违法行为，都不受中国法律约束。有些不法洋人在中国肆无忌惮、为所欲为显然与此特权不无关系。

在加紧经济掠夺和政治控制的同时，西方列强也不忘对中国进行文化侵略，而这一角色的担当者主要是传教士。19 世纪 60 年代中法《北京条约》签订，允许法国传教士在中国"租买田地，建造自便"。此后，西方传教士可以自由进入中国。到 19 世纪末，外国来华的传教士多达 3200 多人。有部分传教士通过译书、创办刊物，向中国人民提供西方的科技知识。他们创办的教会学校，虽然培养了一些中国所需要的人才，但是，有相当一部分传教士是"用传教的鬼话来掩盖掠夺政策的人"。他们以传教等各种方式对中国人民进行奴化教育，以利于其推行殖民统治。一些传教士实际上是在中国各地搜集情报的间谍。更有一些品行不端的传教士在中国胡作非为，任意霸占土地、包揽诉讼官司、包庇不法教徒、奸淫妇女。正因为他们与当地百姓的摩擦日渐升级，各地教案时有发生，最终催生了轰轰烈烈的义和团运动。

19 世纪末 20 世纪初，世界主要资本主义国家相继进入帝国主义阶段。英、法两个老牌资本主义国家发展速度渐趋缓慢，而美、德、俄、日成为新崛起的帝国主义国家。俄国通过 1861 年废除农奴制改革、日本通过 1868 年明治维新，都先后获得较快发展。而美、德的工业发展速度也赶超了英、法。新崛起的帝国主义国家从本国利益出发，要求对殖民地重新洗牌。此时，非洲、印度沦为完全的殖民地，土耳其成为半殖民地国家，拉丁美洲国家刚刚摆脱西班牙和葡萄牙的魔掌，又成为美国事实上的殖民地。而地域辽阔、物产丰盈的中国，还尚未被完全瓜分，早已垂涎欲滴的列强理所当然把它作为下一个瓜分的重要目标。

明治维新后，日本天皇就确立了对外扩张政策，要以武力"开拓万里波涛"，"布国威于四方"。从 19 世纪 70 年代开始，日本就制定了吞并朝鲜并以其为跳板逐步吞噬中国的计划。日本与朝鲜签订的《江华条约》《仁川条约》，与中国签订的《中日天津会议专条》，1887 年制定的《征讨清国策》以及日本发动的一系列战事，都反映出这一战略计划在一步步实施。为了扩充军队，日本从 1890 年就拿出 60% 的国家财政收入来发展近代海陆军。甲午战前，日本已建立起一支拥有 6.3

万名常备军和 23 万名预备军的陆军，其军事实力大大提升。日本不断加强对中国的间谍渗透，为发动侵华战争做了充分准备。1894 年爆发的中日甲午战争，中国惨败。1895 年 4 月 17 日，在日本马关春帆楼下，李鸿章与日本大臣伊藤博文、陆奥宗光签订了《马关条约》。伊藤博文盛气凌人，让李鸿章只在"允"与"不允"中选择，毫无商量的余地。战败之国在谈判桌前怎会有发言权？李鸿章只得在条约上签字。《马关条约》是继《南京条约》之后又一个严重丧权辱国的不平等条约，它标志着中国半殖民地程度进一步加深。条约规定：朝鲜脱离与中国的藩属关系，日本从此可以控制朝鲜事务，称霸亚洲；割让辽东半岛、台湾岛与澎湖列岛；赔偿军费二亿两白银等。俄国有感于辽东半岛的割让于己不利，遂联合法、德干涉还辽，帝国主义列强由此掀起了瓜分中国的狂潮。

甲午战争中国的惨败，使所有帝国主义国家更加看清了中国的软弱可欺，而日本的"胜利"，直接刺激了西方列强争夺中国的野心。他们彼此间钩心斗角，尔虞我诈，既相互利用又相互拆台，从对清政府的政治性贷款、攘夺路矿特权、强占中国领土，到在特定地区建立所谓利益范围或势力范围，中国被拖到了被瓜分的边缘，面临着从半殖民地沦为殖民地的严重危机。

帝国主义对外掠夺的基本特征之一是资本输出，而政治贷款是对华资本输出主要方式之一。《马关条约》规定清政府赔款二亿两白银，加上归还辽东半岛，日本又向中国索取了 3000 万两白银。清朝每年的财政总收入却只有 8000 万两左右白银，虽然深知与列强借款必遭宰割，但在万般无奈下也只得饮鸩止渴，这就为列强的资本输出打开了方便之门。为了争取到对清政府的贷款权，各国公使轮番到总理衙门游说、吵闹，总理衙门犹如一个拍卖场，乱哄哄你方唱罢我登场，英国公使甚至"咆哮恣肆"。在争争吵吵中最终定下了 1895 年向俄法借

外国银行在中国发行的钞票

款，1896 年两次向英德借款。这些借款利息重，从 1895 年到 1934 年还清为止，列强仅利息收入就高达 1.17 亿两，是本金的 130%。受俄国政府支配的华俄道胜银行原始资本 600 万卢布，1917 年仅沙俄股份资本就增至 5500 万卢布，它在世界银行的排名跃居到第九位。除了获得高额的利润外，列强还从中谋求到他们需要的政治权益。英国人菲利浦·约瑟夫在评论俄法借款时说，俄国"打算利用金融和平地实现对中国的政治上的吞并"。这句话道出了列强争抢向清政府借款的真实意图。

列强争夺对华借款，与抢夺铁路、开采矿山是同时进行的。1898 年至 1900 年，帝国主义列强对中国有四次铁路大借款，总金额达 1.37 亿元。据统计，至 1911 年，全国有铁路 9618.1 公里，被帝国主义控制的达 8952.5 公里，占到 93.1%，而中国自己能控制的铁路只有 665.6 公里，仅占 6.9%。铁路就像是一条条吸血管，铁路修到哪里，周围的矿产开采、森林采伐、农牧垦殖等权利就被列强侵夺到哪里。

俄国利诱、强迫清政府签订的《中俄密约》成为帝国主义瓜分狂潮的严重事件。1896 年，清政府派头等公使李鸿章前往俄国参加俄皇尼古拉二世的加冕典礼。4 月 30 日，李鸿章到达彼得堡，受到俄皇的隆重礼遇。当然，礼遇的背后是俄国不可告人的阴谋。双方很快签订了《中俄密约》。表面上看来，《中俄密约》是中、俄两国共同防御日本的军事同盟，但实际上，俄国是想在"共同防御"的幌子下修建一条从俄国赤塔经中国满洲里、哈尔滨、绥芬河到达俄国符拉迪沃斯托克（海参崴）的中东铁路。俄国筑路的真实目的是凭借中东铁路独占中国东北，在此基础上，实现其称霸远东的战略计划。对外一意推行"联俄拒日"的李鸿章在条约签订后颇为得意地宣称：该条约将保中国二十年平安无事。极具讽刺意味的是和平局面维持了不到两年，风云又起，《中俄密约》不仅对清政府无任何实际援助，相反，俄国还趁火打劫，强租了旅顺、大连，并攫取了在中国东北的筑路权和开矿权。

仅仅过了一年，巨野教案成为帝国主义各国瓜分中国的又一事端。1897 年 11 月，两个德籍传教士在山东巨野唆使教民欺压农民，激起公愤被杀。德皇威廉二世得知后欣喜地说："终究给我们提供了……期待已久的理由与事件，我决定立刻动手"。11 月 7 日，威廉二世电令远东舰队占领胶州湾。迫于无奈，1898 年 3 月，李鸿章与德国驻华公使海靖签订了《胶澳租界条约》，胶州湾租给德国，租期 99 年。

德国强租胶州湾无异于向列强发出了瓜分中国的信号弹，其他各国起而效尤，展开了强租中国港口和划分势力范围的角逐。从 1898 年 3 月到 6 月，在不到

清末一位爱国人士画的《时局图》

一百天的时间里，俄国租借了旅顺、大连，英国先租借了威海卫，继而又租借了九龙新界，法国也以99年的租期租借了广州湾。俄、德、法、英、日以所租港湾为基点，又以资本输出的方式在所在省或者地区修铁路、建工厂、采矿山。为了避免矛盾激化，他们彼此达成协议或者是一种默契，承认对方在某一地区具有特殊权益，这就是势力范围。

这样，东北落入俄国之手，山东成为德国的势力范围，长江流域被英国控制，刚占领了台湾的日本又将福建划归己有，法国占据了两广及云南的一部分。

当西方列强和日本在中国掀起瓜分狂潮的时候，美国正热衷于同西班牙争夺菲律宾的战争。在打败西班牙、占领菲律宾后，美国立即把注意力转向了中国。美国想在中国获得更大势力范围，但是它的军事实力却不足以与列强相抗衡。为此，1899年，美国国务卿海约翰提出了"门户开放"政策。美国承认各国在中国所取得的租借地和势力范围，同时又要求各国在华租借地和势力范围对美国开放，利益均沾，这样美国在华利益就得到了保障。这一政策，使得列强暂时取得表面上的一致，形成共同宰割中国的同盟。

列强在中国修建铁路、开设银行、开办厂矿、划分势力范围，常常与本国的对外扩张战略紧密联系。以法国为例，法国吞并越南以后，就把中国和越南临近的省区作为自己猎取的目标，于是把广西、广东、云南划为自己的势力范围，在这里修建了滇越等铁路，还强租了广州湾。西方列强以各自的势力范围为中心，互相"侵入"，这一现象反映出他们之间既争夺又妥协的纠结关系。当然，无论它们的关系怎样的盘根错节，总是以牺牲中国的利益为前提的。毛泽东指出："帝国主义列强侵入中国的目的，绝不是要把封建的中国变成资本主义的中国。帝国主义列强的目的和这相反，它们是要把中国变成它们的半殖民地和殖民地。"① 帝国主义需要的是商品倾销的市场和资本输出的对象，以及廉价原料和廉价劳动力的供应地，所以一个政治经济不独立、处处依附于它、唯其马首是瞻的中国，正是它们所需要的。相反，一个独立、富强的具有强烈主权意识的中国，会以平等的姿态与其在国际市场上进行强有力的竞争，这是帝国主义国家所不能容忍的。帝国主义列强不愿意失去在中国的殖民利益，所以干预中国内政，压制中国的经济发展。一旦其殖民利益在华受到触犯，列强就会毫不犹豫地武力相向。

在列强的侵略瓜分狂潮中，近代中国半殖民地半封建社会成为一种从属于资本主义世界体系的畸形的、特殊的社会形态。帝国主义的侵略和本国封建主义势力对人民的压迫，给中国人民带来了深重灾难，使中国的经济和社会发展受到了严重的阻碍。一个没有独立主权的国家难有进步，更遑论现代化。恩格斯指出："一个大民族，只要还没有民族独立，历史地看，就甚至不能比较严肃地讨论任何内政问题"，"排除民族压迫是一切健康和自由的发展的基本条件"。② 列宁曾指出：垄断资本主义是一种世界体系，一种"极少数'先进'国对世界上绝大多数居民施行殖民压迫和金融扼杀的世界体系"。③

侵略和掠夺是由帝国主义的本性所决定的。无论清朝政府怎样退让、隐忍，都不可能改变帝国主义的侵略本性；无论清朝政府怎样妥协、迁就，也不可能从殖民者手中换来和平。对于被侵略的国家和民族来说，只有与侵略者进行英勇无畏的斗争才能为国家的独立、人民的解放寻找到出路。正是由于中国人民百折不挠的抵抗，才最终使中华民族避免了被帝国主义列强瓜分的命运。

---

① 《毛泽东选集》第 2 卷，人民出版社 1991 年版，第 628 页。
② 《马克思恩格斯全集》第 35 卷，人民出版社 1998 年版，第 260—261 页。
③ 《列宁选集》第 2 卷，人民出版社 1995 年版，第 578—579 页。 .

三、不屈的斗争和求索

在国家落后、民族危亡的紧要关头，先进的中国人努力探求救国救民的出路，努力从沉沦中崛起，由此开启了百年追梦的艰难历程。从统治集团中的精英人士到黎民大众都开始自觉不自觉地提出了各种救亡图强的方案，对国家的出路进行艰难求索。以农民为主体的太平天国运动借助于宗教动员，应时而生，声势浩大，重创清王朝统治，但是太平天国农民战争最终被中外反动势力所绞杀。受西方思想和制度的影响，统治集团中的有识之士包括一些知识精英先后领导、推动了洋务运动和戊戌变法，经历了从学习先进科技到效仿西方政治制度的探索过程，但是由于缺乏合适的社会土壤，这些改良方案虽然取得一定成效，但最终以失败而告终。义和团运动的英勇和悲壮向世界展示了中华民族不堪忍受列强凌辱、用血肉之躯保家卫国的豪迈气概，但是这种奋争由于受到阶级和时代局限，也以悲剧收场。历史证明，这些力量无法承担起实现民族复兴的历史使命，但是他们历史贡献也不能否定。

1. 睁眼看世界

中国在鸦片战争中的失败，对中国的思想界产生极大震动。以林则徐、魏源、姚莹、徐继畲为首的地主阶级的有识之士敏锐地意识到大清国已经步入"日之将夕，悲风骤至"的年代，开始"睁眼看世界"。在京口（今江苏

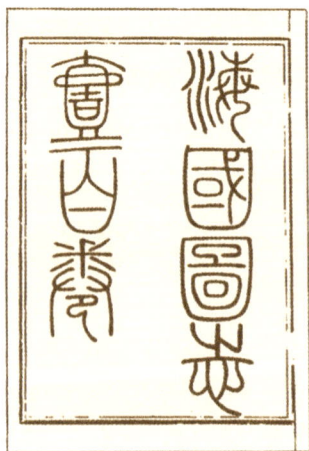

魏源与《海国图志》

镇江），魏源前来为因禁烟而获罪的林则徐送行，林则徐将命人编译的《四洲志》交予魏源，叮嘱他一定要写出一部书来，让大清国民了解天下之事，发愤图强，保全国家。魏源不负老友重托，1842 年完成《海国图志》50 卷，后又增到 100 卷。《海国图志》在中国历史上具有重要意义，它给国人带来了新的近代世界概念。《海国图志》向国人提供了 127 幅世界各国的地图，又以 66 卷的鸿篇详细介绍了各国的历史地理、科学技术、商业贸易、交通运输、学校教育等等。他在书序中明确写道："是书何以作？曰：为以夷攻夷而作，为以夷款夷而作，为师夷长技以制夷而作。"

"师夷长技以制夷"，是在中国这样一个落后国家为了反抗侵略，维护国家、民族的生存权而找到的最初方略，它的核心和目的是制夷，方法是师夷之长技。这个方略虽在当时并没有引起大的波澜，"华夷之辨"仍是不绝于耳，中国的士子们仍在吟诵着"孔孟之道"，但它毕竟为人们了解"西学"打开了一道缝隙，开启了中国学习西方的新风。

在当时有一定影响力的著述还有姚莹的《康纪行》、徐继畬的《瀛环志略》、梁廷枏的《海国四说》、夏燮的《中西纪事》等等。这些早期倡导西学的著作促进了近代民族观念、疆域观念和国家观念的萌生。其中徐继畬是比较有远见的人士。在许多士大夫还停留在"夷夏大防"水平上的时候，他的《瀛寰志略》已经率先超越了"华夷"话语，很少把列强称为"夷"，往往是以"西人"或"洋人"称谓代之，偶有"夷"者，也多是引述别人之语。《瀛寰志略》超越"华夷之辨"，为中国近代民族主义的转型提供了一定的思想基础。

2. 太平天国的抗争与失败

鸦片战争之后，身处社会底层的农民不仅遭受地主阶级的剥削和压迫，还承受了西方侵略者强加的沉重负担。为了支付巨额战争赔款，清政府加捐加税，极力搜刮，广大农民"昔日卖米三斗，输一亩之课而有

余；今日卖米六斗，输一亩之课而不足"。凄惨恶劣的生活环境使广大民众不堪忍受，被迫以暴力反抗改变自身命运。1842 年至 1850 年间，白莲教、天地会等发动的农民暴动及少数民族起义就在百次以上，遍及十几省。在风起云涌的反抗浪潮中，洪秀全领导的太平天国运动影响最大，加速了清王朝的衰亡。

洪秀全出身于广东花县的一个农民家庭。他 7 岁入塾读书，16 岁时因家贫失学，帮助父兄耕田，18 岁受聘为本村塾师。洪秀全先后四次赴广州参加科举考试，都没有考取秀才。1836 年，他到广州应考时，在街头遇到耶稣教士梁发讲道并散发传教小册子《劝世良言》，洪秀全也得到一本。这本充满奇幻风格和劝喻色彩的小册子深深吸引了洪秀全，加上科举失败、社会黑暗的刺激，使他萌发了信奉上帝、追求人人平等的观念。后来洪秀全在广西创立拜上帝教，其教义把西方的基督教和中国的佛道思想、民间信仰相糅合，体现了几千年来农民阶级追求平等的理想，在当时颇具感召力，吸引了大批底层民众入教。

1851 年 1 月 11 日，在洪秀全 38 岁诞辰那天，拜上帝教的各地领袖和信徒 2 万余人在广西金田村正式宣布起义，建号太平天国，起义军称太平军。太平军起义后，势如破竹，9 月 25 日，一举攻克广西重镇永安。在这里，洪秀全颁布了天历、制定了制度，下诏封杨秀清、萧朝贵、冯云山、韦昌辉、石达开为东、西、南、北、翼王。此后，太平军从广西省攻入湖南省。1852 年 9 月太平军围攻湖南长沙时，它的队伍已壮大到约 12 万人，进而夺取长江中游重镇武昌。在攻打武昌以后，太平军人数已上升至 50 万。太平军在两年多的征战中，所到之处坚决镇压和打击官僚、地主和豪绅，广大底层民众像潮水一样涌进了太平军的队伍。清政府尽管围追堵截，但很难阻挡太平军的攻势。太平军发展如此迅速，战斗力如此之强，重要的原因就是其官兵具有顽强的战斗意志，保持着较强的组织性和纪律性，对百姓"秋毫无犯"。

1853 年，太平军攻占南京，在此定都，并改名为天京。为巩固政权，建立"天国"，太平天国颁布和实施了《天朝田亩制度》。这是一个以平分土地为核心的全面社会改革方案。其主旨是建立一个"天下一家，共享太平"的社会，主要内容是废除土地私有，按人口平均分配土地，"凡天下田，天下人同耕。"还规定了农副业的生产和产品分配制度，以及建立兵农合一的乡官制度，等等。这个"有田同耕，有饭同食，有衣同穿，有钱同使，无处不均匀，无人不保暖"的方案，绘制了一幅没有阶级、没有压迫、没有私有财产的天国之梦，反映了广大农民反对地主残酷剥削和渴望获得土地的热切愿望，对于发动和鼓舞广大农民参加反封建斗争起了积极作用。但是，由于这一纲领实际上是一种绝对平均主义的思想反映，违背了社会经济发展的客观规律，脱离当时的社会实际，所以注定无法实现。

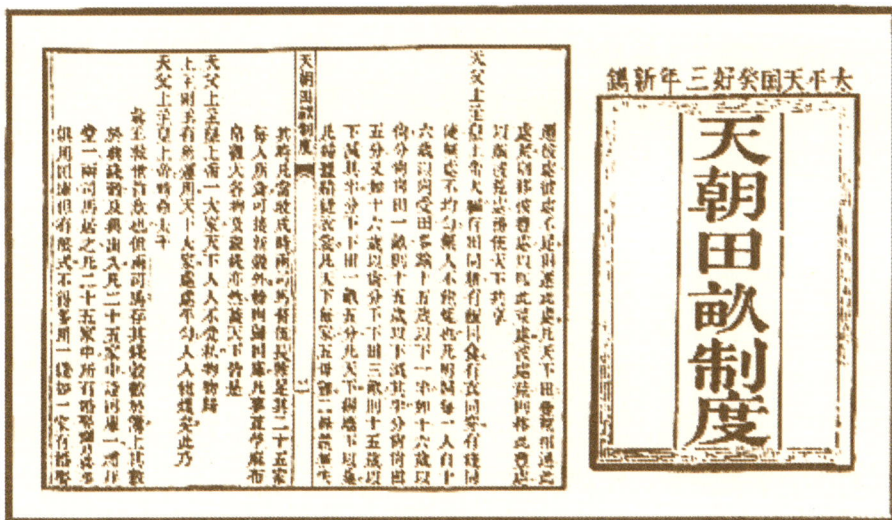

《天朝田亩制度》册子

1856 年上半年，太平军征湖北、战江西，接连取得对敌作战的重大胜利，达到军事上的全盛时期。尽管取得了很大的战争胜利，但是太平天国的领导层并没有摆脱小农思想的局限和封建思想的诱惑，在定都天京后，逐渐走上腐化和争权夺利的道路，终于酿出自相残杀的悲剧。1856年8月，掌握军事实权的东王杨秀清居功自傲，诡称天父下凡，逼迫洪秀全封他为"万岁"。洪秀全无奈，只好承诺加封，但约期在杨秀清生日那天即9月23日，以争取到应付事变的时间。

他随即密令韦昌辉、石达开回京相救。9月初，韦昌辉率亲兵3000人奔赴天京，包围东王府，将杨秀清及其部属两万多人杀害，韦昌辉控制了天京。由于杀人太多，触犯众怒，不久，韦昌辉被洪秀全处死。石达开回到天京后，被任命"体理政务"。洪秀全经过变乱后，不再信任外姓王，对石达开也心存疑忌。1857年5月，石达开率数万将士负气出走，独立作战，最终在四川大渡河畔败亡。经此天京事变，太平天国的领导和军事力量大为削弱，军事形势不断恶化。太平天国的信仰基础也受到严重损害，信徒对天国上帝的信念也发生动摇，太平军流传着这样的话语："天父杀天兄，江山打不通，回转故乡仍旧当长工。"天京事变是太平天国由盛转衰的分水岭。

天京事变后，太平天国缺乏能够担当重任的文官和将领，可谓朝中无人，朝外无将。1859年春，洪秀全的族弟洪仁玕从香港来到天京，洪秀全封他为干王，总理朝政。洪仁玕在香港受到西方思想的影响，具有一定的近代意识，他提出一个向西方国家学习、发展资本主义的施政纲领——《资政新篇》。纲领的基本内容得到洪秀全的首肯，并下令镌刻颁行。这是中国近代历史上第一个比较系统的发展资本主义的方案，反映了太平天国某些领导人在后期试图通过向外国学习来寻找出路的一种努力。但是，《资政新篇》并未在太平天国内部引起广泛响应，原因是其发展资本主义的构想超越了农民战争的范围，不能为广大将士接受，《资政新篇》的思想意义大于实际意义。

洪仁玕初到天国即无功封王，自然引起众将领的不满，洪秀全不得不提拔了陈玉成和李秀成等一批青年将领为王。他们在太平天国后期的战事中，立下了汗马功劳，使太平天国得以继续维持数年。李秀成曾建议洪秀全转守为攻，放弃天京和江浙地区，"让城别走"，但洪秀全拒绝了这一建议，决定死守天京。没有粮食，他要大家以"甘露"（百草熬汁）为食。1864年6月1日，洪秀全病逝，群臣拥幼天王洪天贵福登基，以定人心。7月19日，清军挖地道炸塌城墙20多丈，蜂拥入城。此时城内能作战的太平军只有三四千人，与清军血战，绝大部分壮烈牺牲，天京失陷。

太平天国在天京的一片火海和鲜血中悲壮地破灭了。这一场悲剧的根源在于农民阶级无法克服小生产者固有的阶级局限，其突出表现就是太平天国的领导人腐败堕落，贪图安逸。定都天京后，太平天国的领袖们逐渐失去了和部属同甘共苦的良好作风，开始蜕化堕落。洪秀全发布了一个"止行"诏，就是让当年同生死共患难的兄弟都不能随意出入天王府，把自己和属下隔开了。他滥封王爵，竟然达数千人；广选后妃，达88人之多，其做派俨然一个封建皇帝。其他诸王也尽享特权，奢靡骄纵。这些都从根本上动摇了太平天国政权的根基。此外，太平天国运动以宗教为组织和动员方式，缺乏科学理论的指导，严重脱离实际。太平军战场上大获全胜时，洪秀全认为是"天"显灵；战局紧张时，洪秀全说会带"天兵"破妖。宗教的麻痹加上文化的落后，决定了以农民为主体的太平天国运动不可能从根本上改变中国的命运。

太平天国运动虽然失败了，但它提出的以解决土地为中心的社会改革方案，超越了以往农民战争"均贫富""等贵贱"和"均田"的思想，极大地调动了农民的积极性，鼓舞了他们的反清斗志，从而把中国农民阶级运动推向了高潮。太平天国是中国历史上规模最大的一次农民起义。它不仅组建了强大的武装力量，转战18省，攻克600余座城镇，势力波及大半个中国，而且建立了与清王朝对峙长达14年之久的政权，既动摇了整个封建制度，加速了封建社会的崩溃，又沉重打击了外国侵

略者，显示了广大劳动人民蕴藏着的不可估量的强大斗争力量。

太平天国运动对近代社会思想的冲击无疑是显著的。它鼓舞了近代中国人民反帝反封建的斗争。后来的孙中山等革命党人，正是以太平天国事业的继承者自居，掀起了埋葬清王朝和千年封建专制的辛亥革命洪波巨浪。

3. 洋务运动和维新变法的兴起与夭折

鸦片战争后，清王朝统治面临严重危机。困则思变。内忧外患使清廷内部逐渐产生一批主张向西方学习的开明官僚，即洋务派。他们兴起了一场以引进、学习西方先进军事装备、机器生产和科学技术为主要内容的自救运动，史称"洋务运动"。洋务运动历经30余年，为中国近代的工业、科技和文化发展做出了一定贡献。但由于它以"中学为体、西学为用"为原则，没有从根本上触动封建专制制度，其局限性也很明显，所以不可能拯救国家和民族的危亡命运。

曾国藩、李鸿章、左宗棠等人是在镇压太平天国农民起义过程中崛起的一批汉族地方大员，他们是洋务派的中坚力量。曾国藩率领湘军与太平军作战的过程中认识到了洋枪洋炮的厉害。1861年，他在安庆创办兵工厂，开始竭力仿造西洋船炮。曾国藩的自强理念较为深刻，他不仅强调要学习西方技术，而且还特别注重修政事、求贤才以及军队训练和军队组织建设。李鸿章经办的洋务最多，成绩最为显著。1862年春，李鸿章带着从安徽老家招募的七千多名淮军抵达上海。他在上海与洋人联系密切，参观英、法军舰以后，深感于外国军舰的坚固、炮弹的精良和枪支的优越。随后，他也用洋枪洋炮武装自己的淮军，果然，在镇压太平天国起义过程中，淮军战斗力猛增。精于算计的李鸿章认为，如果自己生产武器，所需费用将会比购买西式武器节省很多。经过调查研究，他下决心筹办洋炮局。在李鸿章等人的主持下，江南制造局、金陵制造局、福州船政局、天津机器局等一批大型近代化军事工业相继问世。19

世纪 70 年代后，李鸿章的洋务活动超越了军事工业层面，在民用工业方面也颇有建树，如办工厂、开矿山、修铁路、举办轮船航运、电报通信等。1872 年，李鸿章在上海建立了轮船招商局。这是洋务派创办的第一个民用企业。招商局开办仅三年时间，就为清政府回收了一千三百多万两银子，还将业务发展到外国，打破了外国航运公司的垄断局面。左宗棠的洋务活动以造船为中心，他提出了"借不如雇，雇不如买，买不如自造"的名言，力主设立中国新式造船厂，认为此举"内纾国计利民生，外销异患树强援，举在乎此"。左宗棠富有爱国激情，办洋务成就稍逊于曾国藩、李鸿章，但在平定边疆、维护国家领土方面功绩巨大。

1874 年，日本派兵侵略台湾。这在清朝统治阶级内部引起了极大震动。很多人已经意识到日本将"为中国永久大患"，不能不筹防。

11 月 5 日，清廷发布上谕，令沿海沿江各省督抚详细筹议，后任

江南制造总局

命沈葆桢和李鸿章分别督办南北洋海防事宜，每年从海关税、厘金项下拨解经费。至 1894 年甲午战争爆发前夕，清政府已拥有船舰六七十艘，分别建成北洋水师、南洋水师、福建水师和广东水师。其中，北洋水师规模最大，实力最强，这是因为清廷出于拱卫京师的考虑，从一开始就把海军建设的重点放到了北洋水师，但是从 1889 年以后北洋水师就无法购舰，因为慈禧太后挪用了大量军费用于建造颐和园。

在兴办洋务的过程中，洋务派感到急需培养中国自己的翻译人才、科技人才，由此创办了一批新式学堂，培养了中国近代第一批新型的科技、翻译和军事人才。1872 年，清政府还开始向外派遣留学生，这年 8 月 12 日，第一批赴美学习的幼童 30 人离开上海。整个洋务运动时期，清政府共向外派遣了留学生 200 余人。

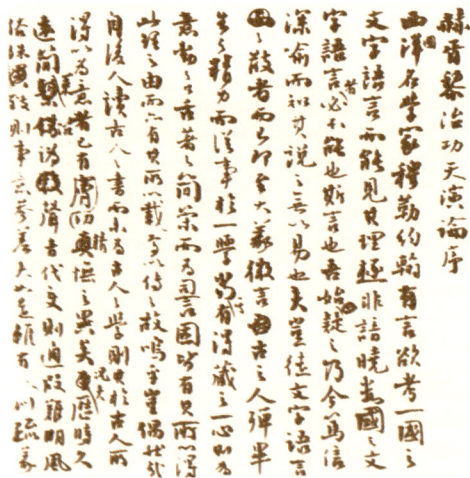

严复《天演论》手稿

洋务派举办的教育事业促进了西学在中国的传播，许多留学生归国后直接把西学介绍给国人。其中最杰出者，当属第一批留欧学生严复。他致力于翻译西方思想经典，最著名的就是《天演论》。这部著作开阔了人们的眼界，为晚清的改良变法提供了理论依据，在中国近代思想史上具有重要地位。

伴随着洋务运动的发展，中国还出现了近代维新思想。这种思想继承和发展了林则徐、魏源等人的爱国思想，也是康有为、梁启超变法维新思想的先驱，主要代表人物有冯桂芬、王韬、郑观应、薛福成等人。他们都比先前的洋务派官员更多地了解西方，对中国社会及

链接：胡适谈《天演论》的影响

　　《天演论》出版之后，不几年，便风行到全国，竟作了中学生的读物了。读这书的人，很少能了解赫胥黎在科学史和思想史上的贡献。他们能了解的只是那"优胜劣汰，适者生存"的公式在国际政治上的意义。在中国屡次战败之后，在庚子辛丑大耻辱之后，这个"优胜劣汰，适者生存"的公式，确是一种当头棒喝，给了无数人一种绝大的刺激。几年之后，这种思想像野火一样，燃烧着许多少年的心和血。"天演""物竞""天择"等术语，都渐渐成了报纸文章的熟语，渐渐成了一班爱国志士的"口头禅"。还有许多人爱用这种名词作自己或儿女的名字，陈炯明不是号竞存吗？我有两个同学，一个叫孙竞存，一个叫孙天择。我的名字也是这种风气底下的纪念品。

——胡适：《四十自述》，
上海亚东图书馆，1933年

洋务运动的弊端感受更深切，不仅主张学习西方先进科技，也热衷于学习西方社会的教育、法律及政治制度，特别是主张实行君主立宪、废科举、兴学校、开报馆等一系列主张，表明他们在探索救国问题上认识更为深刻和先进。

　　1895年，清朝在甲午战争中战败，意味着以"自强"为目标的洋务运动最终破产。这对清朝统治者无疑是一个巨大的震动和刺激。

　　之后，中国面临的危机越来越严重。从内部来看，由于战败后巨额的战争赔款，清政府陷入空前的财政困境之中。从外部看，19世纪末，帝国主义在中国纷纷抢占租借地，划分势力范围，开始掀起瓜分中国的狂潮，局部的改革已不可能扭转国家和民族的命运了。形势总是比人强。严峻的现实促使中国在救亡图存道路上必须迈出坚定有力的步伐。于是，以康有为为首的维新派登上政治舞台，一场轰轰烈烈的维新变法运动开始了。

　　康有为出生于广东南海一个官僚地主家庭，少时受到严格的儒家正统教育。他曾到广州附近西樵山白云洞面壁苦读一年，但寻不到救国之途，经常彻夜不眠，被视为"狂人""怪人"。从1879年起，他先后到上海、香港游历和考察，目睹了西方文明的优越和先进，从而产生学习西方的愿望。1888年，康有为到北京参加顺天乡试，并借机上书光绪帝，吁请变法，提出"变成法、通下情、慎左右"三点建议。此次上书，原想请光绪皇帝的师傅翁同龢代递，而翁认为"语太讦直，无益，只生衅耳"，不肯代递，但此书在社会上传诵很广，康有为声名鹊起。首次上书失败使康有为深受刺激。从1890年起，他在广州万木草堂收徒讲学，同时为变法培养人才。

1895年4月，康有为和他的弟子梁启超在北京参加会试期间，日本逼迫中国签订《马关条约》的消息传来，群情激愤，舆论沸腾。在京会试的举人纷纷以省为单位上书请愿。康有为悲愤至极，"日夕奔走"，还起草了一份一万八千言的上皇帝书，并征集到1300多位举人签名，史称"公车上书"。但当上书到都察院时，都察院以《马关条约》已经批准为由，拒绝代奏。

从1895年到1898年，维新派积极创办报刊，组织学会，开办学堂，为变法制造舆论，培养人才，在社会上有了一定的群众基础。维新派的变法活动引起了顽固派和洋务派的恐慌和憎恨，他们担心自身的权力和利益由于封建体制的变动而受到损害，企图阻止变法。双方还展开激烈论战，论战主要围绕着"要不要变法""要不要兴民权""要不要兴新学"三个问题展开，而核心是"要不要兴民权"。经过论战，资产阶级思想广泛传播，形成了中国近代第一次思想解放潮流。

1897年11月，德国出兵强占胶州湾。康有为预感列强开始瓜分中国，又一次上书光绪皇帝，这是其历次上书中最重要的一书。在上书中，康有为分析了形势，说明中国已面临瓜分危局，已到"不能不变之势"。他建议光绪帝效法日本明治维新，推行新政。此时，光绪帝已经

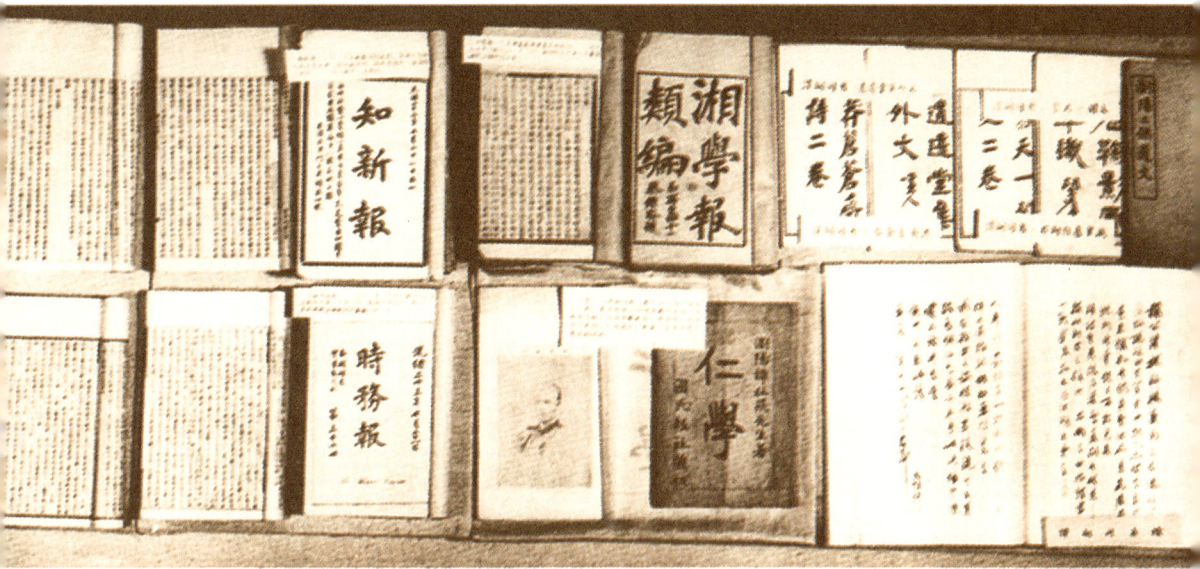

戊戌变法代表人物的著述

对康有为的思想有所了解，并诏令康有为可以随时上奏言事。这次上书终于传到光绪帝，他对康有为这次上书十分欣赏，下定了变法决心。1898 年 6 月 11 日，光绪帝颁布"明定国是"诏书，宣布变法。从这一天开始到 9 月 21 日变法失败，历时 103 天，史称"百日维新"。光绪帝在此期间颁布了一百多道上谕，推行变法。这些变法措施，在经济方面制定了有利于民族资本主义发展的政策，在政治方面给予人民一定程度的言论、出版、结社自由，在文化教育方面，提出了一些有利于改造旧学、传播西学的措施。

戊戌变法必然侵犯到与封建旧制度密切联系的那些阶级、阶层、集团的利益，因此遭到了顽固派的抵制和反对，除了湖南巡抚陈宝箴外，几乎无人执行变法诏令，变法运动实际上没有取得什么实效。经过密谋策划，守旧势力于 1898 年 9 月 21 日发动政变，老谋深算的慈禧太后宣布训政，将光绪帝软禁在中南海瀛台，同时下令搜捕维新人士。康有为、梁启超出逃海外，大批维新派人物被捉捕、惩办，其中谭嗣同、杨锐、林旭、刘光第、康广仁、杨深秀等人被杀害，时人称为"戊戌六君子"。新政措施除京师大学堂及各地新式学堂被保留下来外，其余都被取消，旧制恢复。戊戌变法最终失败。

戊戌变法失败的主要原因，是以慈禧太后为首的顽固派势力的反对以及维新派力量的弱小和政治经验的不足。维新派思想家们勾画的变法蓝图是以日本的明治维新为模板的，试图让中国走向资本主义道路。虽然两国的改革有许多共同之处，都以西方为榜样，都是在西方列强的入侵下，以保持封建王权为前提来发展资本主义，但实际上两国的改革力量实力悬殊。日本明治维新的骨干力量是日本的中下层武士，久经政治风浪考验，长于韬略，精明能干，他们以强藩为依托，得到豪农富商和工商业者的积极支持，实力很强。而中国戊戌变法的领导人既无实权又缺乏政治经验，也看不到民众的力量，甚至脱离民众，最终是以失败而告终。

戊戌变法失败说明，当时自上而下的改良道路在中国根本走不通，但其产生的思想启蒙作用却不能抹杀。维新派提倡和传播西方资产阶级的社会政治学说和自然科学知识，宣扬了民主、自由、天赋人权和社会进化的思想火种，极大地影响和改变了中国思想文化界的面貌。经过戊戌维新运动的洗礼，全社会的民主意识、参政意识大大增强，从此，民主主义成为汹涌的社会思潮，深深动摇了封建专制的思想根基，这预示着清王朝统治的衰亡已为时不远了。

4. 义和团的反抗怒火

中日甲午战争之后，民族危机越来越严重，中华民族救亡图存的斗争，明显出现两个层面：维新派在社会上层改良图强；以农民为主体的广大劳动人民则在社会下层掀起反侵略反洋教的斗争。戊戌变法失败后，底层劳苦大众的斗争更加频繁激烈，最终形成震惊中外的义和团反帝爱国运动。这次运动虽然最后也失败了，但它显示了中国人民不甘屈服的抗争精神和磅礴的反抗力量，打消了帝国主义列强企图瓜分中国的野心。

义和团原名"义和拳"，最初是一个以拳会为核心的反清组织，和白莲教、八卦教、大刀会等组织有很深的渊源。1899 年到 1900 年，山东、直隶等地遭遇严重旱灾，加上黄河连年溃决，人民流离失所，大量饥民为谋求生路，参加了义和团。而义和团运动爆发的直接原因则是洋教传播和梨园屯教案。

晚清来华的西方传教士中，虽然不无出于宗教职责来华传教者，

义和团传单

但更多的则是以征服者、侵略者的身份来到中国的，是帝国主义侵略者的帮凶。许多传教士在中国作恶多端，为非作歹，激起下层民众的强烈痛恨，引发了不少教案。在山东西北的冠县梨园屯一带，早在 1886 年传教士就因强行拆毁村北玉皇庙，改建教堂，激起众怒，屡起冲突。洋教士还怂恿法国公使迫使总理衙门向山东地方官施压，将带头告状的秀才王世昌等六人革去功名，判处监禁，人称"六大冤"。合法斗争没有出路，民众便集合起来与教会斗争，他们请著名梅花拳教师赵三多带人相助。赵三多到梨园屯亮拳示威，有三千多拳民参加。官府派兵前来镇压，激起更大反抗。

1898 年 11 月，赵三多以梨园屯十八村为骨干，率众在冠县蒋家庄起义，举起"助清灭洋"旗帜，迅速发展到 10 多个州县，由此揭开了义和团运动的序幕。最初，义和团运动在山东受到巡抚袁世凯的严厉镇压，而在直隶则冲破镇压，形成高潮，直到进入北京、天津。由于西方国家反对废黜光绪帝，当时慈禧与西方列强的关系相对紧张，她对义和团一度陷入"剿抚两难"的境地，态度模棱两可。到 1900 年 5 月底，义和团已"布满京内外"，在天津也是神坛林立。

义和团运动的发展使西方列强大为震动。它们以保护使馆为名，开始策划武装干涉，要求派兵进入北京。1900 年 5 月 28 日，各国公使开会正式决定出兵干涉。6 月 10 日，英、法、德、俄、美、日、意、奥八个国家的侵华军队 2000 余人组成联军，在英国海军中将西摩尔的率领下，乘火车由天津向北京进犯。帝国主义的侵华战争，激起义和团坚决抵抗。6 月 14 日至 18 日，八国联军被义和团群众包围在廊坊、杨村一带。面对用近代枪炮武装的侵略者，义和团奋勇杀敌，视死如归，以血肉之躯与敌人拼搏，表现出极大的勇气和爱国热情。西摩尔溃不成军，被迫沿北运河退回天津。义和团粉碎了八国联军进犯北京的计划。面对紧张的局势，清廷内部"战"与"和"两种意见尖锐对立，甚至在御前会议上发生激烈争执。6 月 17 日，大臣荣禄代递了一份所谓洋人"照会"，要求慈禧归政，这给她以极大刺激，十分恼怒，决心"借拳剿匪"，21 日发表"宣战上谕"："与其苟且图存，贻羞万古，孰若大张挞伐，一决雌雄。"

慈禧向西方国家"宣战"，主要的动机是利用义和团的力量发泄私愤。她绝不会把自己的政治生命寄托在没有希望的对外战争上。后来她自己也说，当时"我本来是执定不同洋人破脸的，中间一段时间，因洋人欺负得太狠了，也不免有些动气……火气一过，我也就回过头来，处处都留着余地"①。她狡猾地采取了两面手法：宣战后第五天就向李鸿章、刘坤一、张之洞等各省督抚发出电旨，表白自己的苦衷，要他们谅解；又电谕驻外使节向各国说明"中国万不得已"之处，"照前保护使馆，惟力是视。此种乱民，设法相机自行惩办。"另一方面，出于报复，慈禧又向义和团发放钱粮，支持其对外作战。

1900年6月20日，慈禧命荣禄指挥军队向东交民巷使馆发起总攻，由义和团配合。从6月15日至8月14日，还鼓动义和团进攻西什库教堂，两场战斗都持续50多天。义和团战士手持大刀长矛，英勇冲锋，他们相信自己有"神术"可以刀枪不入，并使敌方刀枪失灵。但现实却是残酷无情的，大量义和团战士最终倒在敌人的枪口之下。慈禧还指令荣禄"明攻暗保"，让清军对使馆进行暗中保护，还派官员送食品到使馆慰问。义和团在很大程度上成了慈禧阴险权术的牺牲品，给这场运动更增添了浓重的悲剧色彩。

1900年8月，德国人瓦德西任八国联军统帅后，迅速扩大侵华战争规模，两万多八国联军分两路向北京进发，沿路清军接连溃败。慈禧惊慌失措，任命李鸿章为议和全权大臣，向列强求和；8月14日，俄军由东便门入城，英军由广渠门入城。15日凌晨，慈禧换上农妇的衣服，带着光绪和臣属出德胜门仓皇西逃。在路上随即发布"剿团"谕旨，宣布对义和团要"痛加铲除"，"严行查办，务绝根株"。八国联军进入北京后，特许军队公开抢劫三日，还成立"北京管理委员会"，各国划分地界，对北京实行军事殖民统治，无数义和团民和百姓死于侵略军枪口下。

八国联军攻占北京后，分赃和利益争夺就开始了。俄国摆出"友好"姿态，主张各国立即从北京撤军，以此换取清政府对其在东北利益的承

---

① 吴永:《庚子西狩丛谈》，中国近代史资料丛刊:《义和团》(三)，第438页。

认。英国希望建立一个亲英的清政府，不承认李鸿章为全权代表，声称要等"中国立有合例政府方可开议"。日本因与俄国争夺中国东北有矛盾，支持英国的主张。德国希望进一步控制山东，并向清政府索占更多利益，也反对议和。美国第二次提出门户开放政策，想通过"以华制华"的方针，巩固其在华利益，同时也缓和列强间的矛盾。最后，列强达成妥协：不撤兵，先开议；承认慈禧的统治地位，接受李鸿章为议和代表，但清政府必须接受各国提出的全部条件。各国依据此原则拟定了《议和大纲》12 条，慈禧得知列强仍能保持其地位，当即全部接受。1901 年，清政府与列强签订了丧权辱国的《辛丑条约》。这个条约从政治、经济、军事等方面对中国进行严酷的控制和勒索，使中国主权几乎丧失殆尽，中华民族危机空前严重。

轰轰烈烈的义和团运动在中外反动势力的剿杀下失败了。这再次证明，农民阶级由于其自身的局限性和落后性不可能完成中华民族救亡图存的历史使命。那么，如何看待义和团运动的历史作用呢？尊重历史的答案是不能因为其失败而否定义和团运动。义和团运动是不愿做亡国奴的中国底层百姓，在忍无可忍的条件下自发反抗帝国主义侵略最原始的形式。尽管最终失败了，但它沉重打击了帝国主义瓜分中国的企图，避免了中国社会在肢解中完全沦为殖民地，彰显了中国人民反抗侵略、捍卫尊严的决心和意志，使敌人不敢轻视中国的力量。八国联军统帅瓦德西在给德皇的报告中说："无论欧美、日本各国，皆无此脑力与兵力，可以统治此天下生灵四分之一"，"故瓜分一事，实为下策"。他还说："吾人对于中国群众，不能视为已成衰弱或已失德行之人。彼等在实际上，尚还有无限蓬勃生气" ①。

更重要的是，义和团运动虽然失败了，但其精神不死，它提高了民

① 《瓦德西拳乱笔记》，中国近代史资料丛刊：《义和团》(三)，第 86、244 页。

族觉悟和政治认识，为后来中国人民的反侵略斗争提供了精神支撑。孙中山曾说过：义和团"用大刀、肉体和联军相搏，虽然被联军打死了几万人，伤亡枕藉，还是前仆后继，其勇锐之气殊不可当，真是令人惊奇佩服。所以经过那次血战之后，外国人才知道中国还有民族思想，这种民族是不可消灭的"。① 周恩来曾说，义和团运动成为"五十年后中国人民伟大胜利的奠基石之一"②，这个评价经受起历史的检验，是站得住脚的。美国著名学者费正清也指出，"外国的侵略使中国蒙受羞辱，却激发起中国的民族主义情绪，酝酿了 20 世纪中国最伟大的革命"③。事实上，对于一个民族和国家而言，这种不畏强敌、敢于抗争的精神是生存、发展的动力源泉，值得永久珍视、弘扬，其价值不能以暂时的成败来衡量，要放到历史长河中加以评判。

有一种观点认为义和团运动"迷信落后""盲目排外""滥杀无辜"，应该否定。这种完全否定的观点是片面的。评价历史应以历史主义的眼光、结合具体的历史情境加以分析。当时中国人民对帝国主义的认识还停留在感性认识的阶段，义和团运动中确实存在着笼统排外主义的错误；由于不能认清帝国主义联合中国封建地主阶级共同压迫中国人民的实质，义和团曾蒙受封建统治者的欺骗；由于小生产者的局限性，义和团运动中还存在着迷信、落后的问题。但是，从总体来说，不能因为这种局限性和落后性而否定其在粉碎帝国主义列强瓜分中国中所发挥的重大历史作用。正是由于包括义和团在内的中华民族反抗侵略的英勇斗争，才粉碎了帝国主义列强瓜分和灭亡中国的图谋。马克思曾说，"对于起来反抗的民族在人民战争中所采取的手段，不应当根据公认的正规

---

① 《孙中山全集》第 9 卷，中华书局 1986 年版，第 315—316 页。

② 周恩来：《在北京各界欢迎德意志民主共和国政府代表团大会上的讲话》，《人民日报》1955 年 12 月 12 日。

③ 费正清：《观察中国》，吉林出版集团有限责任公司 2013 年版，第 1 页。

作战规则或者任何别的抽象标准来衡量，而应当根据这个反抗的民族所刚刚达到的文明程度来衡量"。①

生活在一百多年前的义和团团民，处在那样的时代，受着历史和阶级的种种限制，他们只能达到那么高的认识水平和文明程度，也只能得到和使用那样原始、简陋的武器，对此，应该进行理性的反思和建设性的批判，而不能一味嘲弄、简单否定。

小 结

资本—帝国主义的入侵打开了中国古老的大门，曾使一些先进的中国人放眼世界，开始学习西方的先进文化；资本—帝国主义的入侵，破坏了中国自给自足的自然经济，促进了商品经济的发展，促进了中国资本主义的成长，但是，如果由此就把它看作是传播近代文明的救世主而大加膜拜，那就是典型的"只见树木，不见森林"。因为这种观点忽视了资本—帝国主义的入侵带给中国人民带来的巨大灾难，中国的政治、经济、文化都遭到了空前的破坏，人民生活在颠沛流离、艰难困苦中，中国被一步步推上了半殖民地社会的苦难深渊。中国人在鸦片战争后的60多年里，一直在寻找中华民族的出路。虽然屡战屡败，但失败并没有消解民族的意志，反而在一次次反抗中积聚着更大的能量。

在近代中国，帝国主义和封建主义是压在中国人民头上的两座大山。帝国主义和中华民族的矛盾，封建主义和人民大众的矛盾，成为近代中国社会的主要矛盾。这些主要矛盾的加剧和尖锐化，就不能不造成日益发展的革命运动。推翻帝国主义和封建主义的统治，实现民族独立和人民解放；彻底改变国家贫穷落后面

---

① 《马克思恩格斯选集》第1卷，人民出版社2012年版，第799页。

貌，实现国家繁荣富强和人民共同富裕，成为中华民族面临的两大历史任务。这两大历史任务是逻辑与历史的统一，是不可分割的整体，前者是后者的必要前提，只有完成前一个任务，然后才能解决后一个问题。近代中国人民反帝反封建的民族民主革命的兴起是历史的必然。被民族矛盾和阶级矛盾双重挤压下的中国人民，已经清醒意识到争取国家的独立、民主、富强，必须运用革命的手段。不言屈服的中华民族继续追寻着民族复兴的梦想，革命风暴的到来成为必然。

第二章　无法阻挡的革命

——为什么说辛亥革命具有历史必然性?

20 世纪初,帝国主义列强对中国的侵略不断扩大。它们在迫使清政府签订《辛丑条约》后,加强了对中国的政治控制。腐朽无能的清政府沦为"洋人的朝廷"。穷途末路的清政府妄图通过实施"新政"挽救自身的统治,但清末新政不仅没有缓解危机,反而加剧了矛盾,各种社会势力的思想派别分化严重。辛亥革命的发生成为历史必然。民主革命的伟大先驱孙中山响亮地喊出"振兴中华"的口号,他所领导的资产阶级革命,推翻了统治中国两千余年的封建帝制,缔造了中国历史上第一个民主共和国,开启了浩浩荡荡的历史新潮流。

有人认为,清末新政是符合现代化方向的改良,而辛亥革命阻断了这一进程,是历史的误区。"改良优于革命",因此要"告别革命"。也有人认为武昌起义的爆发纯属偶然。这些观点是主观臆断还是客观分析的结果呢? 让我们拨开迷雾,探究历史的真实。

一、洋人的朝廷

中国是带着首都被敌人攻占的耻辱进入到 20 世纪的。1900 年 8 月,八国联军在北京的故宫前趾高气扬地举行阅兵,这显然是对中国的极大侮辱和对中国主权的严重践踏。1900 年 12 月,列强各国(包括出兵的英国、美国、日本、俄国、法国、德国、意大利、奥匈八国,又加上比利时、荷兰、西班牙三国)向清政府提出《议和大纲》,后又订立详细

1901 年，清政府被迫签订《辛丑条约》

条款。1901 年 9 月 7 日，《辛丑条约》在北京正式签字。

　　《辛丑条约》的主要内容有：惩办"得罪"列强的官员；派亲王、大臣到德国、日本赔罪；清政府明令禁止中国人建立和参加抵抗外国侵略者的各种组织；赔款 4.5 亿两白银，分 39 年付清，本息 9.8 亿两白银；在北京东交民巷一带设使馆区，各国可在使馆区驻兵，中国人不准在区内居住；撤毁大沽炮台以及北京至天津海口的炮台；各国可以在北京至山海关铁路沿线驻兵。《辛丑条约》签订后，中国的半殖民地化程度进一步加深。

　　通过签订不平等的《辛丑条约》，帝国主义列强对中国进行了又一次骇人听闻的掠夺。巨额的赔款，是强加在人民身上新的沉重负担。以海关税及盐税作为偿还帝国主义列强的赔款之用，但这两项税收实为当时清政府最主要的财政收入，帝国主义列强控制了清朝海关就基本上能够左右中国的财政，实际上控制了中国的经济命脉。《辛丑条约》作为中国历史上最不平等的条约，加剧了当时中国社会的极端贫困和经济衰败。

　　按照《辛丑条约》的要求，列强各国严厉"惩凶"，禁止中国人民的反帝斗争，还要为德国公使建立牌坊等等，都极大地损害了中国人的民族自尊心和自信心。帝国主义列强在北京强行划定的"使馆区"，由列强各国派兵来加以保护，以武力作为后盾的公使团成为清廷的太上皇，彻底改变了清政府在对外交往中的主体地位，由此强化了列强各国向清政府发号施令的不法权力。将中国人修建的大沽炮台以及从大沽到北京的沿线所有炮台"一律削平"，并准许各国派兵驻扎在北京至山海关铁路沿线，由各国随时对清政府进行军事控制，严重侵害了中国的主权。这些军事上与外交上的条款使清朝的都城置于帝国主义列强的武装控制之下，最终确立了晚清政府为帝国主义列强傀儡的地位。

1902年初春，西逃的慈禧太后和光绪皇帝回到京城时，正阳门城楼已在战乱中彻底焚毁。为避免清王朝统治者过分伤心，京城的能工巧匠竟搭起一个虚幻的城楼布景。

《辛丑条约》签订后，慈禧太后发布"罪己诏"，对列强的"宽大"处理表示感激："今兹议约，不侵我主权，不割我土地，念列邦之见谅，疾愚暴之无知，事后追思，惭愤交集。"又说："量中华之物力，结与国之欢心。"《辛丑条约》的签订，标志着以慈禧太后为首的清政府已经放弃了抵抗外国侵略者的念头，甘当"洋人的朝廷"。

慈禧太后为了向列强展示清廷面目一新的形象并力图恢复权威，便以光绪皇帝的名义发布了"新政"上谕，宣布要"更法令，破旧习，求振作，议更张"，实行"变法自强"。清末新政是晚清政府从1901—1911年进行经济、军事、教育、法制、政治及社会改革的总称，是清政府进行自身改良的尝试。主要内容包括：第一，实行经济改革，设立商部，奖励实业和改革财政；第二，进行教育改革，废科举、兴学堂、派遣和鼓励留学；第三，实施军事改革，编练新军，裁减绿营，编制巡警等；第四，进行法制改革，修改《大清律例》，实行"政刑"分离和司法独立；第五，进行政治改革，前期主要是整饬吏治、裁汰中央和地方的冗署机构，同时设外务部、商部、学部和巡警部，后期主要是政治体制改革，即"预备立宪"阶段。

新政是清政府为挽救自身统治而进行的较为全面深入的改革，具有一定积极意义。在经济上，中国的民族资本主义经济有了明显发展；在军事上，编练新军，这是中国陆军现代化的开始；在教育上，结束了科举制度的历史，出现了办新学和留学热潮；在法制上，开启了中国法制的现代化转型；在政治上，清末政权机构迈向现代化，立宪符合政治现代化的发展方向。

但是，清末新政最终失败了。预备立宪并没有挽救清王朝，反而激化了社会矛盾，加重了危机。清政府自身的改良之路为什么行不通？主要原因在于，清政府改良的根本目的是延续清王朝的腐朽统治。1905年五大臣出洋考察宪政后，所写的奏折提出：君主立宪有利于"皇权永固"、有利于"外患渐轻"、有利于"内乱消弭"。他们提出的立宪三大利之首就是巩固皇权。不舍得放弃逆历史潮流的腐朽皇权，必然遭到进步力量和广大人民的反对，其失败就是历史的必然。

为了巩固皇权，清政府迟迟不答应资产阶级立宪派提出的关于立即召开国会的要求，还镇压了立宪派的国会请愿运动，同时又不断借立宪之名加强皇权。1906年8月清政府正式宣布"预备仿行立宪"。1908年8月清廷颁布《钦定宪法大纲》，规定预备立宪期为9年；1910年底，清廷在立宪派国会请愿运动的压力下表示立即组织内阁。1911年5月，清廷宣布内阁名单，内阁成员13名，满族9人（皇族7人），汉人只有4名，被称为"皇族内阁"或"亲贵内阁"。这不仅使立宪派大失所望，也使统治集团内部因满、汉矛盾的尖锐而分崩离析。误国家者在一"私"字。"知有朝廷而不知有国民"的君王，注定无法彻底自革其命。人们普遍认为，大清朝廷仍将国家权力视为一家一姓之私产，他们不仅不信任汉人，甚至也不信任无血缘关系的满人，而只信任自家那一小撮宗室亲贵。他们死也不会放权，其公然蔑视皇室不入阁这一源于英国立宪制的惯例，等于坐实了革命派对它的严厉指控：清王朝分明就是骑在汉族人头上的"鞑虏"，是一个反华排汉的异族压迫政权，若要去除此压迫，舍革命而无二途。对于"皇族内阁"的出台，梁启超更是愤懑至极，谓将来世界字典上绝无复以"宣统五年（1913 年）四字连属成一名词者"，"诚能并力以推翻此恶政府而改造一良政府，则一切可迎刃而解"。一贯主张改良的梁启超都这么说了，清朝剩下的日子真的指日可待了。

在社会动荡和各种矛盾不断激化的条件下，清政府已经是四面楚歌，难以照旧统治下去了。

首先，清政府财政困难，入不敷出十分严重。清末，清王朝一方面需要支付巨额的皇室开支，一方面又要应付数额巨大的战争赔款，尤其是在甲午战争之后，清廷的财政状况每况愈下。而《辛丑条约》的签订，更使清朝财政陷入危机之中。清廷为推行新政，也只能以"赤字财政"作为代价。据周育民著《晚清财政与社会变迁》中的统计，1903 年清廷财政收入 10492 万两，支出 13492 万两，当年赤字 3000 万两；到 1910 年，历年赤字累计达 8000 万两，而后一年（即辛亥年）的预算收入为 29696 万两，预计支出为 33865 万两，当年预计赤字高达 4000 万两。在严重的财政困难下，各省不得不削减用于军队的开支，但这又招来了军界的极大不满。1910 年底，湖北宣布削减 56 万两的新军开销，军人对此表示抗议，有的甚至带着武器离开了军营。1911 年，清廷已无可能足额发放官兵们的薪俸，于是在当年 5 月宣布各级军官的俸银削减 40%，这无疑是新军军官们在辛亥年与清廷离心离德的一大原因。

其次，新政成本加剧人民负担。晚清政府财政窘迫，只能把新政成本转嫁到人民头上。据统计，清末各地征榷的名目计有肉捐、车马捐、厘捐、酒捐、煤炭捐、房捐、铺捐、茶捐、船捐、猎捐、渔捐、剃发捐、糖捐、鸡鸭捐、国民捐、米捐、警捐、花捐、牌照捐、戏捐、户口捐、河捐、路捐等不下百种，许多闻所未闻的税目如同天罗地网，"网"住了黎民百姓，更"网"走了他们本就有限的钱财。中央无款可拨，地方便自行其是，对百姓的盘剥更是百般设法，无所不用其极。1910年5月，有读者向汉口《东方时报》投书称："现在什么东西都得上税，棉花、谷物、食油、燃料、牛，不管什么——并不光是一个田赋的问题。官吏们在征收这些税课时竭泽而渔，他们的下级僚属，以'灯钱'、'证券勒索'、'检查税'和无计其数的、荒诞怪异的恐吓威胁，竞相效尤"；《东方杂志》也发文称，对于农民们来说，"以前不办新政，百姓尚可安身，今办自治巡警学堂，无一不在百姓身上设法"。苛捐杂税加重了人民的负担，引起了人民的反抗，各地抗捐税斗争、抢米风潮、会党起义、兵变、学潮等此起彼伏，动摇了清政府的统治基础。

第三，铁路国有政策引发民族资产阶级及其他群众的保路运动，成为辛亥革命的先导。1903年12月，清政府颁布《铁路简明章程》，允许商办铁路。结果"在1903年—1907年的5年间，全国有15个省份先后创设了18个铁路公司"。四川等内陆省的积极性更高。川路集股总额达白银1170多万两。铁路股本主要源自"抽租股"，也就是川汉铁路总公司随粮强制征收，值百抽三，相当于摊派集资，这使得大量的农民入了股。1911年5月，清政府宣布"铁路干线国有"，这使川汉等地百姓"发财梦"破灭。清政府把借款利益转给西方国家的行为更使百姓无法理解。种种行为激起民愤，从而导致了6月的四川保路运动，并由此促成了武昌起义。各自为路，无法形成国家铁路系统，铁路国有本来是符合现代潮流的。但正如袁世凯、张之洞所奏之言：错在决策的不合时宜。因为它忽视了帝国主义入侵，尤其是八国联军带给中国人民心中的愤懑情绪，更无视百姓的直接利益。

第四，新军成为封建王朝的掘墓人。军队是国家机器的重要组成部分。甲午中日战后，清政府编练的新式陆军中，以北洋新军和湖北新军实力最强。1905 年 5 月，北洋六镇新军全部练成，共计兵额近 7 万人。袁世凯在《练兵要则》中虽然要求"士卒须以忠国爱民为首务"，但他规定教训士兵的宗旨除"忠国、爱民"两条外，还有两条是"亲上、死长"。北洋新军带有浓厚的宗法色彩，士兵们只知有将领而不知有国家，北洋军出现私人化倾向。湖北新军创始于1896年，至1905年已练成步、马、炮、工程、辎重各兵种1.7万人。张之洞非常注重士兵的文化素质，这是湖北新军的一大特色。一次在黄陂募兵，入伍的 96 人中，就有 12 个廪生、24 个秀才。湖北新军中下层军官不少曾官费派日留学。他们之中很多人思想先进，眼界开阔，容易受革命思想的影响。在新军中同情和支持革命党人的比比皆是。所以辛亥武昌首义又叫新军起义，军队本是维护王朝统治的工具，但清政府在新政中对新军已经基本失控，反而成为王朝的掘墓人。

事实表明，革命已如箭在弦上，一触即发。这一点，连一些在华外国人也已经觉察。1911 年 5 月，长沙海关税务司伟克非在信中写道："我看在不久的将来，一场革命是免不了的。"正如列宁指出："革命是不能'制造出来'的，革命是从客观上（即不以政党和阶级的意志为转移）已经成熟了的危机和历史转折中发展起来的""要使革命到来，单是'下层不愿'照旧生活下去通常是不够的，还需要'上层不能'照旧统治下去"。①清末新政的失败，标志着清政府妄图通过自身的改良而维持大清帝国"万世一系"的迷梦破产了，这个腐朽的王朝已陷入无法照旧统治下去的境地。选择革命，推翻清王朝和封建帝制，人类社会发展的内在逻辑把孙中山先生为代表的革命党人推上了历史舞台。改变中国命运的政治革命潮流，正是在这样的背景下奔涌而来。

---

① 《列宁选集》第 2 卷，人民出版社 1995 年版，第 461 页。

二、资产阶级革命派登上历史舞台

早在 19 世纪末，几乎与资产阶级维新运动兴起的同时，资产阶级革命派开始从事以推翻清王朝专制统治为目标的革命斗争。中国的资产阶级民主革命是以孙中山为代表的资产阶级革命派首先发动的。孙中山是一位伟大的爱国主义者，是中国民主革命的伟大先行者。他为追求民族独立、民主自由和民生幸福贡献了毕生精力。1894 年，孙中山在檀香山创立兴中会，第一次喊出"振兴中华"的口号。资产阶级革命派的骨干是一批资产阶级、小资产阶级知识分子。这个群体的出现，与当时社会新思潮的涌动有密切关系。

当人类进入 20 世纪，"欧风美雨"一词应运而生。这一新词，以精练的方式表达了西方对中国广泛而细致的影响。据考证，这一新词最早出自蔡锷之手。1902 年 2 月，他在《军国民教育篇》中用"欧风美雨之震荡"来形容那个时候的局势。稍后，梁启超的诗中又有"莽莽欧风卷亚雨"之句。他们师徒两人用相同的词语表达了一代中国人相同的观感。[1] 数年之内新词转成熟语。1903 年秋，陈天华在《警世钟》里写道："帝国主义何其雄，欧风美雨驰而东"。

中国的沿海口岸在 19 世纪最早承受西洋事物的"东渐"，在 20 世纪初也最早承受欧风美雨的洗沐。贴近洋场的地方首先开始了移风易俗：火柴代替了火石铁片，煤油灯取代了灯檠燃烛，毛巾肥皂代替了土布皂荚，外洋钟表取代了日晷仪，轮船火车开始通行，有轨和无轨电车开始在大城市的街道穿梭……

清政府推行"新政"以后，随着废科举、兴学堂和派遣留学生，新式学校迅猛增加，出国留学蔚成风气。其中，留学生以赴日本者为最

――――――――――

[1]　陈旭麓：《近代中国社会的新陈代谢》，上海社会科学出版社 2006 年版，第 228 页。

1896 年的孙中山

多。黄兴、秋瑾、孙武、陈天华、邹容、鲁迅等人均曾为留日学生。1900 年，留日学生不过 100 余人，1903 年已达 1300 人，两年后更增至 8000 多人。留学欧美的也有数千。至于入国内学堂的，不下数万。这批知识分子，特别是留学生，接受资本主义的教育和熏陶，思想日益资产阶级化，从而形成了一个新型的知识分子群体。

当时的中国，是一个被列强瓜分、凌辱的庞大而虚弱的国家。生死存亡是一个悬在无数觉醒的中国青年心中的首要命题。1905 年 12 月 8 日，年仅 31 岁的陈天华在日本东京大森海湾蹈海自杀，抗议日本文部省颁布的《取缔清国留日学生规则》，唤醒同胞。他用蹈海这样一种死亡方式试图让每一个中国人在羞愤中意识到自身的缺陷与陋习，劝诫和警醒国人务必正视这些缺陷与陋习并加以改变。

20 世纪初，秋瑾写出"欧风美雨咄咄逼人"的诗句，有时不我待之感慨。同一时间里，高天梅在《路亡国亡歌》里所说的"诸君知否，欧风美雨横渡太平洋，帝国侵略主义其势日张"，也抒发了相同的感受。这一类言辞出自具有革命思想的人之口，意在警悟后人，唤起觉醒。

随着资产阶级革命思想的传播，新的进步力量进一步团结起来。1905 年，孙中山在日本东京发起成立了中国同盟会，"集全国之英俊"，汇集了华兴会、兴中会、光复会、科学补习所等多个团体和势力，形成了具有全国规模的统一的领导资产阶级革命的政党。同盟会制定了"驱除鞑虏，恢复中华，创立民国，平均地权"的十六字革命纲领，首次提出以资产阶级民主共和国取代腐朽专制的清王朝的革命目标。1905年11月，在同盟会机关报《民报》发刊词中，孙中山将同盟会的纲领概括为三大主义：民族主义、民权主义、民生主义，后来被称为三民主义。民族主义包括"驱除鞑虏，恢复中华"两项内容，核心内容是要以革命手段推翻清朝政府，改变它一贯推行的民族歧视和民族压迫政策，建立民族独立的国家。民权主义的内容是"创立民国"，即推翻封建君主专制制度，建立资产阶级民主共和国。民生主义在当时指的是"平均地权"，也就是孙中山所说的社会革命。孙中山的三民主义学说，是一个比较完整而明确的资产阶级民主革命纲领，初步描绘出了一个崭新的资产阶级共和国方案，对于推动革命的发展发挥了极为重要的作用。

　　在内忧外患刺激下，知识分子日益倾向革命。当然，也有一些知识

孙中山在《民报》发刊词中提出"三民主义"

链接：陈天华与他的共和国之梦

陈天华是 20 世纪初留学日本的热血青年之一。1903 年 3 月，他由湖南新化学堂资助赴日本留学。同年，他先后撰写《猛回头》和《警世钟》两书，大声疾呼"改条约，复政权，完全独立；雪国耻，驱外族，复我冠裳"，深刻揭露帝国主义对中国的侵略和清政府的卖国罪行，号召各阶层人民共同争取国家独立，推翻清政府。这两本小册子在社会上产生了强烈反响。陈天华还有一部未能登载完毕的小说，名叫《狮子吼》，小说中通过一个梦，描绘了他心中的民主共和国："他走到一处，看见'共和国图书馆'的牌子，里面不知有几十万册的书，其中'有一巨册金字标题《共和国年鉴》，全国有 30 多万所大小学堂、6000 多万男女学生；陆军、海军、军舰、潜艇、空中战艇等，铁路、邮局、轮船……"这应是陈天华一直在做的、最美丽的共和国之梦。

分子没有跟上时代的步伐，特别是过去的一些维新派人士逐步变为了改良派。如何处理与改良派的关系，也是资产阶级革命派在积极从事革命活动过程中遇到的一个大问题。其实，革命派和改良派都具有热爱祖国、改变现状的共同愿望。革命派曾努力寻求合作。即使康有为于1899 年 7 月 20 日在加拿大建立名声不好的"保救大清光绪皇帝会"（简称"保皇会"），革命派也没放弃同康、梁携手的活动。事实上，革命派一开始并不是改良派的对立面，而是合作者。以孙中山为首的革命派多次同他们倡议"联合"，但都被拒绝了。

戊戌变法失败后，康、梁等人逃亡国外，梁启超在日本重建改良派的宣传阵地，先后创办了《清议报》《新民丛报》等刊物，在"爱国救亡"的旗帜下，反对通过革命办法推翻清王朝，建立资产阶级共和国，而是寄希望于光绪帝，继续推行变法维新，实行君主立宪制度。改良派从切身利益考虑，在加紧要求清政府实行真正的君主立宪、抵制革命的同时，又将矛头指向革命派，正面阻止革命运动的发展。

1905 年至 1907 年，以孙中山为代表的资产阶级革命派同以康有为、梁启超为代表的资产阶级改良派在思想理论战线上展开了一场革命与改良的大辩论。

革命派和改良派分别以《民报》和《新民丛报》为中心阵地，在国内外的 20 多种报刊先后都投入了论战。论战涉及的范围很广，主要有三个方面。

第一，要不要革命，要不要推翻清政府。改良派竭力为清政府的民族和阶级压迫政策辩护，宣扬清圣祖康熙皇帝的薄税政策不仅为"中国数千年所无，亦为地球万国古今所未有"；声称在清朝统治下，"举国人民其在法律上本已平等，无别享特权者"，因此民族革命是完全不必要的。革命派以大量事实揭露清朝统治者施行的种族压迫、奴役及歧视政策，强调救国必先反清排满，铲除异族政府。他们控诉清政府卖国媚外的罪行，强调欲救中国，免除民族灾难，只有坚决推倒清朝专制政府。针对改良派曲解革命派"排满"口号是"种族复仇"的谬论，革命派申明"排满"只是"仇一姓"，"不仇一族"，种族革命并非尽杀满族数百万之众，而是"倾覆其政府，不使少数人扼我主权，为制于上之谓也"，明确地把满族平民与满洲贵族区分开来，将打击矛头指向封建统治者。

第二，要不要兴民权，建立资产阶级共和国。改良派从本阶层的利益出发，反对共和革命论，鼓吹"渐进论"，说封建专制必须经过君主立宪阶段才能实行民主共和；借口"民智未开"，诬蔑中国人民"既乏自治之习惯，又不识团体之公益"，根本没有享受民主权利、当"共和国民之资格"，宣扬这种资格只有在开明专制时代和君主立宪时代才能养成。革命派进行了有力的驳斥，指出：事物的发展总是后来居上，当世界上已经有了先进的民主制度，在革除专制建立共和国又已成为大势所趋、人心所向的历史条件下，一个落后的国家在民族革命之后，必然要选取先进的民主制，无须再经过君主立宪的阶段。

第三，要不要改变封建土地制度，实行"平均地权"。改良派为维护封建土地所有制，反对"平均地权"，说中国的封建经济制度与欧洲不同，既无贵族压制，土地又极为平均，而且"赋税极轻"，即使将来工业发展了，也不会造成欧美那样的"贫富相悬"的社会现象，因此进行"社会革命"是完全不必要的。革命派对此给予有力回击，指出："社会革命"的原因，是社会经济组织的"不完全"，是"放任竞争绝对承认私有财产制"造成贫富悬隔所引起的。虽然从中国的具体状况来看，马上"绝灭竞争废去私有财产制"是不现实的，但"加之制限与为相对的承认"则是必要的。

革命派和改良派的论战，时间之长，规模之大，涉及问题之广，都是空前的。经过这场大论战，进一步划清了革命派和改良派的界限，使人们清楚地认识到实行民主革命的必要性，于是纷纷脱离改良派，参加到革命的行列。革命派批判了封建文化思想，使西方的资产阶级民主思想和孙中山的三民主义思想得到了更广泛的传播，促进了革命力量的壮大。改良派也不得不承认，经过论战，"革命党之势力"，"如决江河，沛然而莫之能御也"。尽管革命派本身存在着许多严重的弱点，但他们以高昂的革命精神，决心通过暴力推翻清王朝，建立资产阶级共和国。这个主张受到了当时进步人士的普遍拥护。

三、辛亥革命及其历史功绩

1911年1月，清政府提出"铁路国有"和"借款兴办"的具体办法，并着手和列强磋商大批借款。5月，"皇族内阁"成立。"铁路国有"本身是清政府加强中央集权，意图掌控地方经济、军事的有力手段。不料，全国舆论大哗，地方咨议局议员和部分京官纷纷上书，希望收回成命。9 月，四川民众的保路运动发展到人民起义，清廷派出大臣端方率领部分湖北新军入川镇压，致使清军在湖北防御力量减弱，革命党人决定在武昌发动起义。10 月 10 日晚，新军工程第八营的革命党人打响了武昌起义的第一枪。武昌起义胜利后的短短两个月内，湖南、广东等十五个省纷纷脱离清政府宣布独立。1912 年 1 月 1 日，中华民国临时政府在南京成立，孙中山被推举为临时大总统。2 月 12 日，清帝溥仪退位。辛亥革命取得重大胜

孙中山就任临时大总统誓词

利，统治中国 260 多年的清王朝灭亡了，在中国延续两千多年的封建帝制也画上了句号。

　　"中山九举鼓东风，武昌夜袭首创功"。历史总是擅长用偶然展开它壮阔的剧情，但任何偶然的背后，都隐藏着历史演进的必然逻辑。辛亥首义为什么在武昌爆发？这与湖北局势的变化有密切关系。

　　当时的湖北，不仅是帝国主义列强渗透的重点，而且也成为清朝洋务建设的一个新中心，这使得湖北跻入"开风气之先"省份的行列。洋务派的后期代表张之洞于 1889 年出任湖广总督，此后在近 20 年时间内主持了颇有影响的"湖北新政"。19 世纪末，湖北大地首次出现了中国人自己开设的规模宏大、带有近代色彩的工矿企业。机器的使用，标志着生产领域一个全新的技术变革。湖北制铁厂尤为令人瞩目，它那"烟囱高过大别山（龟山）"的炼铁炉，"其机力之宏大，运动之灵巧，火力

之猛烈，迥非向来土炉人工所能到"，它不仅是中国第一钢铁联合企业，而且还是远东最早的现代化钢铁厂。

"湖北新政"的另一大项是兴办具有近代色彩的文教事业，就张之洞的本意，当然是为洋务事业培养人才，但在客观上造成了一个不同于中国旧式士大夫的知识分子队伍，其中许多人走上了反清革命的道路。

编练新军也是"湖北新政"的主要内容，湖北新军造成了一支前所未见的新式军队。同兴实业、办教育一样，张之洞为的是"执干戈以卫社稷"。然而，这样一支初具近代文明属性的湖北新军，却不以张氏意志为转移，成为革命党人活动的温床，至辛亥革命前夕，湖北新军士兵约三分之一参加革命团体，三分之一受其影响，仍然被清廷掌控的不足三分之一。辛亥首义是一次从新学堂走出来的知识分子"投笔从戎"，是在近代城市军营发动的新军起义。而"近代城市""新学堂"与"新军"正是张之洞主持的"湖北新政"的产物。孙中山辞去民国临时大总统后，于1912年4月来武汉访察，睹物晤人，发现正是直隶南皮人张之洞主持的"湖北新政"，为辛亥首义奠定了物质基础、准备了人才条件，他由衷感慨："以南皮造成楚材，颠覆满祚，可谓为不言革命之大革命家"。

武昌成为辛亥革命"首义之区"，与湖北民族资产阶级的形成有着内在联系。在晚清重商主义的氛围下，"商"的社会地位迅速提高，经商也成为时兴行当。有人曾对清末汉口居民的从业状况做过统计，在总计99833个居民中，"商界"的居然占了30990位，再加上经营"小贸"的人员9464人，经商者几近半数之巨。20世纪初叶，中国民族资本初具规模的地区，一是江浙，二是广东，三是湖北。而武昌首义从酝酿、爆发到失败所呈现的独特格局，正体现了领导这次运动的幼弱的民族资产阶级的性格特征。武汉民族资产阶级的中下层与上层相比，人数较多，其社会基础也比较广泛。他们与帝国主义、封建政权的联系不太密切，在发展资本主义经济的道路上，受到帝国主义、封建势力的多方面的阻挠和压制。为了维护自己的生存，他们一方面不得不努力与帝国主义、封建势力建立联系，以期获得"保护"；另一方面，又本能地反抗帝国主义、封建主义的压迫。因此，比起民族资产阶级上层来，中下层资产阶级较富于革命性。辛亥革命首义以后，汉口商团和武昌保安社的成立和行动，就证明了这一点。

武昌成为辛亥革命"首义之区"，与湖北革命党人艰苦卓绝的发动工作是分不开的。湖北革命党人的活动不是孤立的，它是以孙中山为领袖、以同盟会为主要组织的全国资产阶级革命运动的一个有机组成部分。湖北革命党人并未产生著名的政治领袖和思想家，但他们有一个显著的特色，就是脚踏实地、埋头苦干，即所谓"鄂省党人，耻声华，厌标榜，木讷质直"。武昌首义成功的关键，正在于革命党人扎扎实实地抓了枪杆子，而且成效卓著。

综上所述，武昌起义是历史合力的必然结果。问题不在于清朝实行不实行"新政"或这种改良的快慢，问题在于他们所实行的这种改良所造成的"内变"与清朝的旧"外壳"格格不入，而清政府又不愿全面改造，反而刻意去维护这一旧外壳，结局只能是外壳被内力的剧变炸毁。所谓的"告别革命"论主张的"要改良，不要革命"，不过是主观的历史假设而已。

以武昌起义为高峰的辛亥革命，在比较完全的意义上开始了中国的资产阶级民主主义革命，它将中华民族的思想从封建专制的桎梏中解放出来，开启了民主共和的新里程。龙椅被撤走了，称帝、复辟的倒行逆施为世人所唾弃；"洋人的朝廷"被推翻了，殖民者再难找到控制全局的统治工具；社会结构重新建立，民族资本主义开始发展，无产阶级队伍迅速壮大。革命者以民主立国、共和建国、宪政治国的政治理想，对中国社会进行着前所未有的改造。

列宁指出："判断历史的功绩，不是根据历史活动家没有提供现代所要求的东西，而是根据他们比他们的前辈提供了新的东西"①。辛亥革命对中国社会的影响是巨大的。

辛亥革命一声枪响，把戴了几千年的皇冠打落在地，敲响了封建制度的丧钟。它让"朕即国家"的时代成为历史，标志着中国由一个自然经济占主导地位、王朝体系十分牢固的传统社会，转向以民主共和制度为主体的现代社会轨道。它从制度层面为中国现代化的进程探索了一条通路，斩断了中国社会任何后退的可能。"敢有帝制自为者，天下共击之！"正因为如此，当袁世凯、张勋先后复辟帝制时，均受到了社会舆论的强烈谴责和人民群众的坚决反对。

辛亥革命启开了封建主义之蒙，带来了中国人精神世界的深刻变

链接：孙中山的《建国方略》

　　《建国方略》是孙中山于 1917 年至 1920 年期间所著的三本书——《孙文学说》《实业计划》《民权初步》的合称。《孙文学说》从心理建设角度论述"知难行易"的哲学思想。《实业计划》是一份全面快速进行经济建设的宏伟纲领，提出了发展中国经济的远景规划，其中包括建设铁路十万多公里，建设华北、华中、华南三大世界级港口等项目。第一次把经济建设放到首位，第一次提出对外开放、引进外资的经济战略思想。《民权初步》是《建国方略》的社会建设，是一部关于民主政治建设的论著，叙述了政府的组织、运作和普通大众在社会生活中应掌握的具体民主原则、程序和方法，反映了孙中山倡导的民主政治思想。在《建国方略》里，孙中山从思想层面到经济层面，再至政治层面，对中国的现代化进程进行了系统化的详细设计，被民国政府视作立国的第一指导纲领，具有深刻的时代色彩，是一份标志性的重要文献，同时也是研究民国史、近现代史的必读经典。

---

① 《列宁全集》第 2 卷，人民出版社 1984 年版，第 154 页。

化，使思想解放的大潮奔腾东流。辛亥革命促使社会经济、思想习惯和社会风俗等方面发生了新的积极变化。男子剪辫、女子放足之风渐渐兴盛起来，下级对上级政府官员不再行跪拜礼。民主精神的苏醒，平等意识的生长，令中国人的脑袋与双膝不再为磕头而准备着，而是为思考为前进而准备着。一时之间，"自由尽是新风尚"。

孙中山曾如此慨叹辛亥革命："革命先烈的行为没有别的长处，就是不要身家性命，一心一意为国来奋斗。"其梦想在于"使中国成为世界最强之国，最富之国，又政治最良之国"，"盖欲以此世界至大至优之民族，而造一世界至进步、至庄严、至富强、至安乐之国家而为民所有，为民所治，为民所享者也"[①]。在亡国灭种的忧愤中，孙中山为"振兴中华"而不懈奋斗，以其"亟拯斯民于水火，切扶大厦之将倾"的高尚品德，"愈挫愈奋，再接再厉"的坚强意志，追求真理、不断进取的赤子之心，放眼世界、迎头赶上的雄心壮志，以及"天下为公"的博大胸怀，为后来者树立了爱国主义的精神丰碑，为民族复兴大业注入巨大精神力量。

小 结

辛亥革命的爆发，是中国近代社会发展的必然结果。以维护清朝贵族统治地位和利益为前提的清末新政，不仅没有缓和危机，反而加剧了矛盾：清政府为筹措新政成本，增收苛捐杂税，加重了人民负担，加剧了阶级矛盾；清政府的铁路国有政策，伤害了新兴资产阶级及其他民众的利益；清政府实行军事改革，编练的新军出现了私人化甚至革命化的倾向，脱离了政府的控制，进而成为清王朝的掘墓人；清政府成立"皇族内阁"，排挤汉族大

---

① 《孙中山全集》第6卷，中华书局1981年版，第412—413页。

臣，加剧了清朝贵族的自我孤立，连立宪派也倒向了革命阵营。改良让位于革命成为历史的必然。资产阶级革命派顺应历史潮流，举起革命大旗，宣传民主思想，发动武装起义，在内外矛盾的交替作用下，清王朝大厦轰然倒塌是大势所趋。辛亥革命为中国先进分子探索救国救民道路打开了新的视野，为新民主主义革命的到来准备了经济基础与阶级基础，为社会主义思想的传播和中国共产党的诞生创造了社会条件。

第三章　明灯照亮前行路

——为什么说历史和人民选择了中国共产党？

辛亥革命赶跑了清朝皇帝，却又冒出来无数个大小军阀。民国成立后的那几年，许多先进的中国人苦闷到了极点。他们原来对中华民国的热烈期待在残酷的现实面前被撞得粉碎。"胸中有誓深于海，肯使神州竞陆沉？"这是他们的救国决心，可中国的出路又在哪里？马克思主义为什么被先进的中国人所选择，并成为中国革命取胜的思想武器？中国共产党的诞生为什么说是中国社会历史发展的必然？这些问题都可以通过五四运动前后的历史来寻找答案。

一、山重水复疑无路

"清朝改民国，换汤不换药；百姓地狱苦，官绅天堂乐。"这首山西民谣深刻反映了辛亥革命后民国有名无实和北洋军阀黑暗统治的状况。袁世凯就任中华民国临时大总统之后，一步步把民国毁弃殆尽，并演出了复辟帝制的丑剧。袁世凯的倒行逆施激起天怒人怨，在众叛亲离之下被迫宣布撤销帝制。1916 年 6 月 6 日，武夫政客袁世凯心力交瘁，在全国人民的唾骂声中死去。

袁世凯的离世使西方列强失去了统治中国的共同工具，也使北洋军阀分裂成以段祺瑞为首的皖系和以冯国璋为首的直系，双方为控制中央政权和扩大地盘而争执不休。以张作霖为首的奉系，也是一支举足轻重的势力。除此之外，还有大大小小的地方军阀。他们各自拥兵自重，割据一方。为争权夺利，军阀之间纷争不断，混战不已。袁世凯死后，副总统黎元洪继任大总统。他恢复了《临时约法》和国会，任命段祺瑞为国务总理兼陆军总长，补选冯国璋为副总统。但北京中央政府的实权主要掌握在段祺瑞手中，这既是个人实力使然，也是《临时约法》"强内阁、虚元首"立法宗旨的结果。

1917 年初，日本促使段祺瑞对德宣战，以便借此进一步控制中国。段祺瑞则企图借参战名义得到日本的贷款，以扩充武力，消灭异己，所以极力主张参战。美国不愿日本在中国权益扩大，遂支持黎元洪反对参战。黎为遏制段祺瑞的权力，趁机解除了段的国务总理职务。这就是所谓"府院之争"。徐州军阀张勋为实现复辟帝制的野心，以黎、段调解人的身份率"辫子军"北上，逼迫黎元洪解散国会。于是，7 月 1 日，张勋、康有为等抬出 12 岁的溥仪，逊清废帝复辟了。一时间，北京街头又出现了穿着清朝袍褂、脑后拖着真假发辫的遗老遗少，光怪陆离，乌烟瘴气。张勋的复辟丑剧，遭到全国人民的一致声讨。段祺瑞瞧准时机，通电全国，宣布组织"讨逆军"讨伐张勋，各省军阀也纷纷响应。7 月 12 日，张勋被驱逐，溥仪再次宣布退位。

复辟活动仅 12 天就破产了，段祺瑞却赢得了"再造共和"的美誉。他继续掌控北京政府，以"对外宣而不战，对内战而不宣"的手法，借着"参战"及其他名义，先后多次向日本借款，用以扩充军事实力，实行武力统一。段祺瑞对内打着"共和"的招牌，却拒绝恢复《临时约法》和国会，公开宣称一不要约法，二不要国会，三不要旧总统，力求专制统一。

为了捍卫民国，以孙中山为代表的革命党人奋起反击。1917 年 7 月中旬，抵达广州的孙中山毅然举起"护法"旗帜，并通电国会议员南下召开国会。9 月 1 日，非常国会推举孙中山为大元帅，西南军阀唐继尧、陆荣廷等人为元帅。之后出兵北伐，开始了护法战争。但西南军阀却有自己的盘算，他们响应护法是为了利用孙中山的名望对抗段祺瑞，以保持和扩大自己的势力。很快，西南军阀与北方军阀开始妥协勾结，排斥孙中山，护法运动失败了。

沉痛的教训使孙中山认识到，西南军阀并不是"护法"和维护共和制度可以依靠的力量，南方和北方的军阀一样，他们的"护法"同样是搞假共和。他说："吾国之大患，莫大于武人之争雄，南与北如一丘之貉。虽号称护法之省，亦莫肯俯首于法律及民意之下。"① 护法运动的失败，标志着以实现《临时约法》为奋斗目标的资产阶级民主运动的终结，中国资产阶级领导的民主革命已经陷入绝境。

北洋政府内部的倾轧致使政局动荡，民国以来连新老总统面对面的权力交接都没有，北洋政府形式上的统一也不能维持。军阀之间为争权夺利混战不断，城头变换大王旗的事随处可见。社会生产遭到极大破坏，百姓生活在兵荒马乱的恐惧之中。而租界和占领区则一如从前，外国人在华特权原封不动，西方列强的战舰仍在中国内河耀武扬威。签订"二十一条"、日本出兵山东、各类政治借款等，各种"国耻"事件深深刺痛着中国人的心。一个迫切而又迷茫的问题摆在中国人面前，中国该往何处去？中华民族的希望究竟在哪里？

在那些日子里，很多人陷于消沉、悲观以至绝望的境地。吴玉章回忆道："辛亥革命给长期黑暗无际的中国带来了一线光明，当时人们是多么的欢欣鼓舞啊！但是，转瞬之间，袁世凯窃去国柄，把中国重新投入黑暗的深渊，人们的痛苦和失望，真是达于极点，因此有的便走上了自杀的道路。"② 但是，严峻的现实不容人们长期沉浸

---

① 《孙中山全集》第4卷，中华书局1985年版，第471页。
② 《吴玉章文集》下册，重庆出版社1987年版，第1052页。

在消极、苦闷和彷徨之中，那些有志气的中国人也不会停止自己的脚步。他们认为，辛亥革命之所以没能彻底成功，是因为缺少一个思想上的启蒙运动，"要巩固共和，非先将国民脑子里所有反对共和的旧思想，一一洗涮干净不可"。[①] 他们决心发动一场新的启蒙运动，以期廓清蒙昧、启发理智，使人们从封建思想的束缚中即蒙昧状态中解放出来。

陈独秀创办的《青年杂志》创刊号

1915年9月，陈独秀在上海创办了《青年杂志》（自1916年第2卷第1号起改称《新青年》）。他认为，"人权说""生物进化论""社会主义"是近代文明的特征，要实现这社会改革的三件事，关键在于新一代青年的自身觉悟和观念更新。他勉励青年崇尚自由、进步、科学，要有世界眼光，要讲求实行和进取。他总结近代欧洲强盛的原因，认为人权和科学是推动社

---

① 《陈独秀文章选编》（上），三联书店1984年版，第206页。

会历史前进的两个车轮，科学与民主成为新文化运动的两面大旗。新文化运动由此开启，当时的著名人士李大钊、鲁迅、胡适、钱玄同等积极参与其中。

在《新青年》的有力推动和影响下，从通都大邑到边远城市，各地拥护新文化运动的刊物雨后春笋般地纷纷出版。妇女解放、婚姻自由、家庭革命、提倡科学等口号，使这场运动触及的社会层面远比辛亥革命时更为广泛。西方的各种政治学说和社会思潮纷纷涌入。成千上万的中国人在各种各样的"主义"中寻找着各自的信仰，韧性十足的中华民族也在军阀混战的黑暗年代里寻求着指引中国人奋勇前行的指路明灯。

二、十月革命的炮声与马克思主义的传播

正当先进的中国人在为国家的前途而上下求索之际，世界范围内发生的大变动强烈地吸引了他们的注意。

在帝国主义时代，资本主义制度的内在矛盾已经比较充分地暴露出来。与封建制度相比，资本主义虽有进步，但到了帝国主义时代，日益对立的两大阶级矛盾日益激化，实际上是新的不平等代替了旧的不平等。尤其是 1914 年至 1918 年的第一次世界大战，以极端的形式进一步暴露了资本主义制度固有的不可克服的矛盾。这场发生在西方帝国主义国家间并波及全球的不义战争，充分暴露了西方资本主义社会的固有矛盾。曾经主编过《东方杂志》的杜亚泉说："自欧战发生以来，西洋诸国，日以其科学所发明之利器，戕杀其同类。悲惨剧烈之状态，不但为吾国历史之所无，亦且为世界从来所未有。"[1] 这不能不令中国人对曾经羡慕的西方资本主义文明产生怀疑。李大钊说："此次战争使欧洲文明大权威大生疑念。欧人自己亦对于其文明之真价不得不加以反省，而对于他

---

[1]　杜亚泉:《静的文明与动的文明》,《东方杂志》第 13 卷，第 10 号。

人之批评，虚心袒怀以倾听之者亦较多"①。对西方资本主义文明的怀疑直接促进了对社会主义的向往。同盟会会员冯自由在《社会主义与中国》一文中不无感慨地说："这回欧洲大战后的结果，社会主义的潮流，真有万马奔腾之势，睡在鼓里的中国人便也忽然醒觉，睡眼惺忪的不能不跟着一路走。"

联想到中国人学习西方的努力屡遭失败的事实，更使人们对资产阶级共和国方案在中国的可行性产生了极大的疑问。正如毛泽东所说："中国人向西方学得很不少，但是行不通，理想总是不能实现。多次奋斗，包括辛亥革命那样全国规模的运动，都失败了。国家的情况一天一天坏，环境迫使人们活不下去，怀疑产生了，增长了，发展了。"②

恰在此时，俄国十月革命胜利的消息传到国内，正在苦苦探索的中国人由此看到了新的出路和希望。

1917年11月7日（俄历10月25日）俄国爆发的十月社会主义革命，开辟了人类历史的新纪元。俄国出现了人类历史上第一个无产阶级专政的国家，工人和农民真正成了社会的主人。这为中国的先进分子树立了一个具体榜样，中国人充满了对俄国十月革命的无限向往，经济文化落后的国家也可以用社会主义思想指引自己走向解放之路。李达指出："俄国是农业国，中国也是农业国，将来中国的革命运动，或者有采用劳农主义的直接行动的可能性"③。当时的许多知识分子都有这样的认识：既然中俄两国国情相似，俄国能够革命成功，那么中国同样可以通过社会主义，实现民族解放。

当许多报纸杂志连篇累牍地刊载俄国革命的消息和评论的时候，李大钊则发表了《法俄革命之比较观》《庶民的胜利》《Bolshevism的胜利》

---

① 《李大钊全集》第2卷，人民出版社2006年版，第218页。
② 《毛泽东选集》第4卷，人民出版社1991年版，第1470页。
③ 李达：《讨论社会主义并质梁任公》，《新青年》9卷1号。

等文章，用马克思主义理论解释俄国十月革命发生的原因，分析其胜利的思想基础，同时热情讴歌社会主义革命的前途。他说："他们的主义，就是革命的社会主义；他们的党，就是革命的社会党；他们是奉德国社会主义经济学家马客士（Marx，即指马克思）为宗主的；他们的目的，在把现在为社会主义的障碍的国家界限打破，把资本家独占利益的生产制度打破。""Bolshevism 的胜利，就是二十世纪世界人类人人心中共同觉悟的新精神的胜利！""由今以后，到处所见的，都是 Bolshevism 战胜的旗。到处所闻的，都是 Bolshevism 的凯歌的声。人道的警钟响了！自由的曙光现了！试看将来的环球，必是赤旗的世界！"十月革命对中国产生了广泛的影响，社会主义开始在中国成为一股清新的思想潮流逐渐被人们认知、接受。确如毛泽东所说："十月革命一声炮响，给我们送来了马克思列宁主义。"[1]

正当思想界发生剧烈变化的时候，中国的社会结构也在悄然发生着深刻的变动，新的革命力量已经成长起来。到 1919 年，产业工人已达 200 多万人，工人阶级日益成为近代中国一支重要的社会力量。中国的先进分子从俄国十月革命中看到了工人阶级的历史作用，也获得了新的革命方法的启示。于是，他们开始改变过去主要是依靠少数社会精英或者军阀进行革命的做法，转而考虑利用下层民众的力量。李大钊明确指出："要想把现代的新文明，从根底输入到社会里面，非把知识阶级与劳工阶级打成一气不可。"[2]这是中国先进分子对中国国情和马克思主义认识上的一大提升，也是他们新觉醒的主要表现。五四爱国运动则通过中国先进分子的切实体验，进一步加速了他们的觉醒。

1919 年上半年，巴黎和会决定把战败国德国在中国山东的一切特

---

① 《毛泽东选集》第 4 卷，人民出版社 1991 年版，第 1471 页。
② 《李大钊文集》（上），人民出版社 1984 年版，第 648—649 页。

权转交给日本。会议给予中国的，只是归还八国联军入侵北京时被德国抢走的天文仪器，而北洋政府居然准备签字同意。中国作为第一次世界大战的战胜国在巴黎和会上却遭遇到如此耻辱和失败，激起了广大知识分子和青年学生的强烈愤慨。5月3日（星期六）晚7时，北京大中专院校学生在北大法科大礼堂集会，参会者除北大一千多学生外，还有十几所中高等学校的学生代表。会场上群情激奋，北大预科的一名学生拿出一把菜刀要当场自杀以激励国人，立即被劝阻。法科学生谢绍敏悲愤填膺，当场将中指啮破，撕裂衣襟，血书"还我青岛"四个大字，挂于会场台前。在一片激愤之中，大会作出了次日游行示威的决定，全体学生掌声如雷，一致同意。

5月4日下午，北京大学等十几所学校的学生三千余人在天安门前集会，高呼"外争国权、内惩国贼"等口号，强烈要求拒绝在和约上签字，并惩办亲日派官僚。北洋政府出动军警，逮捕了许多"滋事"学生。在这危急关头，中国工人阶级挺身而出，英勇地站到了这场政治运动的前列。上海工人从6月5日起自动举行罢工，支援学生的反帝爱国斗争。以日资棉纱厂工人带头，上海许多行业的工人以及店员等纷纷参加罢工，高潮时达到十多万人。上海工人的行动推动了全国各地的罢工风潮。沪宁铁路和沪杭铁路工人、京汉铁路的长辛店工人、京奉铁路的唐山工人也相继罢工。

工人罢工的浪潮迅速扩展到全国20多个省100多个城市。中国工人阶级特别是产业工人，以如此巨大的规模参加反对帝国主义和反动军阀政府的政治斗争，给北洋政府以极大的压力。五四运动迅速席卷全国，如此声势和大规模的爱国群众运动，在中国历史上也不曾有过。北洋政府被迫释放被捕的学生，答应了学生们的爱国要求。6月28日，中国政府代表没有出席和会的签字仪式，五四运动的直接斗争目标得以实现。

五四运动是新民主主义革命的开端，揭开了中国人民彻底反帝反封建的崭新篇章，极大地解放了人们的思想，推动了马克思主义的传播及其与工人运动的结合。沈雁冰（茅盾）回忆说："五四运动的大功劳是解放思想。我自己就解放了思想。我抛弃了从前的'书不读秦汉

上海商业救国团罢市启事

以下，文章以骈体为正宗'的'信条'，把从前读过的经史子集统统置于高阁，开始钻研马克思主义。"①

当时的社会主义流派很多，芜杂纷乱。什么是马克思主义？真正的社会主义又是什么？李大钊又一次勇敢地站在宣传研究马克思主义的前列。1919 年 5 月 5 日是马克思诞生 101 年的纪念日。李大钊在当日的《晨报副刊》开辟了"马克思研究"专栏，连续刊载《政治经济学批判序言》的摘译和《雇佣劳动与资本》的译文。《新青年》六卷五号出了"马克思主义研究专号"，当期《新青年》和下一期连载了李大钊的《我的马克思主义观》，比较系统地介绍了马克思主义学说，特别是唯物史观和剩余价值学说。北京成为宣传马克思主义的中心，北京大学还成立了马克思学说研究会。同时，回到上海的陈独秀也开始注重研究中国的

---

① 《五四时期老同志座谈会记录》，《五四运动回忆录》（续），中国社会科学出版社 1979 年版，第 9 页。

李大钊在《新青年》上发表《我的马克思主义观》

工人阶级，将《新青年》第七卷六号编辑成《劳动节纪念号》，并推动马克思主义著作的翻译出版。上海成为传播马克思主义的另一个重要基地。

《共产党宣言》是系统阐释科学社会主义的奠基之作，也是马克思主义诞生的重要标志。1920年8月，陈望道翻译的《共产党宣言》在上海出版，首次印刷的1000本很快销售一空，后来又一次次再版重印。中文本《共产党宣言》的刊行，对促进马克思主义在中国的传播和先进中国人接受共产主义都产生了巨大影响。

中国的先进分子通过对各类思想的比较，逐渐改变了自己的世界观，接受了马克思主义。农家子弟毛泽东在湖南第一师范学校毕业后，于1918年来到北京，在李大钊担任主任的北京大学图书馆当助理员，亲耳聆听李大钊在天安门广场作的《庶民的胜利》的演讲，一度信仰无政府主义的毛泽东有了思想上的重大变化。1919年底，他再次来到北京后就逐渐树立了马克思主义信仰。他回忆说："我第二次到北京期间，读了许多关于俄国情况的书。我热心地搜寻那时候能找到的为数不多的用中文写的共产主义书籍。有三本书特别深地铭刻在我的心中，建立起我对马克思主义的信仰。我一旦接受了马克思主义是

链接：陈望道翻译《共产党宣言》

　　五四运动前后，一些进步报刊开始介绍《共产党宣言》，但完整的中译本《共产党宣言》尚未问世。深受马克思主义影响的陈望道在故乡浙江义乌分水塘村的茅草房里，开始了《共产党宣言》的翻译工作。他独自住在自家的一间柴屋，终日闭门不出，潜心翻译。由于资料缺乏，条件简陋，翻译的过程困难重重，陈望道花费了比平时翻译其他书籍要多好几倍的精力，终于在 1920 年 4 月完成译稿。《共产党宣言》的第一个中文译稿就这样在乡下的一间柴屋里诞生了。至今在分水塘村流传着这样一个故事：陈望道在翻译《共产党宣言》时，母亲看他翻译得很辛苦，非常心疼，就想给儿子弄点好吃的东西。陈母包了几个粽子，送给柴屋里的儿子，还附上了一碟红糖。过一会儿，母亲在屋外问他，是否还需要加些红糖时，陈望道连声说："够甜了，够甜了。"之后母亲进来收拾碗碟时，才发现他满嘴的墨汁。原来陈望道全身心投入翻译，竟全然不知自己吃粽子时蘸的是墨汁！

对历史的正确解释以后，我对马克思主义的信仰就没有动摇过。"[①] 马克思主义如同一股思想洪流迅速奔腾在华夏大地，滋润着千百万热血沸腾的中国先进分子，中华民族在实现伟大复兴的征途中找到了科学的理论武器。

三、开天辟地的大事变

　　关于建立中国共产党的组织，一些影视剧和文学作品常有这样的情景展现：1920 年 2 月，正值阴历年底，是北京一带生意人前往各地忙于收账的时候。一辆骡车驶出朝阳门，车上的两个人一副商人装扮。这两人不是普通的贩夫商贾，而是当时中国思想界最有影响的理论旗手、中国共产主义的先驱李大钊和陈独秀。为帮助陈独秀摆脱北京政府的迫

---

① 斯诺：《西行漫记》（中译本），三联书店 1979 年版，第 131 页。

害，两人乔装打扮，由李大钊护送他先到自己的家乡——河北省乐亭县大黑坨村暂避，然后再转道天津前往上海。

这些细节描述虽有艺术化的处理，但李大钊在护送陈独秀离开北京的途中共同商讨建立中国共产党却是历史的事实。

恰在这时，列宁领导的第三国际（又称共产国际）也在寻求帮助中国的马克思主义者建立党组织。1920年4月，经共产国际批准，俄共远东局派维经斯基等人来华，先后在北京、上海会见李大钊和陈独秀。俄国派来的洋客人给予中国共产党的成立以极大的指导和帮助。同年8月，在维经斯基建议下，陈独秀在上海建立了中国第一个共产党早期组织，陈独秀为书记。这个组织的名称，经陈独秀、李大钊商议，决定叫"共产党"，而不叫"社会党"。上海共产党早期组织就成为中国共产党的发起组，是各地共产主义者进行建党活动的联络中心。10月，李大钊等在北京成立共产党早期组织，李大钊为书记。接着，董必武、陈潭秋、包惠僧等在武汉，毛泽东、何叔衡等在长沙，王尽美、邓恩铭等在济南，谭平山、谭植棠等在广州，先后建立了共产党早期组织。在日本、法国也出现了由留学生和侨民中的先进分子组成的共产党早期组织。

各地共产党组织成立后，进一步研究和宣传马克思列宁主义，努力促进马克思列宁主义与中国工人运动的进一步结合，共产党积极组织成员自觉地深入工人群众中。他们一方面直接接触工人，与工人打成一片，一方面出版各种工人刊物，如《劳动界》《劳动音》《工人月刊》等，向工人进行马克思列宁主义理论宣传，促使两者的结合。通过各地共产党组织的活动，促进了马克思列宁主义与中国工人运动的结合，中国创建工人阶级先锋队——中国共产党的条件已经基本具备了。

1921年初，共产国际代表维经斯基完成赴华使命。6月初，共产国际代表马林和共产国际远东书记处代表尼克尔斯基先后到达上海，并与上海的共产党早期组织成员李达、李汉俊建立了联系。经过几次交谈，他们一致认为应尽快召开全国代表大会，正式成立中国共产党。李达、李汉俊同当时在广州的陈独秀、在北京的李大钊通过书信商议，决定在上海召开中国共产党第一次全国代表大会。

各地党组织接到参加党的第一次全国代表大会通知之后，立即着手选派代表。由于当时党的活动处于秘密状态，初创时期也没有统一的组织制度，再加上各地的政治环境和活动特点不一样，各地代表的推选方式也不尽相同。有的是召开党员会推举，有的是以发起人为当然代表秘密前往，也有的由领导人指定出席。因为正值北京大学的学期末，校务纷繁，李大钊不能抽身前往。在广州的陈独秀担任广东省政府教育委员会委员长兼广东大学预科校长，正在争取一笔款子修建校舍，一时也走不开，因而他们都没有能够参加中国共产党第一次全国代表大会。

1921 年 7 月 23 日的夜晚一如平常，但在上海法租界望志路 106 号（今兴业路 76 号），也就是李汉俊哥哥李书城的家里正在进行着一件惊天动地的大事。13 位操着不同口音的中国人和两位外国人围坐在客厅的大方桌周围，正在举行中国共产党第一次全国代表大会。他们是上海的代表李达、李汉俊，武汉的代表董必武、

中共一大会址

陈潭秋，长沙的代表毛泽东、何叔衡，济南的代表王尽美、邓恩铭，北京的代表张国焘、刘仁静，广州的代表陈公博，旅日的周佛海，以及由陈独秀指定的代表包惠僧。他们代表着50多名党员。两位外国人是共产国际代表马林和尼克尔斯基。大会由负责中共一大筹备工作的张国焘主持。毛泽东、周佛海担任记录，刘仁静为翻译。

会议期间的一个晚上，代表们聚集在一起正在开会。这时，一个穿灰色长衫的陌生中年男子突然闯进会场，向屋内环视一周，说是要找人。有着丰富地下斗争经验的马林对之十分警惕，断定此人是暗探，要求立即中断会议，大家迅速分头离开。代表们刚刚离开会场不久，法租界巡捕房的警车就到了。法国巡捕带着几名中国密探闯入室内翻箱倒柜，严密搜查，由于没发现什么从事政治活动的证据，同时又鉴于此处房子是李汉俊的哥哥、曾为北洋政府总统府顾问李书城的公馆，巡捕和密探悻悻而归，但却在四周布下暗探。当晚，多数代表集中在李达的住处，商讨会议下一步如何进行。大家一致认为，必须改变开会地点。这时，有人提出转移到杭州，但大家觉得杭州过于繁华，易暴露，不合适。在场的李达夫人王会悟提议，可以转移到她的家乡——浙江嘉兴。嘉兴的南湖环境幽静，游人不多，且距离上海较近，在那里开会更为合适，这个意见当即被代表们所采纳。于是，中共一大的最后一次会议在嘉兴南湖的一艘游船上举行。

中共一大讨论了政治形势、党的基本任务、党的组织原则和组织机构等问题，通过了中国共产党的第一个纲领和第一个决议。大会确定党的名称为"中国共产党"。明确了党的纲领是"以无产阶级革命军队推翻资产阶级"，"采用无产阶级专政以达到阶级斗争的目的——消灭阶级"，"废除资本私有制"等；确定了党的组织原则是民主集中制；提出了集中精力组织工人的工作计划；选举产生了陈独秀为书记，由陈独秀、张国焘、李达组成的领导机构——中央局。

中国共产党第一次全国代表大会正式宣告了中国共产党的成立。中国共产党的成立，是近代中国社会进步和革命发展的客观要求，是开天辟地的大事变。自从有了中国共产党，灾难深重的中国人民在实现中华民族伟大复兴的征途中便有了可以信赖的组织者和领导者，中国革命便有了坚强的领导力量。

为纪念这个伟大的日子，抗日战争时期，中国共产党准备举办一些庆祝活动，然而由于时代久远，也没有保存下来会议记录，当时的战争状态又不可能进行仔细的考证，1941 年，中共中央决定将党的纪念日定为 7 月 1 日。这一天也就成为党的诞生纪念日。

四、大革命的高潮与失败

中国共产党成立后，面临的国际、国内形势都发生了极大的改变。

国际上，帝国主义列强共同支配中国的局面重新出现。1921 年 11 月，为处理对中国的问题，美、英、日、法、意、中、荷、比、葡等九国举行华盛顿会议。1922 年 2 月，华盛顿会议通过了《九国公约》。该公约的核心内容是要中国对各帝国主义国家实行"门户开放""机会均等"的政策，实际为帝国主义国家协同侵略中国的协定。会后，帝国主义国家纷纷加强了对中国的经济侵略，中国民族工业在经历了短暂的发展"黄金时期"后又转入了萧条。

在国内，各派军阀的混战加剧。1920 年 7 月，直皖战争爆发，结果皖系兵败，直系控制了北京。1922 年 4 月，爆发了第一次直奉战争，结果是直系霸占了北京政府。军阀的连年混战给广大人民群众带来了无尽的痛苦与灾难。而以孙中山为代表的资产阶级革命派在五四运动以后又经历了重新奋起与再度受挫。1919 年 10 月，孙中山将中华革命党改组为中国国民党，重新开始革命事业，并于 1920 年 11 月，在广州再度举起了护法的旗帜，领导了第二次护法战争。但正当护法大军

的前锋进占江西南昌之时，孙中山一手扶持的粤军首领陈炯明于1922年6月在广州公开发动武装叛乱，企图置孙中山于死地。孙中山被迫离开广州，第二次护法战争失败。这也是孙中山一生所遭受的最为惨重的一次失败。与此同时，各派军阀控制了北京政府以后，在为巩固地位而制造的恢复国会、联省自治的合法假象下，资产阶级改良思潮又活跃起来。1922年5月，他们提出了组织"好政府"要求，并主张南北议和。1922年9月，在吴佩孚支持下，几位被称为无党无派的"好人"入阁，组建了所谓的"好人政府"。可是，军阀们根本不打算实行真正的民主议和，不久便将"好人政府"一脚踢开。资产阶级的改良道路又一次碰壁。

形势的发展需要中国共产党制定出符合中国国情的革命纲领，领导人民开展实际的革命斗争。

1922年7月，中国共产党第二次全国代表大会在上海召开。会议的中心议题，就是讨论中国革命的基本问题，制定党的纲领。大会分析了中国社会经济政治状况，科学地阐明了中国社会的半殖民地半封建性质，提出党的最高纲领是："要组织无产阶级，用阶级斗争的手段，建立劳农专政的政治，铲除私有财产制度，渐次达到一个共产主义社会"。最低纲领为："消除内乱，打倒军阀，建设国内和平"，"推翻国际帝国主义的压迫，达到中华民族完全独立"，"统一中国本部，为真正的民主共和国"。

中共二大关于中国民主革命纲领的制定，正确地区分了民主革命和社会主义革命，破天荒地在中国人民面前第一次明确地提出了彻底的反帝反封建的革命纲领，从而为中国人民指明了争取解放的道路和斗争的目标，也表明用马克思列宁主义武装起来的中国共产党，在中国革命最主要的问题上，已经把马克思主义普遍原理与中国的具体实践开始结合起来。

中共二大民主革命纲领的制定，为中国革命指明了更加明确而切实的方向，反帝反封建的革命运动进一步迅速展开，工人运动很快掀起了第一次高潮。以香港海员罢工为起点，从 1922 年 1 月到 1923 年 2 月的 13 个月的时间里，发生大小罢工 100 余次，参加人数在 30 万以上。香港海员罢工坚持了 56 天，是中国工人阶级第一次直接和帝国主义进行针锋相对的斗争，取得了完全的胜利，推动了全国第一次工人运动高潮的出现。毛泽东、刘少奇、李立三等领导的安源路矿工人大罢工是中国共产党第一次独立领导并取得完全胜利的工人斗争，是中国工人运动史上的一次壮举。

在以主要精力领导工人运动的同时，中国共产党也派出力量发动和领导农民运动、青年运动和妇女运动。被毛泽东称为"中国农民运动大王"的彭湃，出生于广东海丰一个大地主家庭，早年留学日本，为了革命事业，他却背叛了自己的家庭，散尽家财，脱下长衫，穿上粗布衣

1922 年 5 月 1 日，安源路矿工人俱乐部成立

裳，戴上竹笠，光着脚板，带着旱烟筒，只身深入农村，开展农民运动。在他的推动下，海陆丰的农民运动蓬勃开展起来。这种新式的农民运动，在中国共产党成立之前是不曾有过的。

工人运动的迅猛发展，引起了反动统治者的恐慌。1923年2月7日，此前一直标榜"保护劳工"的直系军阀吴佩孚，先是禁止京汉铁路总工会的成立，继而在帝国主义支持下，出动两万多军警对1300多公里长的京汉铁路沿线罢工工人进行了残酷镇压，制造了震惊中外的二七惨案。共产党员林祥谦、施洋被残忍杀害。

京汉铁路工人大罢工是党领导的第一次工人运动高潮的顶点。但血的教训暴露出年轻的中国共产党还缺乏革命斗争的经验，同时也表明，单靠无产阶级的力量是不可能取得革命胜利的，必须团结一切可能的革命的阶级和阶层，组织革命的统一战线。

此刻的孙中山也深陷第二次护法战争失败的苦痛中，他通过认真总结以往革命斗争的深刻教训，决定寻找新的革命同盟者，寻求革命的出路。他曾对宋庆龄说，国民党正在堕落中死亡，因此要救活它就需要新血液。共产党人的组织能力和革命气概给他以深刻的印象。苏俄、共产国际和中国共产党多次派代表，同他磋商中国革命的道路和方法，研究国民党和共产党合作的问题。1923年1月，孙中山会晤苏联政府代表越飞，发表《孙文越飞联合宣言》，公开确立国民党的联俄政策，为孙中山改组国民党、联合共产党奠定了基础。

1923年6月12日至20日，中国共产党第三次全国代表大会在广州召开。40人参加了会议，代表全国420名党员。围绕国共合作问题，大会进行了充分而激烈的讨论。一些代表担心全体共产党员加入国民党会丧失党的独立性，会使党腐化。另一些代表认为在国民革命运动的环境下，只有加入软弱涣散的国民党才能够更好地进行反帝反封建的革命。经过两天激烈的争论，全体代表对共产党员加入国民党的意义有了统一的认识，最终接受了共产国际关于同国民党合作的指示，决定采取共产党员以个人身份加入国民党的方式实现国共合作。

中共三大结束的当天，全体代表集中在黄花岗烈士陵园，由瞿秋白、张太雷教唱《国际歌》。在党的代表大会闭幕式上唱《国际歌》，就是从中共三大开始的。

在中国共产党人的努力和具体帮助下，以解决改组问题为中心内容的国民党第一次全国代表大会于1924年1月20日在广州正式开幕。共产党员李大钊、陈独秀、毛泽东、林伯渠、谭平山、王尽美、李维汉等人都以个人身份出席了大会，李大钊为大会主席团成员。这是国民党历史上第一次召开的全国代表大会。会议期间因追悼列宁休会3天，大会共历时10天，1月30日闭幕。

大会对三民主义作出了新解释。民族主义突出反对帝国主义的内容，民权主义强调民主应为"一般平民所共有"，民生主义则以"平均地权""节制资本"为两大原则。会后不久，孙中山又提出"耕者有其田"的口号。国民党一大在事实上确立了联俄、联共、扶助农工的三大革命政策。国民党一大的政治纲领同中国共产党在民主革命阶段的纲领是基本一致的，因而成为两党合作的政治基础。

在会上，共产党员李大钊、谭平山、毛泽东、林伯渠、瞿秋白等10人当选为中央执行委员或候补执行委员，约占总数的四分之一。国民党已开始成为工人、农民、城市小资产阶级和民族资产阶级的民主革命联盟。国民党一大的成功，标志着第一次国共合作正式形成。国共合作的实现，很快促进了工农运动的恢复和发展，开创了反帝反封建革命的新局面。

国共合作的实现，为革命运动的发展注入了活力。工人运动开始复兴，农民运动也有了初步开展。国共合作创办了黄埔陆军军官学校，为未来的革命战争准备了军事骨干。各种革命力量汇集起来，很快开创出

北伐军攻下武昌后，各界群众欢迎北伐军进城

一个以广州为中心的反帝反封建的革命新局面。1925年7月1日，国民政府在广州建立。全国人民也把推翻北洋军阀黑暗统治的希望寄托在广州国民政府方面。

打倒帝国主义，推翻北洋军阀的反动统治，解放人民，是中国共产党民主革命阶段的主要政纲。在中国共产党的积极推动下，1926年7月，以推翻北洋军阀统治为目标的北伐战争开始。国民革命军在工农群众的支援下，采取各个击破的战略，在不到半年的时间里，先后基本上摧毁了北洋军阀吴佩孚、孙传芳的主力，革命势力发展到了长江流域和黄河流域的大部分地区。《国民革命歌》迅速响彻大江南北、大河上下。人们齐声高唱："打倒列强，打倒列强，除军阀，除军阀，努力国民革命，努力国民革命，齐奋斗！齐奋斗！工农学兵，工农学兵，大联合！大联合！打倒帝国主义，打倒帝国主义，齐奋斗！齐奋斗！打倒列强，打倒列强，除军阀，除军阀，国民革命成功，国民革命成功，齐欢唱！齐欢唱！"

随着北伐的胜利进军，"打倒列强，除军阀"的口号深入人心，社会各革命阶级被组织和动员起来，中国形成了历史上空前广大的群众革命运动。以湖南为中心，广大农村掀起了大革命的风暴；工人运动迅速走向高涨；国民政府进行了收回汉口、九江的英租界的斗争；上海工人举行了三次武装起义。帝国主义、封建主义的统治受到严重的打击。

北伐的胜利进军和北洋军阀势力的迅速崩溃，使帝国主义列强非常震惊。它们在中国集结兵力、制造事端，企图以武力相威胁，阻挡中国革命前进的步伐。同时又拉拢时任国民革命军总司令的蒋介石。中国共产党的发展和工农运动的高涨也引起了国民党右派的极度恐慌。正当革命运动蓬勃发展之时，蓄谋已久的国民党反动派调转枪口，发动了反革命政变。1927 年 4 月 12 日，蒋介石在上海发动政变，全力"清党"。7 月 15 日，汪精卫在武汉召开"分共"会议，大肆逮捕和屠杀共产党人和革命群众，大革命的形势急转直下，第一次国共合作全面破裂。中国共产党及其领导的革命运动遭到残酷镇压。

大革命运动沉重地打击了帝国主义和封建势力，基本推翻了北洋军阀的反动统治，使民主革命思想在全国范围内得到空前的传播。同时也扩大了中国共产党的社会影响，为日后中国共产党创建农村革命根据地奠定了良好的社会基础。国民党的叛变给年轻的中国共产党上了残酷的一课，在半殖民地半封建的中国，必须开展土地革命，用武装的革命反对武装的反革命，这是中国共产党通过血的教训得出的结论。

小　结

自 1840 年以来，中国的先进分子历尽千辛万苦，向西方国家寻找救国救民的真理。中国人学习西方的努力在经历了器物学习、制度实践等实验之后，面对北洋军阀的黑暗现实，又开出了从根本上改造中国的良方，决心发动一场启蒙运动，以便为在中国建立独立的资本主义国家扫清思想障碍。而此时的国际形势已经发生重大变化，第一次世界大战充分暴露了西方资本主义社会的矛盾，俄国爆发了十月革命，这促使中国人对西方资本主义文明产生怀疑，增加了对俄国十月革命的好感。和众多西方思想一起涌入的马克思主义成为先进中国人选择的最佳思想武器。马克思主义犹如一盏最耀眼的明灯，给在黑暗中苦苦求索的中国人照亮了前行的道路，为中华民族实现伟大复兴提供了强大的行动指南。五四运动的爆发进一步推动了马克思主义的传播和马克思主义与中国工人运动的结合。中国共产党的成立是中国社会历史发展的必然产物，是开天辟地的大事变。成立不久的中国共产党就制定了民主革命纲领，发动了工农运动，实行了国共合作，掀起了大革命高潮，开创了中国革命的新局面，中国革命的面貌焕然一新，帝国主义和封建主义遭受到沉重打击。由于反革命势力的强大和资产阶级的动摇、叛变，加上中国共产党自身的错误，大革命运动最终失败。虽然大革命运动失败了，但中国共产党显示出的强大组织能力和革命力量在全国人民中产生了广泛影响，为中华民族实现伟大复兴指明了胜利的前进方向。

第四章　雄关漫道真如铁

——中国为什么必须走自己的革命道路?

1927 年轰轰烈烈的大革命失败了，但革命的步伐并未停止。在九死一生、命悬一线的险境中，中国共产党人抱定为共产主义献身的坚定信念，高高举起武装起义和土地革命的光辉旗帜。经历了血与火的洗礼，年轻的中国共产党逐渐走向成熟；经过了严峻的考验，不屈的中国共产党人奋力前行。以毛泽东为主要代表的中国共产党人，坚持把马克思主义基本原理与中国革命具体实际相结合，找到了农村包围城市、武装夺取政权的革命道路。开辟这条新路的成功奥秘何在？这是研究土地革命战争时期历史需要把握的重大问题。

一、唤起工农千百万

1927 年蒋介石发动四一二反革命政变后，在南京建立了政权。国民党南京政权成立后，背弃孙中山"联俄、联共、扶助农工"的三大政策，逐渐成为帝国主义势力和国内大地主大资产阶级的政治代表。正如毛泽东在 1928 年所指出的，它"对外投降帝国主义，对内以新军阀代替旧军阀"，"全国工农平民以至资产阶级，依然在反革命统治底下，没有得到丝毫政治上经济上的解放"[1]。因此，在大革命失败后，中国的社会性质和主要矛盾都没有变，人民对国民党政权的不满和失望情绪也在

---

[1] 《毛泽东选集》第 1 卷，人民出版社 1991 年版，第 47 页。

与日俱增。

但不可否认的是，此时的中国革命已暂时转入低潮。蒋介石和汪精卫相继背叛革命后，残酷屠杀革命群众，原来生机勃勃的中国南部陷入一片腥风血雨之中。从1927年3月到1928年上半年，被杀害的共产党人和革命群众达31万多人，其中共产党员2.6万多人。大革命时期深受群众尊敬和爱戴的革命活动家汪寿华、萧楚女、熊雄、陈延年、赵世炎、夏明翰、郭亮、周文雍等，相继牺牲在敌人的屠刀下。他们以自己的鲜血和生命，捍卫了共产主义的信念。夏明翰在绝命诗中写道："砍头不要紧，只要主义真。杀了夏明翰，还有后来人。"周文雍在监狱中写道："头可断，肢可折，革命精神不可灭。壮士头颅为党落，好汉身躯为群裂。"郭亮在牺牲前夕写给妻子的遗言是："亮东奔西走，无家无国。吾事毕矣，望善抚吾儿，以继余志。"他们有一个共同的信念：革命者是杀不完的，共产主义的事业必定会胜利！

此时的中国共产党遭受到成立以来最严峻的考验。在严重的白色恐怖下，共产党员的数量由党的五大召开时近5.8万人急剧减少到1万多人，党内存在着相当严重的消极情绪。李维汉对此回忆说："许多不坚定的分子和投机分子跑的跑，叛变的叛变。那时报纸的广告栏里，常常登载着一排排退出共产党的声明。"[①] 党的组织被迫转入秘密状态，工

四一二反革命政变后被关押的民众

① 李维汉：《回忆与研究》上，中共党史资料出版社1986年版，第168页。

农运动陷入低潮。

在生死考验面前，在革命前途仿佛已变得十分黯淡的时刻，英勇的中国共产党人和革命群众冲破反革命的高压，在黑暗中继续高擎革命大旗。10多年后，毛泽东回顾这一时期，说了一段令人难以忘怀的话："中国共产党和中国人民并没有被吓倒，被征服，被杀绝。他们从地下爬起来，揩干净身上的血迹，掩埋好同伴的尸首，他们又继续战斗了。"[1]

要继续革命，下一步怎么走？大革命失败的严酷现实向共产党人昭示：赤手空拳，只能坐以待毙，要革命，只有拿起枪杆子。毛泽东用通俗的语言说明了这个简单的道理："我是一个知识分子，当一个小学教员，也没学过军事，怎么知道打仗呢？就是由于国民党搞白色恐怖，把工会、农会都打掉了，把五万共产党员杀了一大批，抓了一大批，我们才拿起枪来，上山打游击。"[2]"蒋介石打我，我就打他。他可以打我，难道我就不能打他呀？"[3]

1927年7月中旬，江西九江这座小城突然热闹了起来，大批军人和官员模样的人汇集于此。细心的人很快发现，这些来到九江的陌生人，似乎并不打算在这里长住，一般都是在九江稍事休息几天后，便匆匆赶往南昌。

这些人中便有周恩来、李立三、恽代英等，他们都是即将爆发的南昌起义前敌委员会成员。一场反击蒋介石屠杀政策的革命大风暴就要到来。

之所以选择在南昌发动起义，是因为这个地区在敌我力量对比中，革命力量占有优势。起义军方面有叶挺指挥的第十一军二十四师、贺龙

---

① 《毛泽东选集》第3卷，人民出版社1991年版，第1036页。
② 《毛泽东外交文选》，中央文献出版社、世界知识出版社1994年版，第530页。
③ 《毛泽东外交文选》，中央文献出版社、世界知识出版社1994年版，第538页。

指挥的第二十军以及原由朱德指挥的第五方面军第三军军官教育团和南昌市公安局保安队，共 2 万余人。

　　1927 年 8 月 1 日凌晨，以周恩来为书记的中共中央前敌委员会及贺龙、叶挺、朱德、刘伯承等人，率领中国共产党掌握或影响的北伐军在南昌举行起义。整个起义历时四个多小时。起义军歼灭了城内负隅顽抗的敌人，胜利占领了南昌城。

　　起义后不久，敌人便集结重兵向南昌城进逼。中共中央考虑到南昌四面受敌后将难以立足，遂决定各部队迅速撤离南昌，向广东潮汕地区发展。南下途中，起义军遭敌优势部队的围攻，损失惨重。保存下来的队伍，一部分转移到海陆丰地区，同当地农民武装会合；一部分在朱德、陈毅率领下，转战粤赣湘交界地，后来走上井冈山，与毛泽东领导的秋收起义部队会合。

　　南昌起义打响了武装反抗国民党反动统治的第一枪，在全

南昌起义总指挥部旧址——原江西大旅社

党和全国人民面前树立起一面武装斗争的红旗。这是中国共产党独立领导革命战争、创建人民军队和武装夺取政权的开端。

1927 年 8 月 7 日，中共中央在汉口召开紧急会议（即八七会议）。会议总结大革命失败的教训，清算了大革命后期陈独秀右倾机会主义错误，确立了实行土地革命和武装反抗国民党反动统治的方针。毛泽东在会上着重阐述了党必须依靠农民和掌握枪杆子的思想，强调党"以后要非常注意军事，须知政权是由枪杆子中取得的"。

"秋收时节暮云集，霹雳一声暴动"。1927 年 9 月 9 日，毛泽东领导的秋收起义爆发。不久，起义受挫。9 月 19 日，以毛泽东为书记的前敌委员会决定到敌人控制比较薄弱的山区寻找落脚点，再图发展。起义军在转移途中，处境十分困难。部队中党组织不健全，思想比较混乱；缺乏弹药和给养，指战员伤病增多；在江西萍乡遭到敌人伏击，总指挥卢德铭牺牲。因此，许多人情绪低落，不少人离队。当起义部队到达江西永新县三湾村后，毛泽东决定对保留下来的不足千人的队伍进行改编，把党支部建在连上，从组织上确立党对军队的领导。此时，毛泽东也在考虑下一步的发展问题。他根据之前做农民运动时累积的经验，认为井冈山是理想的落脚场所，初步作出了引兵井冈山的决策。于是，毛泽东便给井冈山上的农民武装首领袁文才写信，提出了"上山"的要求，希望能够得到袁文才的帮助与合作。据当年在三湾村参加革命的李立回忆："毛泽东同志在秋收起义前后就知道袁文才领导的宁冈农民自卫军的情况，所以一到三湾，便亲自写信给袁文才，由当地农民李德胜送到茅坪交给了袁文才。"[①] 袁文才最初对这支起义部队并不了解，闻讯后有些惊慌，对其十分戒备。当他接到毛泽东的信后，立即派人去会见毛泽东。毛泽东通过他们进一步了解了井冈山地区及袁文才、王佐部队

---

① 李立：《革命摇篮井冈山》，人民出版社 1983 年版，第 15 页。

的情况，并向他们说明了工农革命军的来意，希望能在这里同当地农军合作，一起开展革命斗争，遂逐渐打消了袁文才的疑虑。

毛泽东的部队就这样在井冈山落了脚。这一脚却开拓出了一个崭新的局面。

井冈山地处湖南、江西边界的罗霄山脉中段。这里山高岭陡，树木繁茂，云雾弥漫，地势险要，是个安营扎寨、易守难攻的好地方。由于距离中心城市远，国民党在这里的统治比较薄弱，初到这里时，毛泽东抓住时机，发动农民打倒土豪劣绅，全力进行党、军队和政权的建设，初步形成了以宁冈为中心的湘赣边革命根据地。

1928 年 4 月，朱德、陈毅率湘南起义的部队来到了井冈山，同毛泽东率领的部队会师，合编为工农革命军第四军（不久改名为工农红军第四军）。同年 7 月，彭德怀等领导的一部分国民党军队在湖南平江举行起义，组成工农红军第五军，12 月到达井冈山与红四军会合。不久，

链接：毛泽东与袁文才的第一次见面

为了最终落实引兵井冈山的决策，毛泽东于 10 月 6 日在宁冈大仓会见了袁文才。据当年袁文才的部下苏兰春回忆，毛泽东与袁文才的"大仓会见是寒露节前两天，毛委员是由古城至龙市（即旧市），由龙市经茶梓冲进来的，共来了七人五匹马，有的穿大衣，有的穿长衫。毛委员披了一件大衣。袁文才当时不了解毛委员的部队，心里有点怕，预先在林家祠堂里埋伏了 20 多个人、20 多条枪。这 20 多个人始终没有给毛委员发现。袁文才、邱凌岳、李筱甫等在林家祠堂门口石桥上等候毛委员。在石桥上可以看得很远。如果发现毛委员带兵来，便命令祠堂里的人马准备战斗。后来见毛委员只带了几个人来，便迎了上去，一直带到林凤和家，吴石生在林家门口杀猪迎接毛委员"[1]

---

[1] 《井冈山革命根据地》下，中共党史资料出版社 1987 年版，第 90—91 页。

湘赣两省的国民党军队向井冈山进攻。红四军决定向赣南、闽西出击。

正当毛泽东等人在根据地探索革命道路之时，1928年6月18日至7月11日，中国共产党第六次全国代表大会在莫斯科召开。大会分析了大革命失败后中国的政治经济状况，明确指出中国仍然是半殖民地半封建社会，中国革命现在阶段的性质是资产阶级民主革命。大会指出，必须努力扩大农村革命根据地，发展红军，实行土地革命，建立苏维埃政权。大会对中国革命的复兴和发展起了积极的推动作用。

赣南、闽西地区山峦起伏，地域辽阔，物产丰盈。1929年1月，毛泽东、朱德率红四军主力离开井冈山，转战千里，驰骋赣南、闽西，开辟了中央革命根据地。1929年12月下旬，红四军党的第九次代表大会（即古田会议）在福建上杭古田召开。会议通过的决议，其中心思想是要用无产阶级思想进行军队和党的建设。古田会议确定的军队必须绝对服从党的领导的建军原则和着重从思想上建党的宝贵经验，对人民军队建设和党的建设都产生了深远影响。

红军和革命根据地的发展，使国民党统治集团感到极大震惊。中原大战和湘粤桂边战争结束后，蒋介石刚腾出手来，就立即掉头集中兵力向红军和革命根据地发动大规模的"围剿"。从1930年10月到1931年9月，蒋介石先后调集大军三次发动对红军的"围剿"。面对来势汹汹的敌军，红军采取诱敌深入的方针，牵着"围剿"军的鼻子攀山越岭，声东击西，疲惫敌军，并集中优势兵力出其不意地发动攻击，消灭敌人的有生力量，取得了三次反"围剿"的胜利。转战过程中，毛泽东也以诗人的情怀抒发了对反"围剿"斗争的感慨。他在《渔家傲·反第一次大"围剿"》中写道：

万木霜天红烂漫，天兵怒气冲霄汉。雾满龙冈千嶂暗，齐声唤，前头捉了张辉瓒。

> 二十万军重入赣，风烟滚滚来天半。唤起工农千百万，同心
> 干，不周山下红旗乱。

毛泽东的《渔家傲·反第二次大"围剿"》也写得酣畅淋漓，且结尾不乏幽默：

> 白云山头云欲立，白云山下呼声急，三路大军齐进逼。包抄
> 急，拉朽摧枯如霹雳。
> 七百里驱十五日，赣水苍茫闽山碧，横扫千军如卷席。有人
> 泣，为营步步嗟何及！

这时候，中央苏区的兵力和地盘，开始进入了全盛时期。

星星之火，已成燎原之势。除中央革命根据地外，这一时期重要的根据地还有湘鄂西、鄂豫皖、闽浙赣、湘鄂赣、湘赣、陕甘边、广西的左右江、广东的东江和琼崖等。到1930年夏，全国已建立大小十几块农村革命根据地，红军发展到约7万人，连同地方革命武装共约10万人，分布在湖南、湖北、江西、福建等十多个省的边界地区或远离中心城市的偏僻山区。

大革命失败后似乎已经陷入绝境的中国共产党，经过艰苦卓绝的斗争，又作为一支重要力量展现在中国政治舞台上。

自大革命失败以来，中国革命仍能坚持下来并得到发展，关键就在于以毛泽东为主要代表的中国共产党人不教条、不迷信，敢于突破"城市中心论"的藩篱，敢于走向农村，紧紧地依靠农民，勇敢地开展以农民为主体的革命战争，深入开展土地革命和根据地各项建设，走出了一条独特的革命道路。

这条道路，就是以农村包围城市、武装夺取政权的道路。这条道

路是在实践中不断总结经验的基础上逐步开辟出来的。它是全党集体探索的结果，其中毛泽东作出了最重要的贡献。在开展革命斗争方面，毛泽东表现出了善于向实践学习、向群众学习的优秀品质。他不仅在实践上首先把武装斗争的重心转向农村，创造出坚持和发展农村根据地的完整的经验，而且在《中国的红色政权为什么能够存在?》《星星之火，可以燎原》等著作中，从理论上初步对中国革命道路问题作了探

星星之火，可以燎原

讨。尽管革命的发展还会遇到挫折，但中国共产党领导的人民革命，正是沿着这条独特的道路走向胜利的。

二、开拓新路的智慧

在险峻的形势下，以毛泽东为主要代表的中国共产党人为什么能找到中国革命的新道路，形成农村包围城市、武装夺取政权的理论? 毛泽东曾一语道破天机："靠总结经验吃饭。"形象而幽默的话语却蕴涵着深刻的哲理。毛泽东之所以智慧出众、胆识超群，不仅是因为他个人具有突出的聪明才智和意志品质，更重要的是他找到了获得智慧的正确方法——"靠总结经验吃饭。"有了这个方法，毛泽东就突破了个人才智、阅历的局限，而步入一个无限广阔的天地。在这个天地里，他向历史寻求借鉴，向实践寻求答案，向群众寻求方法，开掘了无穷无尽、永不枯

竭的智慧源泉。

首先，坚持实事求是，走自己的路。列宁领导的俄国十月革命，是在中心城市举行武装起义，然后把胜利扩展到农村，取得全面胜利。但是，中国有自身的特殊国情，如何选择中国革命发展的具体道路，其认识主体、选择者、实践者只能是中国人自己。毛泽东指出："马克思列宁主义来到中国之所以发生这样大的作用，是因为中国的社会条件有了这种需要，是因为同中国人民革命的实践发生了联系，是因为被中国人民所掌握了。"① 中国的问题要靠中国人自己来解决。毛泽东灵活地运用马克思主义的基本原理，并把它与中国的具体实际结合起来，在秋收起义受挫后，及时说服大家放弃进攻长沙的计划，退向湘赣边界山区。他自信地说："留得青山在，不愁没柴烧。我们好比一块小石头，蒋介石反动派好比一口大水缸，但总有一天，我们这块小石头一定要打烂蒋介石那口大水缸。"② 在实践中，他领导人民群众以革命的首创精神，走出了一条有中国特色的革命道路，即以农村包围城市、武装夺取政权的道路。这条道路的开辟，充分证明了马克思主义普遍真理同中国革命实践相结合的极端重要性，开启了马克思主义中国化的思想历程，从而为日后系统地提出实事求是的思想路线奠定了重要基础。

其次，克制容忍，善于从挫折中学习。平静的湖水练不出精悍的水手，安逸的环境造不出时代的伟人。在挫折和险难面前，毛泽东以独具的智慧和勇气去面对挑战。毛泽东曾对身边工作人员讲："人没有压力是不会进步的。"他说："我就受过压，得过三次大的处分，被'开除过党籍'，撤掉过军职，不让我指挥军队，不让我参加党的领导工

① 《毛泽东选集》第4卷，人民出版社1991年版，第1515页。
② 中共中央文献研究室编：《毛泽东传 1893—1949》上卷，中央文献出版社1996年版，第152页。

作。"① 毛泽东曾回忆说："由于秋收起义的纲领没有得到中央委员会批准，又由于第一师遭受了一些严重损失，而且从城市的观点来看，这个运动似乎是注定要失败的，因此中央委员会这时就明确地指责我。我被撤销政治局和前委的职务。湖南省委也攻击我们，说我们是'枪杆子运动'。"②"井冈山时期一个误传消息来了，说中央开除了我的党籍，这就不能过党的生活了，只能当师长，开支部会我也不能去。后头又说这是谣传，是开除出政治局，不是开除党籍。啊呀，我这才松了一口气！"③

　　毛泽东经历的挫折，对他自身来说，的确是严峻的考验。如果没有坚强的信念、宽阔的胸襟和钢铁般的意志，一个人很难经受得住这种考验。身处逆境时，毛泽东不坠青云之志，一直表现得十分从容沉着，他利用这段时间，闭门读书，总结革命经验。后来，他对战友曾志谈起过："我没有吃过洋面包，没有去过苏联，也没有留学别的国家。我提出建立以井冈山根据地为中心的罗霄山脉中段红色政权，实行红色割据的论断，开展'十六字诀'的游击战和采取迂回打圈战术，一些吃过洋面包的人不信任，认为山沟子里出不了马克思主义。一九三二年（秋）开始，我没有工作，就从漳州以及其他地方搜集来的书籍中，把有关马恩列斯的书通通找了出来，不全不够的就向一些同志借。我就埋头读马列著作，差不多整天看，读了这本，又看那本，有时还交替着看，扎扎实实下功夫，硬是读了两年书。"④ 通过读书和思

---

① 中共中央文献研究室编：《毛泽东年谱（1949—1976）》第 4 卷，中央文献出版社 2013 年版，第 504 页。

② ［美］埃德加·斯诺：《西行漫记》，董乐山译，解放军文艺出版社 2002 年版，第 125—126 页。

③ 《毛泽东文集》第 7 卷，人民出版社 1999 年版，第 105 页。

④ 《缅怀毛泽东》上，中央文献出版社 1993 年版，第 401 页。

考，他对中国革命道路问题有了更加深入的了解，他的知识和才干得到了进一步的增长。

最后，注重调查研究，提炼实践经验。毛泽东既是学识渊博的理论家，又是经验丰富的实践家。他善于运用科学的思想方法，把大量的实践经验总结、概括、升华为深邃的智慧思想，又用形成的新的理论指导实践。从秋收起义到井冈山斗争，再到开辟赣南闽西革命根据地，不管局势怎样险恶，他都深深扎根实践沃土，对周围环境的历史和现状进行周密的调查研究，并通过实践的检验来修正或补充原来的想法。这是毛泽东取得巨大成功的重要原因。

从青年时代起，毛泽东就表现出善于调查研究的特质。大革命时期，为了研究中国农民问题，毛泽东曾做过湘潭、湘乡、衡山、醴陵、长沙五个县的系统社会调查。到了井冈山，毛泽东又做了永新、宁冈两个县的有系统的调查。通过这些调查，毛泽东对党内存在的唯心主义、形式主义等问题有了初步了解。

为了真正"研究透彻"一个地方，为了真正"了解问题的深处"，毛泽东在调查工作中确实是"拼着精力"去干了。1930年5月，红四军在地方武装配合下攻克寻乌县城，在这里停留一个月，环境比较安定。在寻乌县委书记古柏协助下，毛泽东接连开了十多天座谈会，进行社会调查。参加调查会的有一部分中级干部，一部分下级干部，一个穷秀才，一个破产的商会会长，一个在知县衙门管钱粮的已经失业的小官吏，共11人。在调查中，毛泽东对寻乌的政治区划、交通、商业、旧有土地关系、土地斗争等问题进行了全面而详细的考察分析。通过调查，毛泽东不仅了解了中国社会的经济政治状况与各阶级的关系，而且总结了群众斗争的经验，提出了解决有关问题的方法。

在寻乌调查的基础上，毛泽东在1930年5月写下一篇题为《调查工作》的文章。① 该文针对党内不少人机械执行共产国际指示或盲目照搬俄国革命经验的状况，提出："共产党的正确而不动摇的斗争策略，决不是少数人坐在房子里能够产生的，它是要在群众的斗争过程中才能产生的，这就是说要在实际经验中才能产生。因此，我们需要时时了解社会情况，时时进行实际调查。"②

之后，毛泽东又相继在上杭和兴国做了社会调查，对寻乌调查中出现的问题作了进一步分析和探讨。毛泽东说："实际政策的决定，一定要根据具体情况，坐在房子里想象的东西，和看到的粗枝大叶的书面报告上写着的东西，绝不是具体的情况，倘若根据'想当然'或不合实际的报告来决定政策，那是危险的。过去红色区域弄出了许多错误，都是党的指导与实际情况不符合的缘故。所以详细的科学的实际调查，乃非常之必需。"③

对于军事工作，毛泽东开始也没有系统的知识。从来没有进过军事院校的他，能够变成用兵如神的伟大的军事家，靠的也是及时调查和提炼军事工作的情况和经验。

"敌进我退，敌驻我扰，敌疲我打，敌退我追。"这是游击战的基本原则，对中国革命的胜利发挥了重要指导作用。这个"十六字诀"的产生，是以毛泽东为主要代表的中国共产党人"从战争中学习战争"，不断调查和总结失败的经验得出来的。后来，毛泽东曾说："我是犯过错误的。比如打仗，高兴圩打了败仗，那是我指挥的；南雄打了败仗，是我指挥的；长征时候的土城战役是我指挥的，茅台那次打仗也是我指挥

---

① 1964 年收入《毛泽东著作选读》时，题目改为《反对本本主义》。1991 年收入《毛泽东选集》第 1 卷。
② 《毛泽东选集》第 1 卷，人民出版社 1991 年版，第 115 页。
③ 《毛泽东农村调查文集》，人民出版社 1982 年版，第 182—183 页。

的。"① 打几次败仗不可怕，可怕的是吃了败仗不接受教训，导致一败再败。然而，毛泽东的不同凡响之处就在于善于总结失败教训，从失败的因果中寻找下次制胜的战机。后来，毛泽东在接见周培源等人时深有感触地说："我搞过国民革命军政治部的宣传工作，在农民运动讲习所也讲过打仗的重要，可就是从来没有想到自己去搞军事，要去打仗。后来自己带人打起仗来，上了井冈山。在井冈山先打了个小胜仗，接着又打了两个大败仗。于是总结经验，总结了十六个字的打游击的经验：'敌进我退，敌驻我扰，敌疲我打，敌退我追。'"② 正是从这种不断的反省和总结中找出战争的规律，革命才最终在中华大地上开出胜利之花，结出胜利之果。

三、红军不怕远征难

幼年时期的中国共产党由于缺乏革命斗争经验，加上共产国际不符合中国实际的指挥，导致中国革命遭受了严重挫折。1931 年 1 月召开的中共六届四中全会将刚刚从苏联留学归来的王明补选为中央委员和政治局委员。从这时起，以王明为代表的"左"倾教条主义错误在中共中央开始了长达 4 年的统治。

中共六届四中全会后，临时中央推行"左"倾冒险主义和关门主义，并逐步推行到红军和革命根据地中去。1933 年初，临时中央难以在上海立足，不得不迁入中央根据地。此后，临时中央在党、红军和根据地内全面地贯彻"左"倾冒险主义方针。

1933 年下半年，蒋介石又调动 50 万军队发动对中央根据地的第五次"围剿"。临时中央负责人博古，依靠对中国国情缺乏了解的军事顾

① 《毛泽东文集》第 7 卷，人民出版社 1999 年版，第 106 页。
② 《毛泽东文集》第 8 卷，人民出版社 1999 年版，第 392—393 页。

问李德负责军事指挥，结果使战局的发展对红军日渐不利。1934 年 10 月初，国民党军队推进到中央根据地腹地，第五次反"围剿"失败，中央红军和中共中央机关被迫实行战略转移。

1934 年 10 月 17 日傍晚时分，江西于都县北门边的一座石板地小院落里走出了一群人。领头的是一位身材魁梧的中年人，他虽步履坚定快捷，但消瘦的脸庞上明显地印满病容。这位中年人，便是毛泽东。尚在病中的他接到去于都河边集中的通知。

夕阳斜抹的于都河边早已人山人海。

中共中央、中革军委率第一、二野战纵队正集结在于都河边，整装待命。数以万计的群众也伫立其间，凄怆而又难舍之情油然而生，盈眶的泪水，簌簌滴洒在于都河边。

在茫茫夜色中，8.6 万红军战士渡过于都河，向西远征。红军利用各路敌军存在的复杂矛盾，以及各路地方实力派人物的自保心理，顺利通过蒋介石的三道防线，一举冲到湘江边。

链接：军事顾问李德

李德（1900—1974），德国人，原名奥托·布劳恩。第一次世界大战期间加入德国共产党。1932 年春在苏联伏龙芝军事学院毕业后，进入共产国际东方部工作，被苏联红军总参谋部派往中国东北收集日军情报。1933 年 9 月任中华苏维埃共和国中央军事委员会军事顾问。在指挥红军作战中推行"左"倾冒险主义的战略战术，反对游击战，使红军第五次反"围剿"招致失败。红军长征开始时，是军事最高领导三人团成员之一。1935 年 1 月，在遵义会议上被撤销指挥红军的权力。后随红军长征到达陕北。抗日战争初期，任中共中央军委军事研究编委会主任，抗日军政大学教授。1939 年夏离开延安返回莫斯科。第二次世界大战期间，曾加入苏联红军。1949 年回德意志民主共和国定居，潜心著译。1973 年出版《中国纪事（1932—1939）》，该书对中国革命历史有一定程度的歪曲。

　　蒋介石闻报，大为吃惊。部署重兵，企图将红军彻底消灭在湘江岸边。

　　面对强大敌人的疯狂进逼，李德等人在指挥湘江会战时，坚持"左"倾冒险主义，硬打硬拼。结果湘江一役，红军付出了极其惨重的代价。红军和中央机关人员由出发时的8.6万余人锐减到3万多人。

　　仗还能这样打下去吗？红军还要继续这样走下去吗？指战员们开始思考，这一切究竟是怎么发生的？刘伯承回忆道："广大干部眼看反五次'围剿'以来，迭次失利，现在又几乎濒于绝境，与反四次'围剿'以前的情况对比之下，逐渐觉悟到这是排斥了以毛泽东同志为代表的正确路线，贯彻执行了错误的路线所致，部队中明显地增长了怀疑、不满和积极要求改变领导的情绪。这种情绪，随着我军的失利日益显著，湘江战役达到了顶点。"①

　　行军途中，因病不得不坐担架的毛泽东仍耐心做王稼祥和张闻天的思想工作，并同他们一起分析第五次反"围剿"的军事指挥错误。毛泽东提出：要讨论失败的原因！美国学者哈里森·索尔兹伯里曾描述三人之间的讨论，戏称这是一场"担架上的'阴谋'"。他写道："毛泽东、洛甫和王稼祥不久便取得一致意见，他们都认为应尽早要求召开会议，以解决军事领导权的问题。事情发展到这一地步，李德和博古注定要失败了。"②

　　这当然不是仅仅在担架上讨论，问题最终要在中央会议上解决。12月中旬开始，经过通道、黎平、猴场几次会议，毛泽东在中央逐步有了发言权，他的意见越来越占据重要地位。

　　1935年1月7日早晨，红军攻克遵义县城。接着，红军又经过十

---

① 《刘伯承回忆录》，上海文艺出版社1981年版，第4页。
② ［美］哈里森·索尔兹伯里：《长征——前所未闻的故事》，过家鼎等译，解放军出版社2008年版，第74页。

遵义会议会址

余天征战，控制了以遵义为中心的黔北广大地区，为遵义会议的召开创造了条件。

遵义，北倚娄山，南邻乌江，是黔北政治、经济、文化重镇。1 月15 日晚，遵义会议在遵义城旧军阀柏辉章的公馆内召开了。

军事问题是会议的切入点。博古作了关于第五次反"围剿"的总结报告。他对军事指挥上的错误作了一些检讨，但主要还是强调种种客观原因。周恩来作副报告，提出第五次反"围剿"失利主要原因是军事领导的错误，并主动承担了责任。随后，由张闻天代表他本人和毛泽东、王稼祥作联合发言，尖锐地批评"左"倾军事路线。接着，毛泽东作了长篇发言，指出：导致第五次反"围剿"失败和大转移严重损失的原因，主要是军事上的单纯防御路线，表现为进攻时的冒险主义，防御时的保守主义，突围时的逃跑主义。他还根据以前几次反"围剿"在敌强我弱情况下取得胜利的事实，批驳了博古用敌强我弱等客观原因来为第五次反"围剿"失败作辩护的借口。毛泽东比较系统地阐述了适合中国革命战争特点的战略战术和今后军事行动的方向。经过激烈争辩，会上多数人同意毛泽东、张闻天、王稼祥的意见，认为博古所作的关于第五次反"围剿"总结的报告是站不住脚的。

会议直接批判的是博古，批判博古实际上就是批判李德。时任李德翻译的伍修权回忆了当时李德的处境："会议一开始，李德的处境就很狼狈，别人都是围着长桌子坐的，他却坐在会议室的门口，完全是个处在被告席上的受审者。我坐在他旁边，别人发言时，我把发言的内容一一翻译给他听，他一边听一边不断地抽烟，一支接一支地抽，垂头丧气，神情十分沮丧……会议过程中李德也曾为自己和王明等人的军事上的'左'倾教条主义错误辩护，说自己本来只是作为顾问提提建议，是中国同志自己搞坏了。他把责任推到临时中央及别人身上，不承认自己的错误，但毕竟是理不直，气不壮，没有说出什么东西……当时会议的气氛虽然很严肃，斗争很激烈，但是发言还是说理的。李德本人也意识到已是'无可奈何花落去'，不得不听取大家对他的批判发言。"①

会议将毛泽东增选为中央政治局常委，并委托张闻天起草《中央关于反对敌人五次"围剿"的总结的决议》。会后不久，中央政治局常委会决定由张闻天代替博古负总的责任，并成立由周恩来、毛泽东、王稼祥组成的三人小组，负责全军的军事行动。

遵义会议，是在中国共产党同共产国际中断联系的情况下独立自主地召开的。它结束了"左"倾教条主义错误在中央的统治，开始确立以毛泽东为核心的中共中央的正确领导，在极端危急的历史关头挽救了党，挽救了红军，挽救了中国革命，成为中国共产党历史上一个生死攸关的转折点，标志着中国共产党在政治上开始走向成熟。

---

① 伍修权：《我的历程（1908—1949）》，解放军出版社1984年版，第85—86页。

遵义会议以后，毛泽东体会到的是"雄关漫道真如铁，而今迈步从头越"。中央红军在他的指挥下展开了机动灵活的运动战。四渡赤水，声东击西，迂回穿插于敌人重兵之间。1935 年 5 月 9 日，红军渡过金沙江，摆脱了几十万国民党军队的围追堵截，随后继续北上，通过彝族聚居区，强渡大渡河，飞夺泸定桥，翻越夹金山。6 月 12 日中央红军与红四方面军先头部队会合后，又同张国焘分裂主义进行了坚决斗争，9 月，继续北上的中央红军突破天险腊子口，翻越了岷山。

翻越岷山后的第三天，毛泽东在甘肃宕昌县哈达铺读到一张报纸，意外地发现了一条令人振奋的消息：陕北有刘志丹的红军和面积不小的苏区。毛泽东当即决定：到陕北去，实现北上抗日、创建根据地的目标。

中央红军的长征胜利结束了。毛泽东用豪迈的诗句总结了长征的艰辛历程：

红军不怕远征难，万水千山只等闲。

五岭逶迤腾细浪，乌蒙磅礴走泥丸。

金沙水拍云崖暖，大渡桥横铁索寒。

更喜岷山千里雪，三军过后尽开颜。

正如诗中所描绘的，红军将士冲破国民党重兵的堵截，跨越雪山草地的险阻，经受伤病饥寒的折磨，演出了一幕幕悲壮传奇的故事，展现了坚定的共产主义理想、革命必胜的信念、艰苦奋斗的精神和一往无前、不怕牺牲的英雄气概。伟大的长征精神是民族精神的集中体现，成为激励共产党人和人民军队勇往直前的强大精神动力。

1936 年 10 月，中国工农红军第一、第二、第四方面军在西北实现会师。长征的胜利，成为中国革命转危为安的关键。它的胜利表明，中国共产党及其领导的中国工农红军具有顽强的生命力，是一支不可战胜的力量。在抗日战争的烽火即将燃遍全国之际，中国共产党倡导建立抗日民族统一战线，制定全面抗战路线，掀起了抗日民族战争的新高潮。

小 结

　　土地革命战争时期，面对严峻局势和生死考验，中国共产党始终坚贞不屈，敢于斗争、善于斗争，展现出饱受磨难而自强不息、历经曲折而愈挫愈勇、备尝艰辛而愈加成熟的高贵品格。中国共产党人用宝贵生命和殷红鲜血，铸就了一座高耸入云的不朽丰碑。以毛泽东为主要代表的中国共产党人勇敢反对"左"倾教条主义的错误倾向，坚持运用马克思主义的理论和方法，把中国革命的一系列独创性经验作了理论概括，开辟了农村包围城市、武装夺取政权的道路，正确解决了农民土地革命、武装斗争和党的建设等一系列问题。在中国共产党人异常艰苦的革命实践和理论创新进程中，毛泽东思想逐步形成和发展起来，这就为中国共产党领导中国人民去进行抗日战争和夺取中国革命的伟大胜利提供了科学的理论指导。

第五章　浴火重生

——为什么说抗日战争是以中国共产党为中流砥柱的全民族抗战？

　　饱受西方列强欺凌和压迫的中华民族，在追逐复兴梦想的征程中，经受了太多血与火的洗礼。磨难和牺牲从来不能让中华民族沉沦下去，只会让民族的斗争精神和力量更加坚韧、成熟。在中华民族反抗列强侵略和压迫的漫长斗争中，历经 14 年的中国人民抗日战争无疑有着极为特殊和重要的意义。抗日战争胜利是一个历史转折点，这次胜利捍卫了中华民族 5000 多年发展的文明成果，改写了近代以来中华民族抗击外敌屡战屡败的历史，洗刷了百余年的民族耻辱，成为中华民族从衰败走向复兴的枢纽，同时也为世界反法西斯战争及人类和平进步事业作出了杰出贡献。

　　在那场悲壮辉煌的殊死较量中，中国共产党究竟发挥了怎样的作用？这个问题的争论似乎从未停止过。问题的回答依然要从全民族抗战的悲壮历史说起。

一、擎起抗日民族统一战线的大旗

　　在全面抗战爆发前，日本侵略者之所以能够轻取东北，又很快将魔爪伸向华北，正是因为中国统治集团内部离心离德、软弱苟且，难以超越一己之私，又受制于蒙昧的政治见识，没有充分动员、凝聚社会各方力量抵御外侵。日本帝国主义敢于步步紧逼，竟企图吞并中国，也是因为忽略了

中国人民内部蕴藏着巨大的反抗力量。实际上，这种力量一旦被开掘、调动出来，将会战胜任何侵略者。正如毛泽东所说："战争的伟力之最深厚的根源，存在于民众之中。日本敢于欺负我们，主要的原因在于中国民众的无组织状态。"[①] 而抗日战争之所以能够取得胜利，根本在于中国共产党从中华民族整体利益出发，审时度势，摒弃前嫌，从阶级斗争的开路先锋转变为民族斗争的中流砥柱，领导创建了以国共合作为核心的抗日民族统一战线，形成了全民抗战的磅礴力量。可以说，抗日民族统一战线是抗战胜利的法宝，中国共产党为抗日民族统一战线的形成做出了突出的历史贡献。

日本帝国主义侵略中国是蓄谋已久、逐步升级的。中国共产党领导的抗日民族统一战线也经历了一个发展和成熟的过程。1931 年 9 月 18日，日本悍然发动九一八事变，迅速占领东北全境。九一八事变后，中国共产党从民族的根本利益出发，率先举起抗日的旗帜，号召"工农武装起来"，"同日本帝国主义进行民族的革命战争，争取中国的独立统一"。中华苏维埃共和国临时中央政府还于 1932 年 4 月 15 日宣布对日

---

① 《毛泽东选集》第 2 卷，人民出版社 1991 年版，第 511 页。

作战。1935 年夏，日本帝国主义又策划华北事变，进一步控制我国华北五省，妄图把华北变成第二个"满洲国"，这使中日民族矛盾急剧上升为主要矛盾。而国民党政府屈服于日本帝国主义的淫威，坚持"攘外必先安内"的方针，继续实行不抵抗政策。在中华民族面临生死存亡的紧要关头，如何挽救民族危亡，成为摆在中国共产党和中国人民面前最紧迫的问题。

1935 年七八月间，共产国际第七次代表大会在莫斯科召开。会议提出，在殖民地和半殖民地国家，共产党和工人阶级的首要任务，在于建立广泛的反帝民族统一战线，为驱逐帝国主义和争取国家独立而斗争。根据国内反对日本帝国主义形势的需要和共产国际七大的精神，1935 年 8 月 1 日，中共驻共产国际代表团草拟了《中国苏维埃政府、中国共产党中央为抗日救国告全体同胞书》（即《八一宣言》），10 月 1 日正式以中华苏维埃共和国中央政府和中国共产党中央委员会的名义在法国巴黎出版的《救国报》上发表。《八一宣言》明确表示共产党和红军愿意与中国一切愿意参加抗日救国事业的各党派、各团体联合，共同筹组国防政府和抗日联军，并呼吁各党派和军队首先停止内战，以便集中一切国力去为抗日救国的神圣事业而奋斗。

《八一宣言》的发表，极大地鼓舞了全国各个阶层和社会力量的抗日爱国热情，对国民党内民主派人士和地方实力派等中间势力也产生了深刻的影响，推动了他们与共产党的合作抗日。退居泰山的冯玉祥看到《八一宣言》后，就公开提出联合抗日的主张。宋庆龄、何香凝、蔡廷锴、蒋光鼐等人更是直言不讳地反对蒋介石的对内用兵、对外退让的错误政策，赞同中共《八一宣言》及其团结抗日的主张。张学良在 1935 年 11 月间从爱国民主人士杜重远那里了解到《八一宣言》后，当即表示同意与红军联合抗日，并要杜重远帮他寻找与共产党联系的线索。

1935 年 10 月，红军经过万里长征的艰难跋涉后到达陕北。11 月下旬，中共驻共产国际代表团所派代表张浩（林育英）到达陕北，向中共中央传达了共产国际关于建立广泛的反法西斯统一战线的精神和《八一宣言》的内容。鉴于当时中华民族危机日益严重，抗日救亡运动高涨，迫切需要制定新的策略和政策，中共中央于 1935 年 12 月 17 日至 25 日在陕北瓦窑堡召开了政治局扩大会议，通过了《中共中央关于目前政治形势与党的任务的决议》，指出党的策略任务就在于发动、团结和组织全中国和全民族一切革命力量去反对当前的主要敌人日本帝国主义，从理论和政策上正式确立了中国共产党关于建立抗日民族统一战线策略的总路线。毛泽东还特别指出，在目前的抗日民族统一战线中，共产党和红军不但要充当发起人，而且应当成为坚强的台柱子，既要团结一切抗日力量，又要坚决不动摇地同一切动摇、妥协、投降和叛变的倾向作斗争。

瓦窑堡会议后，中共中央进一步加强对统一战线工作的领导，一方面积极地促进全国人民的抗日救亡运动的发展；另一方面尽可能地向国民党上层人士和军队将领宣传党的抗日主张，开展争取同盟者的工作。中共中央着重对在西北"剿共"前线的国民党各地方实力派的处境和现状进行分析，认为张学良、杨虎城及其所部是首先能够争取的对象。联合他们，不仅能改变红军的被动态势，而且能影响其他实力派，扩大统一战线，造成西北的新局面。为此，中共中央还专门成立了以周恩来为书记的东北军工作委员会。

与东北军接触的机会终于来了。红军在榆林桥战役中俘虏了东北军团长高福源，经过耐心细致的思想教育工作，深明大义的高福源表示愿意担当中国共产党与东北军的信使。周恩来十分重视，他指示中央联络局局长李克农全力支持高福源的工作。一直在积极寻找与中国共产党联系的张学良见到高福源后，非常高兴，随后便与李克农进行了两次会谈，为周恩来与张学良的进一步会谈做了准备。1936 年 4 月 9 日，在肤施（延安）一个天主教堂里，周恩来与张学良两人见面并举行了会谈。双方达成了互不侵犯、互相帮助、互派代表、加强部队的抗日救国思想教育等具体协议。张学良明确表示，同意停止内战，一致抗日，并愿意为红军行动让路。在抗日联蒋问题上，张学良有自己的观点，他认为蒋介石有抗日的可能，主张他在里面劝，共产党在外面逼，里外夹攻，迫使蒋介石走上抗日道路。

适应新形势的变化，1936 年 8 月，中央政治局召开会议。毛泽东在报告中指出，只要南京政府真正抗日，我们就同它讲统一，承认统一指挥，统一编制，同意取消红军名义、取消苏维埃名称，但要保证红军和根据地是在共产党的领导之下。他还指出，"抗日必须反蒋"的口号，现在已不合适。

正当中共中央由"抗日反蒋"转向"逼蒋抗日"的时候，1936 年 12 月 12 日，震惊中外的西安事变发生了。在关键历史时刻，中国共产党把中华民族的根本利益放在第一位，力主"放蒋"，和平解决这一事变，并最终促成蒋介石作出停止"剿共"、联合红军抗日等六项承诺。西安事变的和平解决成为时局转换的枢纽，对促成以国共合作为基础的抗日民族统一战线的建立，发挥了至关重要的作用。

为了敦促蒋介石

刊登在《西北文化日报》上的西安事变消息

履行他在西安事变中做出的各种承诺，促进国民党早日联共抗日，中国共产党派代表直接同国民党代表进行了多轮谈判。1937 年 7 月 7 日，日本挑起卢沟桥事变，发动全面侵华战争，中共中央迅速发表通电呼吁："平津危急！华北危急！中华民族危急！只有全民族抗战，才是我们的出路！"并在 7 月 15 日将《中国共产党为公布国共合作宣言》递交给国民党。在中华民族面临生死存亡的关头，国民党当局不得不改弦更张，决心接受中国共产党团结抗日的主张。依据国共两党商议的结果，1937 年 9 月 22 日《中共中央为公布国共合作宣言》发表，第二天蒋介石发表谈话称："此次中国共产党发表之宣言，即为民族意识胜过一切例证。""在存亡危急之秋，更不应计较过去之一切，而当使全国国民彻底更始，力图团结，以共保国家之生命与生存。"① 这在事实上承认了中国共产党的合法地位。国共合作宣言和蒋介石谈话的发表，标志着第二次国共合作正式形成，抗日民族统一战线实际建立。中国的政治形势从准备举国抗战的阶段跨入了实行举国抗战的新阶段。

在整个抗战期间，中国共产党始终不渝地捍卫、巩固抗日民族统一战线。在战略防御阶段，国共两党及其领导的军队，相互配合，协同作战，对日军进行了有效的抗击，重挫其嚣张气焰，粉碎了日本速亡中国的迷梦。抗战进入相持阶段以后，由于日本诱降和英美对日本采取"绥靖"政策，国民党内对日妥协投降活动频繁，后来以汪精卫为首的亲日集团公开叛国投敌。同时，国民党对共产党领导的人民武装力量发展壮大产生疑惧，国民党顽固派掀起了三次反共高潮，特别是制造了震惊中外的皖南事变，抗日民族统一战线遭遇到严重危机。对于国民党当局这种倒行逆施，中国共产党进行了针锋相对的斗争，同时始终坚持高举抗日民族统一战线的旗帜，以抗日大局为重，坚持

---

① 李勇、张仲田编：《蒋介石年谱》，中共党史出版社 1995 年版，第 256 页。

抗战、团结、进步的方针，反对妥协、分裂、倒退，从而广泛地团结了中华民族一切可能团结的抗日力量，使全国团结抗战的局面得以坚持和发展，直至取得全民族抗战胜利。总之，在抗日战争中，中国共产党虽然没有掌握全国政权，但始终努力促成、维护、坚持抗日民族统一战线，成为团结全民族力量抗战的核心。日本侵略者的对手，不再是某一政权或政治势力，而是一个由共产党发挥政治引导作用、以国共合作为中心的，觉醒了的、团结一致的中华民族，这是日本侵略者必然失败的根本原因。

二、正面战场和敌后战场协同抗战

抗日战争是在第二次国共合作条件下进行的民族解放战争。由于国共两党的政治地位、基本性质和战争策略有很大差异，在抗战中形成了两个战场局面，即国民党领导的正面战场和中国共产党领导的敌后战场。正面战场和敌后战场实行不同的战略战术。国民党军队作战主要是正规战、阵地战，单纯依靠正规军队而忽视人民群众的力量，实行以保守城市和战略要地为主要目标的阵地防御战的方针。八路军、新四军等则以游击战争为主，实行人民战争的战略方针，充分动员和依靠人民群众的力量，实行军民结合、军政统一。

抗战初期，国民党领导的正面战场，抗击日军主力，组织多次大的会战，杀伤了大量日军，发挥了主战场的作用。抗战进入相持阶段后，国民党为了保存实力，出现消极抗战倾向，而中国共产党领导的敌后战场实行人民战争的方针，越战越强，逐渐成为抗战的主战场。尽管在抗战的不同阶段，正面战场和敌后战场的地位作用发生了很大变化，但总体上它们各自独立而又相互配合，相互依存。两个战场协同作战，充分反映了中华民族一致对外、团结御侮的民族精神。

在抗战战略防御阶段（1937 年 7 月至 1938 年 10 月），国民党正面战场是中国抗战的主战场，它对粉碎日军"速战速决"的战略企图，起了决定性作用。毛泽东曾肯定地指出："国民党在一九三七年和一九三八年内，抗战是比较努力的，同我党的关系也比较好，对于人民抗日运动虽有许多限制，但也允许有较多的自由。"[①] 在这一阶段，国民党正面战场先后进行了忻口、淞沪、徐州和武汉 4 次大规模的战略性防御战役，歼敌 20 余万人，牵制日军 70 万人以上，击破了日本帝国主义者"三个月灭亡中国"的美梦。

淞沪战役后，日军将进攻目标直指国民政府首都南京，当时中国军队在淞沪战役中伤亡惨重，还处于混乱之中；南京又缺乏牢固的防御设施，不利于坚守。蒋介石接连召开三次会议讨论对策，最后决定迁都重庆。以唐生智为首都卫戍司令长官，率 11 万多军队留守南京。12 月 7日起，日军开始进攻南京。13 日，南京陷落。日军随即在全城展开了

1937 年淞沪会战，中国军队奋起抵抗日军侵犯

① 《毛泽东选集》第 3 卷，人民出版社 1991 年版，第 941 页。

灭绝人性的烧杀抢掠和奸淫，其手段之残忍狠毒举世罕见：包括机枪扫射、刀劈、活埋、烧死、轮奸等等，制造了二战中骇人听闻的"南京大屠杀"。中国南京审判战犯军事法庭在南京大屠杀主犯之一、日军第六师团师团长谷寿夫的死刑判决书中确认：在他的部队进驻南京的十天内，中国人被害者总数达三十万人以上。

在战略防御阶段，国民党军队的许多爱国将士表现出感人的民族义愤和抗战决心。在北平南苑的战斗中，第二十九军副军长佟麟阁腿部中弹，部下劝他稍退裹伤，但他说："抗战事大，个人安危事小"，带伤坚持战斗，后头部中弹，壮烈殉国。在忻口会战中牺牲的第九军军长郝梦龄，原在大后方学习，战事爆发后，他抱定牺牲之决心主动请求上战场，在战斗中亲临距敌人 200 米的前线指挥作战，不幸中弹牺牲，时年仅 39 岁。在淞沪会战中，有十余位少将级高级将领阵亡，第八十八师五二四团副团长谢晋元率孤军据守四行仓库，连续抗击日军 4 昼夜的猛攻，歼敌 200 多人，被上海市民誉为"八百壮士"。

为了贯彻全面抗战路线，中国共产党在抗战爆发后就作出了开辟敌后战场的战略决策。当国民党军队从前线大规模后撤的时候，八路军、新四军却朝着相反的方向，向沦陷区大步挺进，开展游击战争，建立抗日根据地。到 1938 年 10 月武汉失守前，八路军、新四军共作战 1600 余次，歼敌 5.4 万余人，开辟了华北、华中敌后战场，牵制了日军大量兵力，在战略上有力地支援了正面战场的作战，加速了抗日战争相持局面的到来。对此，朱德曾指出："八路军和新四军向着敌后挺进，这种挺进是在敌人战略进攻阶段上我方的反进攻。""如果没有八路军、新四军的对敌反进攻，战略相持阶段的出现是不可想象的。"[①]

1938 年 10 月，随着广州、武汉等战略重镇失守，日军减弱了向正

---

① 《朱德选集》，人民出版社 1983 年版，第 138、139 页。

面战场的进攻，抗战进入战略相持阶段。此后，日军开始将其主要兵力用来巩固占领区，进攻敌后抗日根据地。于是，敌后战场逐渐成了抗日战争的主要战场。这一时期，日本对国民党政府开始采取以政治诱降为主、军事打击为辅的方针。国民党在重申坚持持久抗战的同时，其对内对外政策也有一定变化。1939年1月，国民党五届五中全会决定成立"防共委员会"，确定了"溶共、防共、限共、反共"的方针。蒋介石还将抗战到底的含义解释为"恢复到卢沟桥事变以前的状态"。这意味着国民党由片面抗战逐步转变为消极抗战，基本上实行保守的收缩战略。一些国民党军队还在华北、华中各地进攻八路军、新四军，削弱了抗战的力量。

在抗战相持阶段，中国共产党领导的抗日武装力量进一步发展、壮大，敌后游击战争逐渐成为主要的抗日作战方式，在华北、华中、华南吸引和抗击着60%左右的日军和几乎全部伪军。据统计，从1938年6月到1941年5月，八路军、新四军共对敌作战2万余次，毙伤俘日伪军40万余人，特别是八路军在1940年发动的百团大战，消灭和牵制了大量日军。这使全国人民看到，八路军在极为困难的条件下，不仅发展壮大起来，而且能够给敌人以强有力的打击，对正面战场起到了重要的配合作用。这次战役振奋了全国军民争取抗战胜利的信心，以事实驳斥了国民党顽固派散布的共产党、八路军"游而不击"的谬论。

1941年12月太平洋战争爆发后，随着美、英、中等国对日公开宣战和世界反法西斯统一战线的形成，国民党当局对盟国的依赖越来越重，以为只要靠美、英盟军的作战，不必做多少努力，就可以坐享抗日的胜利，因而对日作战总体上更为消极。

1941年和1942年是敌后战场抗战最困难的时期。日本对华北、华中敌后抗日根据地频繁进行"扫荡""清乡""蚕食"，推行灭绝人性的"烧光、杀光、抢光"政策，所用兵力之多，手段之残忍，在中国近现代历史上

百团大战涞灵战役中作战的晋察冀 1 分区 1 团

都是罕见的。由于日军的疯狂进攻和封锁，加上华北连年的自然灾害，共产党领导的抗日根据地出现严重的困难局面。主要表现在：军事上战斗频繁，伤亡重，部队减员多，干部牺牲很大；物资极其匮乏，几乎没有外援和接济，一枪一弹都要靠从敌人手中夺取和自己生产。到1942年，八路军、新四军由50万人约减为40万人。华北平原地区相继由根据地变成游击区。根据地面积缩小，总人口由1亿减少到5000万以下。

面对严重的困难，中国共产党和根据地人民没有被吓倒、难倒。在中国共产党的领导下，广大军民自力更生，艰苦奋斗，很快走出困境。到1943年底，八路军、新四军的人数和根据地人口数已接近1940年底的水平。共产党领导的武装力量在敌后战场上的作战，特别是1944年春季以后开始的局部反攻，扩大了解放区，缩小了沦陷区，使日军处于被动挨打的不利地位。

虽然敌后战场的作战是以比较分散的游击战为主，但却灵活机

动地歼灭大量日军。大大小小的游击战天天进行，处处进行，沉重打击了日军的嚣张气焰，使之陷入人民战争的汪洋大海中。1944 年 7 月 19 日，毛泽东致电各地通报时局近况时指出：在人民面前，我党领导的敌后战场与国民党领导的正面战场间的区别，越来越明显了，一个在进攻，在发展，在巩固；一个在退却，在萎缩，在充满着危机。[①] 事实确实如此，这一年日军为了打通从中国东北到越南的大陆运输线，发动了豫湘桂战役，国民党军队兵败如山倒，丧失大片国土，同世界反法西斯战场节节胜利的形势形成鲜明对比。从 1944 年起，敌后战场的局部反攻作战逐渐向全面大反攻过渡，抗战也进入反攻阶段。而中国战场的大反攻，主要是敌后战场的大反攻。从此意义上说，敌后战场在抗战中后期的中流砥柱作用是非常突出的。

在敌后战场实行的人民战争中，抗日军民结合具体条件，创造了地雷战、地道战等机动灵活的斗争方式，沉重打击了敌人。无论山区和平原，都普遍运用地雷战。群众自己动手，就地取材，利用废铁、废瓶和石头、瓦罐，制成各式各样的铁雷、瓷雷、石雷、瓦雷，埋在村口、路口、门庭院落，使日军处处遭遇杀伤。晋察冀抗日根据地民兵在反"扫荡"中，大显地雷阵的神威。爆破英雄李勇率领的爆破组以冷枪射击和地雷阵相结合的方式，毙伤日军 130 多人；又创造地雷战和"麻雀战"相结合的战法，共毙伤日军 300 多人。地道战在人民战争中也发挥了重要作用。敌后军民在一家一户所挖的土洞、地窖的基础上，建成户户相通的地道。后来地道由村内相通，发展成村村相连的能打、能藏、能防水、能防毒、能机动的巨大地道网。我军民依托地道，人自为战，村自为战，沉重打击了敌人。

---

① 中共中央文献研究室编：《毛泽东年谱（一八九三——一九四九）》中卷，人民出版社、中央文献出版社 1993 年版，第 530 页。

　　敌后战场上涌现出了千千万万的民族英雄，他们在民族危亡之际撑起了胜利的希望，堪称中华民族的脊梁！1941年8月1日，伪军包围冀中献县东辛庄，逼迫群众交出回民支队司令员马本斋的母亲，许多人被打得死去活来，却无人告密，当场有多人被杀。马本斋的母亲见情不忍，自己挺身而出。敌人对她威胁利诱，要她写信劝儿子投降。马母痛斥敌人说："我是中国人，一向不知有投降二字。"最终坚贞不屈，绝食而死。9月25日，八路军战士马宝玉、胡德林、胡福才、宋学义、葛振林在遭遇3500余敌人进攻时，为了掩护四个县的党政领导机关和群众的转移，主动吸引敌人到悬崖绝壁，凭险抵抗，毙伤敌90余人。在弹尽粮绝后，五位战士毅然跳崖，被誉为"狼牙山五壮士"。日军"扫荡"冀中深县王家铺子时，群众为掩护八路军战士表现了崇高的民族气节。为了逼迫被抓的20多人说出八路军的藏身地，日军连杀14位群众，仍一无所获。

晋察冀边区民兵在敌人要经过的河滩上埋地雷

东北抗日联军第一路军总司令、共产党员杨靖宇，强忍饥饿和病痛的折磨，孤身一人战斗到生命的最后一刻。敌人剖开他的肠胃，看到的只有树皮、草根和棉絮，残暴的侵略者也为之震惊和折服。这些具有代表性的突出事例，充分彰显出中华儿女不畏强暴、誓死抗争的伟大民族精神。

链接：中国共产党领导的敌后武装力量抗战战果

　　中国共产党所领导的八路军、新四军和华南抗日游击队，从 1937 年到 1945 年，共与敌军作战 12.5 万次，歼灭日军 52.7 万余人（东北抗联先后歼敌 17 万余人不在内），歼灭伪军 118.6 万余人，解放国土近 100 万平方公里，人口 1.2 亿，敌后解放区遍布 19 个省。人民军队则由抗战初的 5 万余人发展到 120 万人，民兵达 260 余万人。①

敌后战场无数抗日军民的无畏斗争，成为敌人的心腹大患，使日本侵略者在后方片刻不得安宁，陷于两面作战的局面，不得不用大量兵力巩固后方，不能调集更多兵力到正面战场作战。同时，敌后战场还有力地挫败了敌人"以战养战""以华制华"的企图，使其对中国的经济掠夺和思想奴役不能得逞。

三、延安的巨大影响力和吸引力

抗日战争是中日两国综合实力的大比拼、大较量。战争的较量，既在于战斗人员的规模和素质、军事装备的数量和水平，也取决于战争的领导者能否科学地把握战争的规律和特征，采用正确的战略战术，创造各种有利条件，形成压倒敌人的总体性力量。

---

① 《新华月报》1951 年 9 月号，第 990 页。

在倡导建立抗日民族统一战线的基础上，中国共产党提出全面抗战路线和持久战的战略总方针，为抗战胜利指明了正确的方向，并为此在军事斗争、民主建设、经济生产和精神动员方面进行不懈的努力，从而极大地激发了各阶层和群体的斗争力量，推动了全民族总体抗战力量的联合和壮大。中共中央所在地延安成为敌后抗日游击战争的指导中心，吸引着广大爱国者和国际友好人士的目光。

抗战时期的革命圣地延安

全国抗战伊始，中国共产党就号召全国人民总动员，主张开放民主，改善民生，广泛发动群众，武装群众，实行全体人民参加战争、支援战争的全面抗战路线，亦即实行人民战争的路线。只有实行这样的路线，才能引导中国的抗战取得最后胜利。中国共产党制定的全面抗战路线，把实行全民族抗战与争取人民民主、改善人民生活结合起来，把反对外敌入侵与推进社会进步统一起来，正确处理了民族矛盾与阶级矛盾的关系。这同国民党领导集团所实行的单纯依靠军队抗战、忽视人民力量的片面抗战路线有着根本不同，对于抗战时期及以后中国社会的进步都产生了深远的影响。

抗日战争开始后一年内，由于敌我力量悬殊，国民党军队在军事上不断失利，节节败退，使一部分人产生了悲观失望情绪，出现了一种"亡国论"论调，他们声称"中国武器不如人，战必败"。汪精卫甚至认为："我们的所谓抗战，无他内容，其内容只是牺牲，牺牲完了，抵抗之目的也就达到了。"与此同时，国民党内的亲英美派则鼓吹"速胜论"，幻想依靠英、法、美、苏等国的干涉和援助迅速取胜。与持"亡国论"和"速胜论"的人相比较，在全国抗日阵营中，很多人认识到抗战将持久地进行，并且相信最后胜利是中国的。

但是，在相信持久战的人中对于持久战的理解却大相径庭。蒋介石的"持久战"基本上限定为一种军事上的指导方针，缺乏广泛的政治动员和全民抗战的群众基础，他将希望寄托于拖住日本，等待美英国家的参战。有些人，包括一些共产党人，他们拥护持久战，但对于抗日战争的客观规律和中日两国的实际情况、战争能力等，缺乏正确的认识和科学的分析，因而对战争的发展趋势和结局缺乏冷静的思考。在此背景下，毛泽东对持久战理论进行了系统总结和科学阐释。

1938年5月，毛泽东集中全党的智慧，写了《论持久战》这篇重要的军事理论著作。在写作《论持久战》的过程中，毛泽东可谓全神贯注、夜以继日，有时连饭都顾不上吃，终于在9天的时间里，完成了这部近5万字的理论著述。《论持久战》一面世就产生了重大影响。"延安五老"之一的吴玉章，在他的回忆录里谈道："《论持久战》的发表，毛泽东以他对马克思主义哲学的娴熟应用和对抗日战争的透彻分析，征服了全党同志特别是高级干部的心。"

1938 年 5 月，毛泽东在延安撰写《论持久战》

毛泽东在《论持久战》中批驳了关于抗战的错误思想，深刻阐明了抗战的科学战略方针。他指出：日本是一个强的帝国主义国家，但它的侵略战争是退步的、野蛮的；中国的国力虽然比较弱，但它的反侵略战争是进步的、正义的，又有了中国共产党及其领导下的军队这种进步因素的代表。日本战争力量虽强，但它是一个小国，军力、财力都感缺乏，经不起长期的战争；而中国是一个大国，地大人多，能够支持长期的战争。日本的侵略行为损害并威胁其他国家的利益，因此得不到国际的同情与援助；而中国的反侵略战争能获得世界上广泛的支持与同情。毛泽东总结道：这些特点"规定了和规定着战争的持久性和最后胜利属于中国而不属于日本。战争就是这些特点的比赛。这些特点在战争过程中将各依其本性发生变化，一切东西就都从这里发生出来"①。他得出结论："中国会亡吗？答复：不会亡，最后胜利是中国的。中国能够速胜吗？答复：不能速胜，必须是持久战。"②

毛泽东还把游击战争提高到战略地位来考察，因为在中国这样一个

---

① 《毛泽东选集》第 2 卷，人民出版社 1991 年版，第 450 页。
② 《毛泽东选集》第 2 卷，人民出版社 1991 年版，第 469 页。

大国中，特别是在民族战争条件下，游击战争有充分的活动地域和极为广大的群众基础，能够大规模地进行。抗日游击战争主要不是在内线配合正规军的战役作战，而是在外线单独作战，并有自己一整套的防御和进攻的战略战术。抗日战争的长期性，又使得在广泛发动游击战争中，要解决创建根据地和建立人民政权的战略任务。在长期的不断削弱敌人、壮大自己的斗争中，游击军和游击战必将向正规军和运动战发展，形成最后战胜敌人的强大战斗力量。

《论持久战》科学地剖析和论证了抗日战争的内在规律，以严密有力的逻辑力量指明了争取抗战胜利的正确道路，从思想上武装了抗战军民，极大地鼓舞和坚定了一切爱国民众夺取胜利的信心和意志。

为了贯彻全面抗战路线和持久战的方针，中国共产党高度重视抗日根据地建设，特别是抓住民主建设、经济生产、文化建设这些关键环节，努力满足各阶级阶层的权益和发展诉求，从而调动了广大人民群众的抗日积极性，出现"母亲叫儿打东洋，妻子送郎上战场"的全民抗战局面。例如，在北平密云，一位叫邓玉芬的妈妈把丈夫和5个儿子都送上抗战前线，他们后来全部战死沙场。

抗战需要人民的参与和支持，而民主是最好的动员。毛泽东曾经说过：民主政治是发动全民族一切生动力量的推进机，有了这种制度，全国人民的抗日积极性将会不可计量地发动起来，成为取之不尽、用之不竭的深厚源泉。基于此，中国共产党提出了政权建设的"三三制"原则，即共产党员、非党的左派进步分子和不左不右的中间派各占1/3。这样做，可以容纳各方面的代表，可以团结一切赞成抗日又赞成民主的阶级、阶层。此外，抗日根据地政权还普遍采取民主集中制，保障人民的民主自由权利。各级政权机构的领导人都经过人民选举产生。这一系列的民主举措，使抗日根据地特别是陕甘宁边区成为全国最进步的地方。

没有根据地的经济生产，要支援抗日战争，改善人民生活和巩固抗日根据地政权，都是不可能的。因此，各根据地政府都十分重视经济生产，并着力提高群众的生活水平。根据地内停止实行没收地主土地的政策，普遍实行减租减息政策，以减轻农民所受的封建剥削，提高他们的抗日和生产积极性；同时实行交租交息，以利于联合地主阶级抗日。为了发展农业生产，根据地政府动员农民开垦荒地，兴修水利；发动农民组织劳动互助，提高劳动生产率。在工业方面，改善工人待遇，又确保资本家有利可图。

为了克服经济困难，1942 年，中国共产党领导根据地军民开展了大生产运动。毛泽东、朱德等中央领导人亲自参加生产，经常利用休息时间开荒、种菜。周恩来、任弼时还参加中央直属机关纺线比赛，被评为"纺线能手"。陕甘宁边区的八路军第三五九旅发扬艰苦奋斗的精神，将荒无人烟的南泥湾改造成为"陕北的好江南"。根据地军民最终战胜了各种困难，农业生产和工商业都得到恢复和发展，为坚持抗战、争取胜利奠定了物质基础。

1945 年 4 月 23 日至 6 月 11 日，中国共产党第七次全国代表大会在延安杨家岭中央大礼堂隆重举行。七大提出的政治路线是：放手发动群众，壮大人民力量，在我党的领导下，打败日本侵略者，解放全国人民，建立一个新民主主义的中国。大会总结了中国新民主主义革命的历史经验，制定了正确的路线、纲领和策略，克服了党内的错误思想，使全党在马克思列宁主义、毛泽东思想的基础上达到了空前的团结。这次大会为党领导人民去争取抗日战争的胜利和新民主主义革命在全国的胜利，奠定了政治上、思想上、组织上的基础。

抗日根据地生机勃勃、风清气正的社会环境，同国民党统治区黑暗专制的局面，形成鲜明的对照。毛泽东曾描述陕甘宁边区是"十个没有"："这里一没有贪官污吏，二没有土豪劣绅，三没有赌博，四没有娼妓，五

没有小老婆，六没有叫花子，七没有结党营私之徒，八没有萎靡不振之气，九没有人吃磨擦饭，十没有人发国难财"。① 越来越多的人从中国共产党领导的抗日根据地中看到了中国未来的希望。许多寻求救国之路的爱国人士纷纷奔赴延安。投奔延安的人中，有带着钻石首饰的华侨，有上海滩的文艺明星，有冼星海、丁玲、艾青、茅盾等著名的文化人士，也有张学良的弟弟张学思、杨虎城的儿子杨拯民这样的爱国军人。为了抗日，他们走到了一起。当时美国驻华使馆的人员在写给美国国务院的报告中也承认，共产党的政府和军队，是中国近代史上第一次受到广大人民支持的政府和军队。它将在短短的几年中成为中国唯一的主导力量。②

四、全民族抗战的胜利

抗日战争是中华民族全民族的反侵略战争，是一场正义战争。全国各阶级、阶层和海外侨胞团结一心，都义无反顾地投身到了这场关系民族存亡的伟大斗争中。著名作家巴金在 1937 年 8 月曾写道："这一次全中国的人真的团结成一个整体了。我们把个人的一切全都交出来维护这个整体的生存。这个整体是一定会生存的。整体的存在也就是我们个人的存在。"③ 当人们唱起"中华民族到了最危险的时候"时，民族的危机意识、自强精神都被唤醒了，以爱国主义为核心的民族精神在抗战中得到升华和弘扬，极大地增强了中华民族的认同感、凝聚力、向心力。中华民族在精神、组织力量上的空前壮大，是抗战胜利的基本保障，也为之后中华民族的复兴进程提供了不竭的动力源泉。

全面抗战爆发后，抗日救亡高潮深入城乡各个社会阶层。全国各界民众采取实际行动，以各种形式支持抗战。北平长辛店铁路工人搜集了

① 《毛泽东选集》第 2 卷，人民出版社 1991 年版，第 718 页。
② 参见《中国近现代史纲要》，高等教育出版社 2013 年版，第 158 页。
③ 巴金：《一点感想》，《呐喊》创刊号，1937 年 8 月 25 日。

大量军需物资，冒着敌人的炮火送往前线，帮助中国军队构筑工事；宛平县农民自动捐献粮食柴草，还为中国军队抢救伤兵、修路、送情报、运送弹药等；上海日资工厂的中国工人、职员、海员等，或举行罢工，或捣毁工厂、码头、仓库等，抗议日本的侵略；汉阳兵工厂的工人为多生产消灭敌人的武器，自动将每天工作时间延长4小时；为响应政府工厂内迁的号召，难以计数的劳工长途跋涉，依靠肩挑背扛，运送几百家工厂到后方。

民族资产阶级是中国近代历史上初生的一个阶级，尽管其经济地位相对较高，但也一直受到帝国主义列强的欺凌和压榨。当中日民族矛盾成为中国社会的主要矛盾时，民族资产阶级中的许多人士冒着丧失生命、财产的危险，积极投身各种抗日救国活动。上海著名实业家胡厥文作为上海机器五金业企业家的代表之一，前往南京请愿，向国民政府表示："本着国家兴亡匹夫有责之旨，决定把工厂立刻迁到后方去，积极生产，支援抗战。"实业家沈鸿在八路军办事处协助下，将其所办的五金厂的机器设备经西安迁往延安，这对以后陕甘宁边区的工业生产起了重要的奠基作用。著名实业家刘鸿生不仅担当起了中国红十字会总会副会长兼上海伤兵救济委员会会长，动员子女参加"八一三"淞沪抗战爱国后援工作，更是担当起了向"大后方"提供物资援助的重任。1938年6月，日军方对刘鸿生以委任其为上海市商会会长为诱饵，以保证生命财产安全为条件，企图迫其就范。刘鸿生断然拒绝，表现出"宁为玉碎，不为瓦全"的凛然气节，随后抛舍巨资产业，愤然离开上海。

1937年8月，国民政府资源委员会决定将沿海地区一些有关厂家内迁，各地的工商业户纷纷投入内迁行动。从1937年到1940年底，有647家厂矿迁移内地。这是一次颇具悲壮色彩的工业战略大转移，民族工商业者以极大的热情，不怕千辛万苦，完成了这次壮举，为支持长期抗战，保存了急需的物资生产能力。值得一提的是，著名实业家、民生公司创办者卢作孚为沿海工厂内迁作出了非凡的贡献。武汉失守后，大量后撤人员和数万吨迁川工厂物资，屯集宜昌无法运走，不断遭到日机轰炸。卢作孚集中其公司全部船只和大部分业务人员，采取分段运输，昼夜兼程抢运，不顾日机狂轰滥炸，经过40天的奋战，终于在宜昌失陷前，将全部屯集的人员和物资抢运到了四川。这一抢运壮举被称为"中国的敦刻尔克"。在整个抗战期间，民生公司共抢运了各类人员150余万人、物资100万余吨，遭日机炸毁船只16艘、牺牲职工100余人。

在整个抗战期间，广大知识分子以民族大义为重，以自身的文化特长宣传抗日、唤起民众，为抗战提供了强大的精神动力。1938年3月，中华全国文艺界抗敌协会在武汉成立。著名作家老舍在入会誓词上这样写道："这是新的机械化部队。我这名小卒居然也被收容，也能随着出师必捷的部队去作战，腰间至少也有几个手榴弹打碎这些个暴敌的头颅。你们发令吧，我已准备好出发。生死有什么关系呢，尽了一名小卒的职责就够了！"[1] 中华全国文艺界抗敌协会明确提出"文章下乡、文章入伍"的号召，并组织了各种形式的战地访问团或慰劳团，极大地促进了文艺与抗战的结合、作家与人民的结合。1939年6月18日，该协会组织14位作家成立"笔游击队"，从重庆出发，奔赴抗日前线。他们一方面将前线战士的英勇事迹以及侵略者的残酷暴行报告给全国的人民；另一方面也将民族战争中生长起来的抗战文化带到了广袤的敌后与疆场，产生了很好的宣传和教育效果。

抗战时期，许多著名文化人士还拒绝侵略者的拉拢、诱惑，表现出令人赞佩的高尚民族气节，他们的事迹广为传颂，有力地鼓舞了国人奋勇抗战的斗志。1941年12月下旬，日军侵占香港，京剧大师梅兰芳正

---

[1] 老舍：《老舍生活与创作自述》，人民文学出版社1982年版，第155页。

避居于此，他担心日本人会来找他演戏，消减国人斗志，做出一项惊人举措：留蓄胡子。他对友人说："别瞧我这一撮胡子，将来可有用处。日本人要是蛮不讲理，硬要我出来唱戏，那么，坐牢、杀头，也只好由他了。"①抗战期间，国画大师齐白石蛰居北平。日本侵略军驻华北地区的头目曾多次派人到齐白石家，诱劝他到日本去，加入日本国籍。齐白石断然拒绝："齐璜中国人，不去日本。你们要齐璜，可把齐璜的头拿去。"他或把日本侵略者和汉奸比作"既啮我果，又剥我黍"的"群鼠"，或比作泥脚越陷越深的螃蟹，题写"沧海扬尘洞庭浪，看君行到几时休"。有人劝他不必如此露骨讽刺，他说："残年遭乱，死何足惜，拼着一条老命，还有什么可怕的呢！"②这些艺术家的言行展现了中华民族不畏强暴的铮铮铁骨。

祖国的抗战大业，始终牵动着千百万海外华侨的心。具有赤诚爱国情怀的广大侨胞，为了中华民族的独立和解放，在世界各地积极开展抗日救亡运动。1938年10月，东南亚各国的40多个华侨救国团体的代表在新加坡集会，一致决议成立南洋华侨筹赈祖国难民总会，推选陈嘉庚为主席，其分支机构遍布南洋各国。陈嘉庚首先认购了10万元救国公债，又自认每月捐2000元。在他的带动下，南洋华侨每月认捐700万元，"直到民族得解放为止"。

在美洲的致公党创始人司徒美堂，发动美洲侨胞以长期募捐支援祖国抗战。他于1937年10月发动美国纽约市54个华侨团体，成立纽约华侨抗日救国筹饷总会。在他的推动下，华侨组织捐款5400多万美元。司徒美堂并非殷商巨贾，但他却是纽约捐款最多的华侨之一，几乎献出了所有的财产，可谓毁家纾难。在欧洲、大洋洲等地的华侨，也纷纷建

① 梅葆玖、赵芝铭：《梅兰芳的上海二十年》，《名人传记》2014年第4期。
② 吴继金：《抗战中的爱国画家》，《百年潮》2005年第9期。

立起各种抗日救国团体，积极筹集现款和物资。源源不断的义捐和侨汇实际上成为抗战期间国民政府重要的财政来源。根据不完全统计，"仅在抗战的前 5 年，侨汇和义捐就多达 50 多亿元。在抗战初期海外华人的每月捐款约为 2000 万元，几乎占了当时抗战军饷的 1/3。加上侨汇，海外华人就几乎负担了抗战时期国民政府财政经费的一半"。①

许多爱国侨胞满怀一腔热血，还回国直接参战。抗战期间，回国参战的广东籍华侨就有 4 万多人，他们中的很多人都是抗战急需的人才。中国驱逐机飞行员中有 3/4 是华侨青年。1938 年 10 月，武汉、广州沦陷后，在南洋华侨总会的组织下，3000 多名南洋华侨汽车司机和汽车修理技工回到祖国，确保了当时我国唯一的国际运输通道——缅滇公路畅通，其中为国捐躯者达 1000 余人。

正义终将战胜邪恶，中国全民抗战必胜。1945 年 8 月 15 日，日本天皇裕仁以广播形式正式宣布无条件投降。9 月 2 日，日本代表在投降书上签字。日本在投降书上签字的第二天即 9 月 3 日被确定为中国抗日战争胜利纪念日。至此，抗日战争胜利结束，世界反法西斯战争也胜利结束。中国的抗日战争是世界反法西斯战争的重要组成部分，是世界反法西斯战争的东方主战场。日军在海外作战中损失的 287 万人中，有 150 万人被毙伤在中国战场。中国战场长期牵制和抗击了日军的主要兵力，挫败了其"北进"侵苏的战略，迟滞了其"南进"太平洋的步伐，制约和打乱了日本法西斯与德意法西斯相互勾结、瓜分全球的图谋，在战略上策应和支持了盟国作战。美国总统富兰克林·罗斯福曾感慨地谈到中国抗战的巨大历史贡献："假如没有中国，假如中国被打垮了，你想会有多少个师团的日本兵，可以调到其他方面来作战，他们可以马上

① 刘东：《海外华人在全民族抗战中的历史功绩》，《北京行政学院学报》2006 年第 1 期。

1945 年 9 月 9 日，侵华日军代表在南京签字，向中国政府投降（油画，作者：陈坚）

打下澳洲，打下印度。"① 为了抗战胜利，中国人民也付出了巨大的民族牺牲。据不完全统计，中国军民死伤 3500 多万人，占当时中国总人口的 8%；按 1937 年的比值折算，中国直接经济损失 1000 多亿美元，间接经济损失 5000 多亿美元。

　　恩格斯曾说："没有哪一次巨大的历史灾难不是以历史的进步为补偿的。"② 为了抗日战争的胜利，中华民族付出了极大的牺牲，但艰难的斗争也增强了中华民族的认同感、自信心和奋进意志，砥砺着中华儿女在爱国主义旗帜感召下走向民族复兴的新征程；抗日战争的胜利改变了近代以来中国在国际上受压迫、被欺凌的历史，重新确立了中国的大国地位，中华民族开始以能够自主掌握命运的坚毅形象重新步入世界民族之林。在此意义上也可以说，抗日战争是中华民族从衰败走向复兴的枢纽。

---

① 　钟声：《日本，侵略历史翻不了案》，《人民日报》2013 年 9 月 3 日。
② 　《马克思恩格斯文集》第 10 卷，人民出版社 2009 年版，第 665 页。

小 结

　　抗日战争是以中国共产党为中流砥柱的全民族抗战。中国共产党从中华民族整体利益出发，审时度势，摒弃前嫌，提出并领导创建了以国共合作为核心的抗日民族统一战线，形成了全民抗战的磅礴力量。亿万军民集聚在中国共产党倡导的抗日民族统一战线的旗帜下，同仇敌忾、共赴国难，用血肉之躯和英雄气概筑起了捍卫国土和家园的钢铁长城，用爱国主义的民族精神铸起了一座巍峨的历史丰碑。中国共产党提出持久战、敌后游击战理论，创造性地回答了关系抗战前途的一系列战略性问题，并始终奋斗在抗战第一线，领导了敌后战场的抗战。中国共产党积极推进抗日根据地的民主建设、经济生产、文化建设，极大地调动了广大人民群众的抗日积极性，引领着当时及战后中国社会的前进方向。中国共产党始终站在全民抗战最前线，体现出高远的政治见识和驾驭复杂局势的能力，表现了不畏强暴的斗争精神和甘于奉献牺牲的爱国情怀，不仅为抗战大业做出了杰出的历史贡献，而且引领着抗战时期及以后中国社会的前进方向，堪称全民族抗战的中流砥柱。

第六章 历史的十字路口

——抗战胜利后两种命运如何抉择?

抗日战争胜利后,中国面临两种命运、两种前途的较量。中国为什么没有出现联合政府的局面或西方式的两党制或多党制政治格局? 这主要取决于国共两党的主张是否符合历史潮流,是否符合民意。中国共产党顺应历史潮流,从人民的根本愿望出发,提出了和平、民主、团结的方针,力争使中国走向和平、民主、自由、富强的光明前途。但是,国民党统治集团企图依靠美国政府的支持,在中国继续维持国民党一党专政的统治。为了中国的和平民主,中国共产党领导人民群众与国民党统治集团进行了复杂而激烈的谈判和斗争。经过艰苦卓绝的斗争,中国共产党领导广大人民群众终于取得了新民主主义革命的伟大胜利。中国人民长期梦寐以求的建立新中国的愿望终于实现了。

一、努力争取和平民主

1945 年 8 月 27 日,一架美国飞机降落在简陋的延安机场上,美国驻华大使赫尔利,蒋介石的代表、国民党政府军事委员会政治部部长张治中先后走下飞机,他们是专程来延安迎接中共代表团去重庆的。

窄小的延安机场,西靠宝塔山,北倚清凉山,只有东南方向离山峦较远,比较开阔。8 月 28 日上午,延安的干部和各界群众代表近千人汇聚这里,为中共代表团送行。上午 11 时许,毛泽东、周恩来、王若飞在张治中、赫尔利的陪同下登上专程来迎接的美国飞机。飞机缓缓升空后，毛泽东说："让飞机绕延安城一周，我要向延安人民道个别！"[①]飞机绕延安飞行一圈后，便向重庆方向飞去。

毛泽东率中共代表团赴重庆谈判，是中国共产党从全局考虑作出的战略决策。中国抗日战争的胜利曾使中国人民欢欣鼓舞、热血沸腾。但是，当人们还沉浸在胜利欢乐中的时候，中国上空却已笼罩着一片阴云。得到美国支持的国民党统治集团企图垄断抗日战争的胜利果实。蒋介石要消灭共产党的方针是早已定了的，但他要在日本刚刚投降后立刻发动全面内战也不能不有所顾忌。

首先，全国人民迫切要求和平，希望休养生息。全国人民的心理状态是普遍期待能和平建设自己的家园，发动内战是不得人心的。其次，在抗战期间，蒋介石的精锐部队大多退到西南和西北地区，运送这些部队到内战前线一时有不少困难。再次，采取"扶蒋反共"政策的美国试图依靠政治手段限制和扼杀中国人民革命力量，因而表示不赞成中国内战。美国意欲采取军事干涉以外的手段来支持和援助国民党政府，即推动国民党同共产党进行谈判，迫使中国共产党交出武器，参加受国民党支配的政府，以便使中国在蒋介石的领导下实现"统一"，美国也就可以不战而控制中国。另外，中国共产党及其领导的革命力量的发展壮大，已不像1927年时那样任人摆布。中国共产党对蒋介石倒行逆施的揭露和警告，也使他不敢过于轻举妄动。

正是在这种情况下，蒋介石摆出了和平的姿态，于8月14日、20日和23日连续三次打电报邀毛泽东到重庆谈判。蒋介石这样三番五次地邀请毛泽东到重庆谈判，是真的很想实现国内和平还是别有他图？蒋介石本人后来曾说过，战后，他的方针是，或者以和平谈判方式迫使中共"放弃武力，改走合法的道路"，或者通过"放手动员作

---

① 李清华：《雾都较量》，中共中央党校出版社1994年版，第57页。

战"的办法来消灭中共武装。他认为，"这两条道路，任取其一，都足以解决中共问题。"①可见，蒋介石的如意算盘是这样打的：如果毛泽东不来，就可以借机宣传共产党拒绝和平谈判，把内战的责任推卸到中共身上；如果毛泽东来了，就给共产党几个内阁职位，诱逼中共交出解放区和人民军队；即使谈判不成，也可取得时间，调兵遣将部署内战。

链接：毛泽东到重庆引起热烈反响

　　毛泽东不顾个人安危，亲赴重庆，在国内外引起重大反响。中外记者纷纷发出专电，报道毛泽东抵渝的消息，称颂毛泽东的伟大气魄与胆略，赞扬中国共产党谋求和平、民主、团结的诚意。成都《华西晚报》的社评说："如果对中国命运应负重大责任的国民党确实有结束一党专政与在野党派团结合作的诚意，毛泽东重庆之行，将可能成为中国近代史上划时代的重大事件。"②西安《秦风日报、工商日报联合版》的社论说，毛泽东飞抵重庆，"这好像在阴暗的天空中忽然放出来一道光明，不禁使人手舞足蹈，为国家的前途祝福！自日本投降之后，这真是最使人兴奋的消息！""毛泽东先生之毅然应邀赴渝，可以说已为团结奠定了稳步基础。"③许多人称赞毛泽东的重庆之行是"一身系天下之安危"的壮举。著名的民主人士柳亚子赋诗一首，颂扬毛泽东的勇气。诗曰：

　　阔别羊城十九秋，重逢握手喜渝州。弥天大勇诚能格，遍地劳民战尚休。

　　霖雨苍生新建国，云雷青史旧同舟。中山卡尔双源合，一笑昆仑顶上头。④

　　人民的欢迎、舆论的赞誉，反映了人民群众对和平民主的渴望，也使中国共产党的威望获得了空前的提高。

---

① 蒋介石：《苏俄在中国》，台湾"中央"文物供应社1981年版，第156页。

② 《重庆谈判纪实》，重庆出版社1983年版，第62页。

③ 《重庆谈判纪实》，重庆出版社1983年版，第64、65页。

④ 柳亚子：《柳亚子诗词选》，人民文学出版社1959年版，第124页。

对于蒋介石的阴谋，中共中央是有清醒认识的，但为了尽一切可能争取和平，毛泽东决定到重庆与蒋介石进行谈判。1945 年 8 月 26 日，在枣园召开的政治局扩大会议上，毛泽东说，我去重庆，这样我们可以取得全部主动权。去重庆，要充分估计到蒋介石逼我作城下之盟的可能性，但签字之手在我。谈判自然必须作一定的让步，只有在不伤害双方根本利益的条件下才能达到妥协。

这次政治局扩大会议还通过了毛泽东起草的《中共中央关于同国民党进行和平谈判的通知》。《通知》分析了日本宣布投降以后两个星期内中国形势的发展，说明了中共中央关于和平谈判的方针，并在当天即 26 日向各中央局和各大战略区发出，以统一党内的思想。《通知》说："在内外压力下，可能在谈判后，有条件地承认我党地位，我党亦有条件地承认国民党的地位，造成两党合作（加上民主同盟等）、和平发展的新阶段。"

重庆谈判从 8 月 29 日开始，10 月 10 日结束。在此期间，毛泽东就和平建国、国共两党关系等重大问题直接同蒋介石进行多次商谈。具体谈判主要在中共代表周恩来、王若飞和国民党政府代表王世杰（外交部部长）、张群（四川省政府主席、政学系首领）、张治中、邵力子（国民党政府军事委员会战地政党委员会秘书长）之间进行。

10 月 10 日下午，中共代表周恩来、王若飞，国民党政府代表王世杰、张群、张治中、邵力子分别在《政府与中共代表会谈纪要》（亦称《双十协定》）上签字。

10 月 11 日，毛泽东、王若飞在张治中陪同下由重庆飞返延安。在机场受到党政军民代表的盛大欢迎。张治中后来回忆道："下飞机时，黑压压地站满了人，干部、群众、学生，男的、女的、老的、少的，在他们的表情里，充分流露出对党的领袖最大的欢悦与关切。那种情形，真叫人看了感动！以后，我还常常和朋友说起，以为这是解放区一种新兴的气象，而国民党里还有人存着反共的念头，真是其愚不可及了！"①

国共双方代表签订的《政府与中共代表会谈纪要》，是重庆谈判取得的主要成果。尽管解放区政权问题、国民大会问题还没有达成协议，中共领导的军队整编问题实际上也没有解决，但是，在中国共产党积极耐心争取和全国进步势力的压力下，国民党当局终于作出了一些承诺，接受了"和平建国的基本方针"，承认了中国共产党的地位，承诺召开各党派的会议。

通过谈判，中共关于和平建设新中国的政治主张被全国人民所了解，这就有力地推动了全国的和平民主运动的发展。毛泽东在回到延安当天主持召开的中共中央政治局会议上说："这个会谈纪要，第一个好处是采取平等的方式双方正式签订，这是历史上没有过的。第二，有成议的六条，都是有益于中国人民的。"②

重庆谈判后，国共双方在美国的调停下又进行紧张激烈的谈判，终于在 1946 年 1 月 10 日签订了停战协定。停战协定的直接作用则是为政治协商会议的召开创造了一个良好的气氛。

停战协定签订的同一天，政治协商会议在重庆国民政府礼堂开幕，这是中国乃至国际社会广泛瞩目的一次会议。

出席政治协商会议的代表共 38 人。这些代表按政治分野大致可分为左中右三种势力。共产党代表无产阶级和人民大众的利益，是左派力量的代表，主张废除国民党一党专政，建立新民主主义国家。国民党及其追随者（青年党）是右派，代表大地主大资产阶级的政治主张。中间派基本上是民盟，代表民族资产阶级和上层小资产阶级的利益。

---

① 《张治中回忆录》，中国文史出版社 1985 年版，第 733 页。

② 中共中央文献研究室编：《毛泽东年谱（一八九三——一九四九）》下卷，中央文献出版社 2013 年版，第 34 页。

中国共产党为使会议取得成功，采取的方针是：争取团结中间派，揭露和孤立国民党右派，力争达成有利于人民的协议。因此，共产党代表和民盟代表约定，政协会议期间，双方携手合作，互相支持，共同斗争。

政治协商会议历时 22 天，经过几十次大小会议的激烈争论，于 1 月 31 日闭幕。会议通过了政府组织案、国民大会案、和平建国纲领、军事问题案和宪法草案等五项决议。关于政府组织问题的决议中，确定改组国民党一党专政的政府，各民主党派和无党派民主人士可以参加政府。规定改组后的国民政府委员会为最高国务机关，不但有对方针、大计的决策权，并有对高级官员的任免权。在国民大会问题的决议中，规定增加足够数量的新代表，宪法之通过须 3/4 的代表同意。在和平建国纲领中，规定全国团结一致，建设统一自由民主的新中国，实行政治民主化、军队国家化及党派平等合法，用政治方法解决政治纠纷，以保持国家之和平发展。在军事问题的决议中，规定依

链接：毛泽东手书《沁园春·雪》赠柳亚子

　　在重庆期间，毛泽东把手书的旧作《沁园春·雪》赠给柳亚子。这首气势磅礴、脍炙人口的词经传抄被重庆《新民晚报》发表后，立即引起了巨大轰动。许多人对这首字里行间洋溢着豪情壮志的词作赞语不绝，也对毛泽东肃然起敬。然而，蒋介石和他的御用文人却借此攻击毛泽东有"帝王思想"，闹得满城风雨。事隔 13 年后，毛泽东在批注这首词时深有感触地这样写道："雪：反封建主义，批判两千年封建主义的一个反动侧面。文采、风骚，只能如是，须知这是写诗呵！难道可以谩骂这一些人们吗？别的解释是错的。末三句，是指无产阶级。"①

----

① 《建国以来毛泽东文稿》第七册，中央文献出版社 1992 年版，第 650—651 页。

民主政治实行军队制度的改革，实行军党分立，军民分治，全国军队进行整编。在宪法问题的决议中，确立了国会制、内阁制、省自治的原则。

尽管政协决议还不是中国共产党所主张的新民主主义纲领，但它在实质上是对国民党一党专政制度和反人民的内战政策的否定，因而是有利于人民的。如果照着政协决议做下去，是会向新民主主义的方向发展的。正如周恩来在记者招待会上所说："中共中央同意代表团所作的让步，并不遭到任何困难。因为毛泽东先生和中共中央认为中国政治的进步不可能一蹴而就，所以同意采取这种让步的方法，逐渐促进政治的进步。"①

政协会议的成功，是抗战胜利后中国政治生活中一件具有重大影响的事件。在很长一段时间内，政协决议成了许多人衡量是非的重要尺度：谁能坚持政协路线，谁就深得人心；谁要破坏政协决议，谁就不得人心。政协决议的通过，是中国共产党同各民主党派、民主人士亲密合作，并同国民党中坚持民主进步的人士共同努力的结果。由此，中国共产党提出的各党派进行政治协商、制定共同纲领、民主管理国家的政治主张，更加深入人心，这就有利于中国人民革命力量的进一步组织和发动。

对于政协的成功，中国共产党给予高度评价，并决心严格地遵守和忠实地履行各项协议。政协会议刚结束，中共中央即于 2 月 1 日向党内发出《关于目前形势和任务的指示》。《指示》认为，政协"决议的成立及其实施，国民党一党独裁制度即开始破坏，在全国范围内开始了国家民主化，这就将巩固国内和平，使我们党及我党所创立的军队和解放区

---

① 重庆市政协文史资料研究委员会等编：《政治协商会议纪实》，重庆出版社 1989 年版，第 515 页。

走上合法化。这是中国民主革命一次伟大的胜利。从此中国即走上了和平民主建设的新阶段"。"中国革命的主要斗争形式，目前已由武装斗争转变到非武装的群众的议会的斗争，国内问题由政治方式来解决。党的全部工作，必须适应这一新形势。"《指示》同时也指出："中国民主化的道路，依然是曲折的，长期的"，"练兵、减租与生产是目前解放区三件中心工作。此外，我们还要准备将全党的工作转变到非武装的群众的与议会的斗争中去，用心去学习与组织合法斗争及上层统一战线与下层统一战线工作的配合，把党的工作推进到全国范围去"。①

2月3日，延安各界群众2万余人热烈聚会，庆祝政协会议成功。朱德、林伯渠等发表讲话指出，政协会议的成功使中国走上了和平民主建设的新阶段，这是中国人民100年奋斗的结果，是中国共产党和全国一切民主力量25年奋斗的结果，是解放区人民和军队8年奋斗的结果。今后的任务就是要使政协的一切决议彻底实现。

中共中央还为和平实现后参加政府做着认真的准备。中央政治局会议曾认真讨论参加改组后的国民政府委员会等人选，并准备在政府改组后，中共中央由延安迁至距南京较近的淮阴。2月2日，中共中央致电陈毅，指出必须巩固华中现有地区，因中央机关将来可能迁淮阴办公。②2月6日，中共中央政治局召开会议，确定了参加宪法草案审议委员会、国民政府委员会和行政院的人员名单。同时，中央致电在重庆的代表团，同意周恩来、董必武、吴玉章、博古及何思敬五人为宪法草案审议委员；毛泽东、林伯渠、董必武、吴玉章、周恩来、刘少奇、范明枢、张闻天为国民政府委员会的我方人选，"以便将来指导中心移至

---

① 《中共中央文件选集（一九四五——一九四七）》第十三册，中共中央党校出版社1987年版，第318—321页。

② 中共中央文献研究室编：《毛泽东年谱（一八九三——一九四九）》下卷，中央文献出版社2013年版，第56页。

1946 年 3 月 4 日，三人军事小组到达延安，毛泽东等前往机场迎接

外边"。① 中央的电报还指出，同意以周恩来、林伯渠、董必武、王若飞分任行政院副院长、两个部长及不管部部长。

3 月初，巡视停战协定和整军协议执行情况的三人军事小组到延安后，毛泽东曾与张治中有过风趣而又机智的谈话，委婉地表示愿意参加改组后的政府。据张治中回忆，在中共举行的盛大欢迎晚会上，张治中曾说："你们将来写历史的时候，不要忘记'张治中三到延安'这一笔！"毛泽东接着说："将来也许还要四到延安，怎么只说三到呢？"张治中回答："和平实现了，政府改组了，中共中央就应该搬到南京去，您也应该住到南京去，延安这地方，不会再有第四次来的机会了！"毛泽东愉快地说："是的，我们将来当然要到南京去，不过听说南京热得很，我怕热，希望常住在淮安，开会就到南京。"②

① 中共中央文献研究室编:《毛泽东年谱（一八九三——一九四九）》下卷，中央文献出版社 2013 年版，第 57 页。

② 《张治中回忆录》，中国文史出版社 1985 年版，第 750 页。

3 月间，毛泽东还对到延安访问的梁漱溟说："中共中央准备搬到清江浦（即淮阴），我也准备参加国民政府，作个委员，预备在南京住几天，在清江浦住几天，来回跑。"①

所有这些情况都表明，中国共产党当时是殷切地期望着政协决议能真正贯彻执行，是真诚地准备着同国民党合作建国的。

中国共产党为了争取和平民主作出了重大让步，并为实施停战协定和政协决议作出了巨大努力，这是符合全国广大人民的根本利益的，但却不合蒋介石的心意。国民党不仅没有准备去履行这些协议，相反却千方百计予以破坏。

在政协会议闭幕前后，国民党中央讨论政协决议。国民党内一批顽固分子如谷正纲、张道藩等人便在会上顿足捶胸，大哭大闹，说国民党完蛋了，什么都没有了，认为政协宪法草案把五五宪草破坏完了，要求监察院弹劾国民党出席政协会议的代表，并骂他们出卖了国民党，投降了共产党。蒋介石则说："我对宪草也不满意，但事已至此，无法推翻原案，只有姑且通过，将来再说。"②

在政协会议期间，重庆就发生了国民党特务破坏介绍政协情况演讲会的"沧白堂事件"以及国民党军警非法搜查民盟政协代表黄炎培住宅的严重事件。2 月 10 日，国民党特务又捣毁陪都各界庆祝政协成功大会会场，打伤大会主席李公朴、郭沫若等，制造了"较场口血案"。

3 月 1 日至 17 日，国民党召开六届二中全会。蒋介石在会上公开提出，对政协决议"应就其荦荦大端，妥善补救"。此话虽隐晦曲折，意思却十分明确，蒋介石要对政协决议进行"修改"。全会的决议强调要对政协关于宪法草案进行五点"修正"，实际上是全盘否定和根本推

---

① 《党史通讯》1987 年第 8 期。

② 转引自梁漱溟：《我参加国共和谈的经过》，《中华民国史资料丛稿》增刊第 6 辑，中华书局 1980 年版。

翻政协决议。

政协会议的成功，曾使和平民主的曙光在阴云密布的中国上空显现。蒋介石撕毁协议的行为却给期盼和平民主的人们泼了一盆冷水，国共两党一度存在的和谐气氛也一去而不复返。3 月 18 日，中共中央发出《关于坚决反对国民党反动派破坏政协决议给各地的指示》，明确指出："在反动派如此嚣张，蒋介石如此阴谋百出的情形下，和平、民主是完全没有保障的。最近时期一切事实证明，蒋介石反苏、反共、反民主的反动方针，一时不会改变的，只有经过严重斗争，使其知难而退，才有作某些较有利于民主的妥协之可能。""我们反对分裂，反对内战，但我们不怕分裂，不怕内战，我们在精神上必须有这种准备，才能使我们在一切问题上，立于主动地位。"[1] 严峻的现实迫使中国共产党准备更尖锐的斗争。

二、战场上的较量

政治协商会议的决议曾激起亿万善良的中国人对于实现全国的和平、民主、团结、统一的热烈期望。但是，国民党却从来没有准备去履行它，原因就在于国民党政权所代表的是大地主大资产阶级的利益，社会基础极其狭隘，这决定了它既不能容忍，也经受不住任何的民主改革。有的美国人也看到：国民党"愈来愈流露这样一种信念：追求统一和民主的中国，他们将丧失一切"[2]。所以，国民党的根本意图仍然是通过战争来削弱直至消灭人民革命力量。

停战协定签订后，战争在全国范围（东北除外）的确是停止了一个时期，但这只是暴风雨来临前的短暂沉寂。国民党统治集团正利用这段

---

① 《中共中央文件选集（一九四五——一九四七）》第十三册，中共中央党校出版社 1987 年版，第 348 页。

② 迪安·艾奇逊：《我在国务院的年代》，美国纽约诺顿公司 1969 年版，第 205 页。

时间加紧部署全面内战。他们借口东北"例外"，加紧运兵，并不断向人民军队收复的地区展开进攻，致使东北内战越打越大。在关内，大规模的军事进攻一般是停止了，但是，国民党又变换方式，以蚕食手段对解放区进行围攻、压缩，试图以此消耗解放区的军事、经济力量，伺机发动全面进攻，一举消灭各解放区的人民军队。

蒋介石在前线调兵遣将部署内战的同时，也加紧了对后方人民反内战运动的镇压。1946 年 6 月中旬，当中国大地上的火药味越来越浓厚之时，上海人民组织和平请愿团，推举马叙伦等 11 人为代表赴南京向国民党当局呼吁和平。请愿团由民主促进会、民主建国会、宗教界等社会知名人士组成。6 月 23 日晚，请愿团到达南京下关车站时，竟遭到大批国民党特务的围困殴打达 5 个小时，许多代表被打伤，酿成了"下关惨案"。受伤代表被送往医院后，周恩来前去慰问。身负重伤的马叙伦握着周恩来的手说："中国的希望只能寄托在你们身上了。"还有的人激动地对周恩来说："我过去总劝你们少一些兵，少一些枪，现在看来你们的战士不能少一个，枪不能少一支，子弹不能少一粒。"①

1946 年 6 月 26 日，蓄谋已久的蒋介石调集 22 万大军形成对中原解放区的包围后开始大举围攻。接着，又向苏皖、山东、晋冀鲁豫、晋察冀、晋绥等解放区展开全面进攻。全面内战由此爆发。

蒋介石之所以敢违背广大人民的意愿，悍然发动全面内战，主要是由于他自恃在军队数量、装备和战争资源等方面都明显地超过中国共产党领导的人民军队和解放区。

从 1946 年春开始，国民党政府对其所辖部队进行整编，将原来的"军"改成"师"，称为"整编师"，每师辖 2—3 个旅。此时，国民党总兵力达 430 万人，其中正规军 200 万人，特种兵、海空军及后方机关、

---

① 《新华日报》1946 年 7 月 8 日。

军事学校约 156 万人，非正规军 74 万人。而中国共产党方面，总兵力只有约 127 万人，其中野战军只有 61 万人。双方总兵力之比是 3.4∶1。

从部队装备看，国民党军队更是占据绝对优势。国民党政府接受了侵华日军和伪军的大批武器装备，又得到美国政府的巨大军事和经济援助。国民党军队有 45 个师是用美械装备起来的，占其正规军的 25%。另外一半是日械装备，其余是混合装备。总之，国民党军队武器精良，装备先进，不仅拥有大量的炮兵，而且还有相当数量的坦克、作战飞机和海军舰艇。所以，蒋介石对他的部下说："我们军队的长处是什么呢？就是我们有特种兵以及空军和海军，而共产党没有这些兵种。"[1] 的确，中国共产党领导的人民军队不仅没有海军和空军，就是地面部队的装备也很差，主要是依靠抗日战争中缴自日伪军的各种步兵火器，包括步枪、轻重机枪、迫击炮以及极少数量的山炮、野炮，没有坦克，没有飞机，更没有作战舰艇，而且在物质上也没有得到外援。

国民党政府控制的经济力量也是共产党无法比拟的。解放区的土地面积约 230 万平方公里，只占全国土地的 24%，人口约 1.36 亿，占全国人口的 29%。除哈尔滨外没有一个大城市，基本上处于经济比较落后的农村，近代工业少，经济上主要依靠农业和手工业生产，交通运输只能靠肩挑、背扛、大车拉、小车推。而且解放区是被国民党军分割包围的，内部的封建势力尚未肃清，后方还不很巩固。而国民党政府控制着全国 76% 的土地和 71% 的人口，控制着全国几乎所有的大城市和绝大部分铁路交通线，拥有几乎全部近代工业和比较雄厚的人力物力资源，其军火工业也有相当规模。

战争是敌对双方实力的竞赛，而国共双方相比，力量悬殊，正如当时共产党人常说：我们只有"小米加步枪"，而国民党是"飞机加大炮"。

---

[1] 《蒋"总统"集》，台湾"国防"研究院印行，第 1558 页。

正因为如此，蒋介石才敢冒天下之大不韪而挑起全面内战。当然，还有一个因素支撑着蒋介石的胆量，那就是美国政府的援助。当时，这个拥有强大的经济、军事实力并垄断着原子弹武器的美国，似乎是不可战胜的。美国在抗日战争中给予国民党政府的援助，很大部分也被国民党留作以后进行内战之用。

凭借军事上、经济上的优势，又有美国的援助，蒋介石踌躇满志，决定采取速战速决的战略方针，企图在三个月至六个月内消灭中共部队。他的参谋长陈诚则公开扬言："也许三个月，至多五个月，便能整个解决"[①]中共领导的军队。由于蒋介石统治集团执意发动内战，使中国又一次失去了和平建国的机会，一些资产阶级民主人士向往的多党制和中间道路由此而成为泡影。

蒋介石挑起全面内战后，中国向何处去，中国共产党的命运如何？国内外众说纷纭。在华的外国观察家中大概有三种估计：少数西方军界人士认为，蒋介石不出一年就会击败共产党；有的则认为，如果没有外国的干涉，战争将继续二三十年以至五十年；也有的人认为，蒋介石即使不能完全消灭共产党，也能把他们赶入山中，打通铁路线，重新统一中国。在国内的一些群众中也弥漫着悲观情绪，他们害怕原子弹，害怕触犯美国，一些中间人士甚至认为共产党应进一步采取妥协退让的政策。

面对国共双方悬殊的力量对比和严峻复杂的国际形势，敢不敢用革命战争来反对反革命战争？怎样才能打败国民党的军事进攻？这是中国共产党必须回答的两个带根本性的问题。

全面内战爆发后不久，1946年8月，毛泽东在同美国记者安娜·路易斯·斯特朗的谈话中，提出了"一切反动派都是纸老虎"的著名论点。

---

① 陈诚1946年10月17日对记者的谈话，《中央日报》1946年10月18日。

毛泽东和斯特朗的谈话已收入《毛泽东选集》第四卷。我们从中可以看到，毛泽东为中国人民阐明了这样一个根本的战略思想，即革命者必须在战略上，蔑视敌人，敢于同他们斗争，敢于夺取胜利。

对于国内形势，当天空中出现乌云的时候，中共中央明确指出，这不过是暂时的现象，黑暗即将过去，曙光即在前头。我们不但必须打败蒋介石，而且能够打败他。我们必须打败蒋介石，是因为蒋介石发动的战争，是一个在美帝国主义指挥下的反对中华民族独立和中国人民解放的反革命的战争。我们能够打败蒋介石，是因为蒋介石的军事优势和美国的援助只是暂时起作用的因素，而战争的正义性和非正义性，人心的向背，则是经常起作用的因素。在这方面，人民解放军占着明显的优势。蒋介石所发动的是反人民反革命性质的战争，必然会遭到包括国统区在内的全国人民的反对；中国共产党领导的人民解放军所进行的战争具有爱国的正义的革命的性质，必然获得全国人民的拥护。

解放区军民经过 8 个月的浴血奋战，到 1947 年 2 月，共歼灭国民党正规军 66 个旅 54 万人，非正规军 17 万人，共计 71 万人。在此期间，国民党军侵占解放区城市 105 座，平均每占一城被歼 7000 人，而且侵占后，都必须派兵把守，实际上是背上一个沉重的包袱，能用于第一线担任攻击任务的兵力反而减少，由 1946 年 10 月的 117 个旅锐减至 85 个旅。

面对战场的被动局面，从 1947 年 3 月起，国民党集中了进攻解放区总兵力的 43%，重点进攻山东、陕北两个解放区，而在其他几个战场上的国民党军则集中兵力守备战略要点和主要交通线。

1947 年 3 月初，国民党调集了 34 个旅 25 万余人的兵力，大举进攻陕甘宁解放区。鉴于国民党进攻势头正盛，志在必得，中共中央再次分析形势后决定，从全局和长远利益考虑，必要时主动放弃延安，依靠陕北优越的群众条件和有利地形，与敌周旋，寻机歼敌，牵制胡宗南集

团于陕北战场。

巍巍宝塔山，清清延河水，曾经吸引着千千万万热血青年和爱国志士投身革命。那一排排窑洞，留下了无数革命者的辛劳汗水和前进的脚印，就要离开它，不少干部和战士一时想不通，在感情上更难接受。针对这种情况，毛泽东、周恩来等中央领导同志反复作了动员。

毛泽东在接见参加保卫延安的人民解放军部分领导干部时说："敌人要来了，我们准备给他打扫房子。我军打仗，不在一城一地的得失，而在于消灭敌人的有生力量。存人失地，人地皆存；存地失人，人地皆失。敌人进攻延安是握着拳头的，他到了延安，就要把指头伸开，这样就便于我们一个一个切掉它。要告诉同志们：少则一年，多则两年，我们就要回来，我们要以一个延安换取全中国。"[1]

3月18日，延安的党政机关和群众撤离延安。党中央从此开始了转战陕北的艰难历程。

在中共中央撤离延安后的一个半月时间内，彭德怀、习仲勋指挥西北野战部队在青化砭、羊马河、蟠龙镇地区三战三捷，共歼灭国民党军1.4万余人，粉碎了国民党当局企图摧毁中国共产党和人民解放军首脑机关、消灭西北解放军的狂妄计划。

从1947年3月18日撤离延安到1948年3月23日，中共中央转战陕北历时1年零5天，行程2000余里，在37个村庄住过。中共中央、中央军委在陕北，不仅拖住了胡宗南部主力，有力地支援了其他战场，而且指挥了全国的解放战争。

国民党军对山东解放区的重点进攻是从1947年3月下旬开始的。华东野战军在鲁南、鲁中地区实行高度机动回旋，以调动敌人，捕捉战

---

① 中共中央文献研究室编：《毛泽东年谱（一八九三——一九四九）》下卷，中央文献出版社2013年版，第176页。

机。经过泰蒙战役和孟良崮战役等一系列战役，给国民党实力上、精神上以沉重打击。到 7 月底，国民党军的兵力被调动、分散，对山东解放区的重点进攻被彻底粉碎。

中共中央抓住机遇，精心策划，在战争的第二个年头一开始就考虑人民解放战争变战略防御为战略进攻，将主力打到外线去，把战争引向国民党统治区，在国统区大量消灭敌人。

中共中央在适时地抓住战略进攻时机的同时，又正确地指明了战略进攻的方向，决定采取中央突破的方针，"大举出击，经略中原"，把我军战略进攻矛头直指大别山地区。解放军占据大别山，就可以东慑南京、西逼武汉，这样，蒋介石必然会调动其进攻山东、陕北的部队回援，同解放军争夺这块战略要地，这就恰恰可以达到解放军预期的战略目的。

按照中共中央的部署，人民解放军各路大军在 1947 年 6 月至 9 月间陆续由内线转向外线，由战略防御转入战略进攻。战略进攻的主要方向是中原地区，重点是中原南部的大别山地区。1947 年 6 月 30 日，刘伯承、邓小平率晋冀鲁豫野战军主力四个纵队 12 万余人，强渡黄河，开进鲁西南，揭开了人民解放军战略进攻的序幕。刘邓率部夜渡黄河后，迅速开辟了鲁西南战场。随后刘邓大军的 12 万余人兵分三路在 100 多里宽的地面上向南疾进，开始了千里跃进大别山的壮举。到 1947 年 12 月底，经过几个回合的艰苦斗争，刘邓大军初步完成了在大别山的战略展开。

为配合刘邓大军挺进大别山，1947 年 8 月 22 日起，陈赓、谢富治等率领晋冀鲁豫野战军第四纵队、第三十八军和新组建的第九纵队，在晋南、豫北交界处南渡黄河，挺进豫西。陈毅、粟裕率领的华东野战军也在鲁南、鲁西和鲁中三个方向作战，在战略上调动、分散了国民党军，打乱了国民党军的进攻部署，有力地策应了刘邓大军的战略进攻。

三军挺进中原，成"品"字形阵势展开，密切配合，经过四个月的艰苦斗争，机动作战，纵横驰骋，共歼国民党军 19 万余人，解放县城 100 余座，建立了拥有 3000 万人口的新的中原解放区，调动和吸引了国民党军南线全部兵力 160 个旅中约 90 个旅于自己周围，使整个战局迅速发生变化。长期以来人民军队在国内战争中处于战略防御地位的局面从此结束。这一伟大胜利，标志着中国革命战争已经达到一个新的历史转折点。

　　中国共产党领导的人民军队能够在处于劣势的情况下打破国民党军对解放区的全面进攻，与人民群众的支援是分不开的。在每一次战役中，人民群众都担负运送粮弹物资、抬担架等支前工作。比如，在华东野战军举行莱芜战役期间，鲁中地区约 500 万人民（包括 100 万妇女大军）参加了各种战勤工作，其中直接在战地服务的即达 50 万人。40 多

1947 年，解放区的翻身农民纷纷把自己的子弟送来参加解放军

个子弟兵团随军行动。动员担架 1.6 万余副，小车 1 万余辆。[①]野战军忽南忽北，大踏步进退。部队开到哪里，支前队伍就跟到哪里。就凭着肩挑手推，马拉驴驮，创造了以简陋器材保障大兵团打运动战的奇迹。解放区群众之所以能够广泛地动员起来，关键在于党坚决领导农民进行了土地制度改革运动。经过土改斗争，获得了土地的农民群众，发展生产和支援革命战争的热情格外高涨。大批翻身农民为了保卫土改果实，保卫家乡而参加人民解放军。许多地方出现了"父母送子""妻子送郎""兄弟相争""村干带头"的踊跃参军参战的动人景象。

三、声势浩大的第二条战线

国民党统治集团违背广大人民的意愿，悍然发动全面内战，不仅在军事上没有达到预期目的，而且在政治和经济等方面都陷入严重危机之中。

为维护专制统治，稳定后方，国民党对国统区的反内战爱国民主运动进行了血腥镇压。1946 年 7 月 11 日和 15 日，国民党特务先后在昆明暗杀了著名爱国民主人士李公朴和闻一多。8 月 18 日，国民党特务又捣毁成都各界人士举行的李公朴、闻一多追悼会会场，并在会后打伤民主同盟主席张澜。

在对人民群众进行暗杀与迫害的同时，国民党又大肆玩弄政治骗局，以召开国民大会、改组政府为其独裁统治披上一层"合法""民主"的外衣。按照政协决议，必须首先改组政府，废除国民党的一党专政，然后由各党派的联合政府主持召开国民大会。但是，国民党违背政协决议，擅自决定在 1946 年 11 月 12 日召开国民大会。对于国民党当局破

---

① 参见《中国人民解放军全国解放战争史》第二卷，军事科学出版社 1996 年版，第186 页。

坏政协决议的做法，中国共产党和一些民主党派提出严重抗议，但遭到国民党的拒绝。

1946 年 10 月 11 日，国民党军队占领张家口。被一时"胜利"冲昏头脑的蒋介石当天下午下令于 11 月 12 日召开国民大会。中国共产党和民主同盟坚决反对国民党召开一党包办的所谓"国民大会"，重庆和平促进会等团体也纷纷发表声明，反对国民党包办的"国大"。但是，蒋介石仍然一意孤行，11 月 15 日至 12 月 25 日，国民党在南京召开了其一党包办的"国民大会"。参加"国大"的绝大部分代表是抗战前由国民党中央指定或由国民党包办"选举"出来的，根本不具备代表的合法资格。大会所要通过的《中华民国宪法》，仍以 10 年前的"五五"宪草为依据，只是在文字上增加了一般资产阶级宪法中关于自由、平等的

民盟负责人与中共代表合影

某些条款，其实质是企图以根本大法的形式确认蒋介石个人独裁的国家制度。由于这部宪法是在国民党撕毁政协决议和发动内战的情况下通过的，而通过宪法的"国大"又是中国重要的民主力量中国共产党和民主同盟拒绝参加的，因而这部宪法是违背广大人民意愿的，也不可能真正实施。

事实证明，"蒋介石的一切政治欺骗，由于蒋介石的迅速扮演而迅速破产"①。蒋介石玩弄政治欺骗的目的，是为了孤立中国共产党和民主力量，其结果却完全相反，被孤立的不是共产党，也不是任何民主力量，而是国民党反动派自己。蒋介石民心丧尽，遭到全国人民的反对，导致政治危机进一步加深。

抗战胜利后，国民党腐败行为更是严重地掠夺了人民的财富，加重了人民的负担。在接收过程中，各路接收大员你争我夺，互不相让，往往一处财产多次接收。所以，被接收后的敌伪商店、工厂大多数是十室九空，破坏无遗。国民党统治集团及其军队的腐败更使人民群众深恶痛绝。蒋介石在日记中承认："我们的军队是无主义、无纪律、无组织、无训练、无灵魂、无根底的军队"；"我们的军人是无信仰、无廉耻、无责任、无知识、无生命、无气节的军人"；"我们不是败给了共军，而是败给了自己……"

由于发动全面内战，国民党军费开支庞大，财政赤字连年增长。1947年，国民党政府财政总收入约14万亿元，总支出为43万多亿元，财政赤字占总支出的近70％，只得依靠发行货币来弥补巨额赤字，导致严重通货膨胀。

国民党政府为了发动内战，极力讨好美国，不惜以出卖国家主权为代价来换取美援，实施了一系列卖国政策。美国为了实现其独霸世界的

---

① 《毛泽东选集》第4卷，人民出版社1991年版，第1226页。

野心，则企图把中国变成它的独占殖民地，积极支持国民党的独裁统治。大量的美国商品和资本流入中国，对中国的民族资本主义无疑是一个毁灭性的打击。

1946 年 12 月 24 日，两名驻华美军在北平东单操场强奸了北京大学先修班女学生沈崇。这一事件成为引发全国范围内抗议美军暴行运动的导火线。12 月 30 日，北平学生 5000 余人举行抗议美军暴行大游行。学生的抗暴斗争得到社会各界的广泛同情和支持，很多群众纷纷加入抗暴斗争的行列之中。

随着国民党统治区政治经济危机的日益严重，国统区的教育危机也更加突出。青年学生受到空前严重的失学、失业威胁。处于苦闷中的青年学生奋起斗争，反对国民党反动派的饥饿政策和摧残文化教育的政策。1947 年 5 月 20 日，京、沪、苏、杭地区十六所专科以上学校 6000 多学生为"挽救教育危机"在南京举行联合大游行，遭到国民党军警的水龙喷射和木棍、皮带的围殴毒打，造成震惊中外的五二〇血案。这一血案更加激起了国民党统治区学生的愤怒，他们继续以罢课游行等行动同国民党反动派进行斗争。学生运动的高涨，进一步推动了国民党统治区工人、农民、市民斗争的发展。据不完全统计，1947 年，在上海、天津、武汉等主要工业城市，有 120 万工人参加反对内战、反对美帝国主义暴行的罢工和示威游行。1947 年 3 月至 7 月，上海、南京和江苏、四川等省的 30 多个城市发生抢米风潮。国民党统治区许多地方发生了抗粮、抗租和抗抓壮丁的反抗运动。

"反饥饿、反内战"运动标志着在国民党统治区形成了反对国民党统治的第二条战线。学生爱国运动，与当时国统区的工人、农民、市民等各阶层人民反美反蒋的斗争，互相呼应，猛烈冲击着国民党反动统治，动摇了蒋家王朝的统治基础，对人民解放军的胜利进军，起了重要的配合作用，加速了革命的进程。

国民党当局不仅极度仇视中国共产党，而且对民主党派也充满敌意。1947年5月，国民党公布伪造的《中共地下斗争路线纲领》，公然污蔑民主同盟、民主促进会、三民主义同志联合会等"受中共之名，而准备甘为中共之新的暴乱工具"。10月，国民党当局宣布民盟为"非法团体"，明令对该组织及其成员的一切活动"严加取缔"。同年11月6日，民盟总部被迫发表公告宣布解散。

1948年1月，民盟领导人沈钧儒等在香港召开民盟一届三中全会，宣布不接受解散民盟的任何决定，并恢复民盟总部。会议明确宣告，民盟必须站在人民的、民主的、革命的立场，为彻底推翻国民党统治集团、消灭封建土地制度、驱除美帝国主义出中国、实现人民的民主而奋斗。会议确认中国共产党"值得每个爱国的中国人民赞佩"，表示"今后要与他们携手合作"。在此前后，其他一些民主党派也明确表示了参加新民主主义革命的立场。

国民党坚持独裁统治，悍然发动内战，违背人民群众意愿和历史进步的潮流，造成生灵涂炭，民不聊生，必然陷入众叛亲离、彻底孤立的失败境地。

四、人间正道是沧桑

当国民党蒋介石挑起全面内战后，通过和平途径建立民主国家的希望已经不存在了。中国共产党清醒地认识到，要把中国建设成一个无产阶级领导的、人民大众的新民主主义的新中国，就必须推翻大地主大资产阶级专政的旧中国，推翻国民党蒋介石的独裁统治。但是，何时明确提出打倒蒋介石的口号，则要根据形势的发展作出慎重考虑。

1946年11月21日，毛泽东在中央工作会议上讲话时第一次提出做打倒蒋介石的工作，他说："现在是否提打倒蒋介石？做此工作而不提此口号"。"一方面要藐视他们，非此不足以长自己志气，灭他人威风；而另一方面要重视他们，每一仗都要谨慎。"①1947 年 2 月 1 日，毛泽东在中共中央政治局会议上进一步分析了面临的形势，强调指出："今天对待蒋介石同抗战时期不同。""我们还没有提出打倒美帝国主义和蒋介石的口号，实际上是要打倒他们。"② 1947 年 9 月 11 日，毛泽东在修改新华社社论稿《人民解放军大举反攻》时加写了一段话："打倒蒋介石才有和平，打倒蒋介石才有饭吃，打倒蒋介石才有民主，打倒蒋介石才有独立，已经是中国人民的常识了。"③

1947 年 10 月 10 日，由毛泽东起草、以中国人民解放军总部名义发表的《中国人民解放军宣言》正式公布。这个宣言第一次提出"中国人民解放军"的全称，第一次以宣言形式郑重地向中外宣布"打倒蒋介石，解放全中国"的口号。

为了实现"打倒蒋介石，解放全中国"这一伟大的目标，进一步明确制定党的行动纲领，夺取人民解放战争的胜利，1947 年 12 月 25 日至 28 日，中共中央在陕北米脂县杨家沟举行会议，即"十二月会议"。

毛泽东在会上豪迈地指出："中国人民的革命战争，现在已经达到了一个转折点。""这是一个历史的转折点。这是蒋介石的二十年反革命统治由发展到消灭的转折点。这是一百多年以来帝国主义在中国的统治由发展到消灭的转折点。"④

毛泽东的报告阐明了彻底打败蒋介石夺取全国胜利的军事、经济、

---

① 中共中央文献研究室编：《毛泽东年谱（一八九三——一九四九）》下卷，中央文献出版社 2013 年版，第 151 页。

② 中共中央文献研究室编：《毛泽东年谱（一八九三——一九四九）》下卷，中央文献出版社 2013 年版，第 167 页。

③ 中共中央文献研究室编：《毛泽东年谱（一八九三——一九四九）》下卷，中央文献出版社 2013 年版，第 229 页。

④ 《毛泽东选集》第 4 卷，人民出版社 1991 年版，第 1243—1244 页。

政治等方面的方针和政策。

在军事方面，报告总结人民革命战争特别是 18 个月以来解放战争的经验，提出了十大军事原则，其核心是打歼灭战，不断歼灭敌人的有生力量。它是建立在人民战争基础之上的，因而是任何反人民的军队不能利用也无法对付的。

在经济方面，报告明确提出新民主主义革命的三大经济纲领，即：没收封建阶级的土地归农民所有，没收垄断资本归新民主主义的国家所有，保护民族工商业。

在政治方面，报告重申 1947 年 10 月发表的《中国人民解放军宣言》中提出的党的最基本的政治纲领，即"联合工农兵学商各被压迫阶级、各人民团体、各民主党派、各少数民族、各地华侨和其他爱国分子，组成民族统一战线，打倒蒋介石独裁政府，成立民主联合政府"[1]。报告指出，没有一个包括全民族绝大多数人口的最广泛的统一战线，革命的胜利是不可能的。

在中国革命伟大转变关头召开的中共中央十二月会议具有重大意义。它为党领导中国人民夺取新民主主义革命在全国的胜利，在思想上、政治上和一系列政策上做了充分的准备。

民众组成的担架队整装待发，准备支援前线的解放军

---

[1] 《毛泽东选集》第 4 卷，人民出版社 1991 年版，第 1256 页。

根据形势的发展变化，中共中央及时部署了战略决战。辽沈、淮海、平津三大战役，从 1948 年 9 月 12 日开始到 1949 年 1 月 31 日结束，历时 142 天，人民解放军以伤亡 23.8 万人的代价，共争取起义、投诚、接受和平改编与歼灭国民党正规军 144 个师、非正规军 29 个师，合计共 154 万余人。国民党赖以维持其反动统治的主要军事力量基本上被消灭。三大战役的胜利，奠定了中国共产党取得全国胜利的巩固基础。

在三大战役中，中国共产党在人民群众中进行了巨大的动员和组织工作，充分调动各方面的力量来支援这场伟大的战略决战。据统计，在三大战役中，动员民工累计达 880 万人次，人民群众出动支前的大小车辆 141 万辆，担架 36 万余副，牲畜 260 余万头，粮食 4.25 亿斤。①

广大人民群众的大力支持，有力地保证了解放战争的胜利，也体现了人心的向背，充分证明了人民解放军是正义之师，是人民的军队。李延国、李庆华在《根据地》一文中记载了这样的场景：上海解放后，凌晨的上海街头悄无声息。大资本家荣毅仁打开大门，走上街头，看到了进城的人民解放军全部睡在路边。他们身着一样的军服，分不出军官和士兵。这时，一位军人和蔼地向荣毅仁要一碗开水，荣毅仁立即让家人端来一碗开水。结果，要水的人并没有喝这碗水，而是蹲在一个伤员身前，用铁勺向他嘴里喂水。这一幕让荣毅仁永记在心，荣毅仁的父亲荣德生感叹说：蒋介石永远回不来了！

1949 年 4 月 23 日，胜利渡江的人民解放军占领了国民党政府所在地南京。24 日，新华社发表《庆祝南京解放》的社论指出："南京的解放正式地表示了国民党统治的灭亡。"

---

① 参见中共中央党史研究室：《中国共产党历史》第一卷下册，中共党史出版社 2002 年版，第 1008 页。

人民解放军进入上海后露宿街头

毛泽东获此喜讯后在北平欣然命笔，写下了光辉的史诗：

钟山风雨起苍黄，百万雄师过大江。

虎踞龙盘今胜昔，天翻地覆慨而慷。

宜将剩勇追穷寇，不可沽名学霸王。

天若有情天亦老，人间正道是沧桑。

小　结

中国人民争取自由、民主、独立的斗争并取得伟大胜利就是"人间正道"。中国共产党也曾认真同国民党谈判，希望建立联合政府，但争取和平民主的努力被蒋介石的内战政策所击碎。

民主与独裁，两种命运、两种前途的选择只有通过战争的较量来定夺。中国共产党的政策符合历史发展潮流，符合人民意愿，共产党及其领导的人民军队纪律严明，真心为民，赢得民心，所以赢得胜利，取得政权。蒋介石统治集团违背人民的意愿，发动内战，导致民不聊生，国民党统治集团腐败成风，失去民心，最终被赶下历史舞台。

第七章　追梦新起点

——为什么说新中国的成立是中华民族复兴的里程碑？

1949 年 10 月 1 日，毛泽东在天安门城楼上宣告中华人民共和国中央人民政府成立了。中华人民共和国的成立，标志着占世界人口四分之一的中国人从此站立起来了，中华民族实现了一百多年来梦寐以求的民族独立、人民解放，中国人民当家做主的时代已经到来。中华民族从此进入了发展进步的历史新纪元。

一、进京赶考

1949 年 3 月 5 日，中国共产党在河北省的西柏坡村召开第七届中央委员会第二次全体会议。这是中共自抗日战争胜利以来举行的第一次中央全会，也是解放战争期间召开的唯一的一次中央全会。中国共产党几乎所有党政军高级首长都云集于此，共同描绘新中国的蓝图。

毛泽东指出：从现在起，开始了由乡村到城市并由城市领导乡村的时期，党的工作重心必须由乡村转移到城市。全党同志必须及时地适应这一新的变化，用极大的努力去学会管理和建设城市的工作。

毛泽东指出：中国革命在全国胜利，并且解决了土地问题以后，中国还存在着两种基本矛盾。第一种是国内的，即工人阶级和资产阶级的矛盾；第二种是国外的，即中国人民和帝国主义的矛盾。为了解决这些矛盾，党的任务是迅速发展生产，对付国外的帝国主义，使中国稳步地由农业国转变为工业国，把中国建设成为一个伟大的社会主义国家。

　　毛泽东还告诫全党要警惕资产阶级糖衣炮弹的攻击。他严肃指出，在胜利面前，要防止党内的骄傲情绪，以功臣自居的情绪，停顿起来不求进步的情绪，贪图享受不愿再过艰苦生活的情绪，要防止资产阶级的捧场。可能有这样一些共产党人，他们是不曾被拿枪的敌人征服过的，他们在这些敌人面前无愧于英雄的称号，但是经不起敌人用糖衣裹着的炮弹的攻击，他们在糖弹面前要打败仗。我们必须预防这种情况。

　　毛泽东号召全党务必继续保持谦虚、谨慎、不骄、不躁的作风，务必继续保持艰苦奋斗的作风。为了防止对个人歌功颂德，根据毛泽东提议，中共七届二中全会作出六条重要规定：一不祝寿，二不送礼，三少敬酒，四少拍掌，五不以人名做地名，六不要把中国同志和马恩列斯并列。这些要求为全党立下了规矩，要求全党在胜利面前保持清醒头脑，经受住执政的考验。

　　中共七届二中全会为中国革命的工作重点转移，为全国的大解放，而且为新中国的建设准备了思想、理论基础。一个新生的人民共和国如一轮红日，喷薄待出。

　　1949 年 1 月 31 日，人民解放军进入北平，北平和平解放。随着党的工作重心由乡村移到城市，中共中央决定进驻北平。

　　北平这座历史古城对毛泽东来说，既熟悉又陌生。毛泽东青年时期，为寻找改造中国的道路和方法，曾于 1918 年和 1919 年先后两次到过北平。30 年后，在即将打败国民党蒋介石、建立新中国的前夜，毛泽东和他的战友们率领中共中央机关浩浩荡荡地开向北平。

　　1949 年 3 月 23 日上午，毛泽东、朱德、刘少奇、周恩来、任弼时五位书记，率中共中央机关就要离开中国共产党最后一个农村指挥所——西柏坡。临行前，毛泽东风趣地说：今天是进京赶考的日子，不睡觉也高兴啊。今天是进京"赶考"嘛，进京赶考去，精神不好怎么行呀！

周恩来会意地笑道：我们应当都能考及格，不要退回来。

毛泽东凝视车队将要开往的方向，坚定地说："退回来就失败了，我们决不当李自成。我们一定要考个好成绩。"以"赶考"精神迎接新中国的诞生，充分体现了中国共产党人严以律己的崇高品格，不忘初心、执政为民的使命担当和执掌政权的警醒心态。

3月23日上午，春风拂面，阳光明媚。一个由11辆小汽车和10辆卡车组成的车队，浩浩荡荡而又井然有序地离开了西柏坡，沿着山间公路，向东北面、向北平方向开去。

车队途经河北唐县、保定、涿县，然后乘火车进北平。3月25日凌晨2时，毛泽东等中央领导精神焕发，毫无倦容，健步跨上了去北平的专列。下午，在西苑机场举行入城式，检阅部队，接受各界代表的欢迎，与民主人士见面。毛泽东与沈钧儒、郭沫若、李济深、黄炎培、马叙伦等一一握手，互致问候。对和平解放北平有功的傅作义也来欢迎，毛泽东与他合影留念。仪式结束后，毛泽东、朱德、刘少奇、周恩来、

1949年3月25日，毛泽东在西苑机场检阅部队

155

任弼时等驱车前往早已准备好的中共中央驻地香山。

党中央和毛泽东进驻北平，这是中国革命历史上的一个转折点——从农村包围城市到由城市领导全国的转折点。中国历史将翻开新的一页！

二、开国大典

1949 年 6 月，召集新的政治协商会议和成立民主联合政府的一切条件，均已成熟。人民群众热烈地盼望这一盛大节日的到来，期盼中国将如太阳升起在东方那样，以自己的辉煌的光焰普照大地，迅速地荡涤反动政府留下的污泥浊水，治好战争的创伤，建立起一个崭新的强盛的名副其实的人民共和国，早日实现中华民族的伟大复兴。

6 月 15 日，新政协筹备会在北平成立，毛泽东被推为筹备会常务委员会主任。常务委员会下设六个工作小组，负责拟定参加新政协之单位及各单位之代表名单，起草新政协组织条例，起草共同纲领，拟定政府法案，起草大会宣言，拟定国旗、国歌、国徽方案六项筹备工作。

新政协筹备会的第一项工作，即是起草共同纲领。毛泽东和周恩来为此付出了大量心血。8 月 22 日，周恩来把纲领草案送交毛泽东审阅，毛泽东对其十分重视。他抓紧时间审读，并对其中的一些段落作了删改。此后，从 9 月 3 日至 13 日，他又数次对草案稿进行了细心修改，改动总计达 200 多处。这是中国历史上第一个人民的建国大纲。它确认我国实行工人阶级领导的、以工农联盟为基础的、团结各民主阶级和国内各民族的人民民主专政，人民代表大会制为我国的政权组织形式，并规定了国家的各项基本政策和公民的基本权利和义务。在 1954 年全国人民代表大会召开并通过宪法之前，《共同纲领》实际上起着临时宪法的作用。

为了征集国旗图案，1949 年 7 月起，《人民日报》《解放日报》《新华日报》等刊登了中国人民政治协商会议筹备会征求国旗图案的通知。消息迅速向全国、向海外传开。许多人在工余时间，开始了设计工作。他们精心设计，绘制出一幅又一幅各具特色的图案，标上详细的说明，寄到了北京，以倾注对新中国无限热爱的心意。曾联松不是艺术家，也不是搞美术设计的，而是上海的一名普通职员。他完全出自一种强烈的爱国之情而设计国旗。他设计的五星红旗最终被选定为新中国的国旗。

关于国歌的选定，有三种不同意见：徐悲鸿、梁思成等人主张以《义勇军进行曲》作为国歌。但另有一批委员认为，歌词中有"中华民族到了最危险的时候"一句与当前的现实不符。第三种意见认为，《义勇军进行曲》的曲调刚劲有力，可用旧曲填写一首新词，而且仍请田汉来填词。当时三种意见争执不下。最后大家一致同意周恩来的提议，暂定《义勇军进行曲》为"代国歌"，以后可根据形势的发展，考虑谱写新的"国歌"。此后直到1982年第五届全国人民代表大会第五次会议上，才正式通过将"代国歌"作为国歌。

至于国徽问题，会上也进行了讨论，但没有得出结果。国徽设计小组曾收到国内及海外华侨寄来的国徽稿件112件，图案900幅。这些稿件和图案虽各具特色，但都有不足之处，故都未被采纳。因此，在1949年9月的政协全体会议上，只通过了国旗方案和国歌词谱，没有公布国徽方案。直到中华人民共和国成立一周年时，新中国的国徽才挂上天安门。

1949年9月21日，在经过3个多月的精心准备后，中国人民政治协商会议第一届全体会议在中南海怀仁堂隆重开幕。会议通过了《中华人民共和国中央人民政府组织法》《中国人民政治协商会议组织法》《中国人民政治协商会议共同纲领》等重要文件。

大会还做出以下决定：国都定于北平，并改名为北京；国旗为五

链接：国徽诞生记

　　1949年全国政协第一届委员会决定邀请清华大学营建系梁思成教授和中央美术学院张仃教授分别组织人力对国徽方案进行设计竞赛。两个组的专家、学者们，经过将近半年辛勤努力，对数十个设计图案反复比较、精心研究，各完成了一幅自己认为最满意的图案。当两组的方案放在一起比较时，风格大相径庭。梁思成小组设计的国徽，核心内容是一块玉璧，玉璧有国器的象征，也含指祖国统一、完璧归赵，文人气息浓郁。张仃小组的方案则以天安门为主体，其中红色齿轮、金色嘉禾象征工农联盟，五角星象征工人阶级的政党——中国共产党的领导；齿轮嘉禾下方结以红带，象征全国人民大团结和国家富强康乐。经过反复比较，中央决定采纳张仃小组的方案。周恩来将进一步完善国徽设计的工作交给了梁思成。国徽设计有功者，梁思成、张仃、林徽因、张光宇、高庄、钟灵、周令钊等每个人奖励八百斤小米。1950年9月20日，中央人民政府主席毛泽东向全国发布了公布国徽的命令。从此，我国庄严而美丽的国徽诞生了。

星红旗，象征中国人民的大团结；以《义勇军进行曲》为代国歌；采用公元纪年。会议选出63人组成中央人民政府委员会，毛泽东当选为主席。

　　在人员构成上，副主席、政务院副总理以及政务委员，党外人士都占半数或半数以上；政府委员党外人士约占48.3%；部委级单位正职党外人士则占44.1%。这种广纳民主人士参政执政的做法，得到了社会各界人士和各民主党派的衷心拥护和高度赞誉。

　　第一届全国政协会议于9月30日召开闭幕会，通过了《中国人民政治协商会议第一届全体会议宣言》和建立人民英雄纪念碑的决定。中央人民政府副主席朱德致闭幕词。至此，大会顺利地完成了筹建新中国的历史使命，取得了圆满的成功。

　　当天下午6时，出席中国人民政治协商会议的全体代表，在天安门

中国人民政治协商会议第一届全体会议会场

广场上举行了建立人民英雄纪念碑的奠基典礼。毛泽东亲自为之撰写碑文：

> 三年以来，在人民解放战争和人民革命中牺牲的人民英雄们永垂不朽！
>
> 三十年以来，在人民解放战争和人民革命中牺牲的人民英雄们永垂不朽！

由此上溯到一千八百四十年，从那时起，为了反对内外敌人，争取民族独立和人民自由幸福，在历次斗争中牺牲的人民英雄们永垂不朽！

新中国的开国大典定在 10 月 1 日下午 3 时。之所以选择下午 3 时开始，则主要是出于防止敌机长途奔袭的考虑，因为按照此前敌机远程飞行袭击规律，一般都是上午起飞，下午返回。也同样是出于安全方面的考虑，直至 10 月 1 日上午 10 时左右中央才通过电台就新中国开国大典一事向全世界发出预告。

1949 年 10 月 1 日下午 2 时 55 分，毛泽东与其他开国元勋开始沿着天安门西侧一百级台阶的古砖道拾级而上。当毛泽东的前脚刚刚踏上天安门城楼最后一个台阶的刹那间，站在城楼东侧的军乐队立即高奏起《东方红》乐曲，天安门广场顿时成为一片欢乐的海洋。

开国大典

下午 3 时，中央人民政府秘书长林伯渠宣布典礼开始。毛泽东主席庄严地向全世界宣告："中华人民共和国中央人民政府今天成立了！"随后他按动电钮，新中国第一面五星红旗伴随着《义勇军进行曲》缓缓升起。与此同时，54 门礼炮齐放 28 响，震撼着每个人的心灵。54 门礼炮代表当时统计出来的 54 个民族，28 响意味着中国共产党 28 年的革命历程。

下午 4 时，阅兵式正式开始。中国人民解放军总司令朱德在阅兵总指挥聂荣臻的陪同下乘坐军用吉普车检阅三军。接着便是声势浩大的群众游行。整个开国大典一直持续到晚上 9 点多，意犹未尽的群众举着红灯、红旗，从天安门涌向北京城的四面八方。他们欢庆中华人民共和国的成立，回味开国大典的空前盛况，憧憬新中国美好的未来。

中华人民共和国的成立，宣告了中国人民当家做主的时代已经到来。

中华民族一洗近百年来蒙受资本—帝国主义的奴役的屈辱，开始以崭新的姿态屹立于世界民族之林。

封建主义官僚资本主义统治的历史宣告结束，中国人民在政治上实现翻身，成为新社会的主人。军阀割据混战的局面从此结束，各族人民过上安居乐业的生活。人民可以集中力量从事政治、经济、社会、文化等方面建设的时期开始到来了。

中华人民共和国的成立，为实现新民主主义向社会主义的过渡，并在社会主义道路上实现中华民族伟大复兴的中国梦，创造了政治前提。

中国共产党成为领导人民掌握全国政权的执政党，可以运用国家政权凝聚和调集全国力量，巩固民族独立和人民解放的成果，解放并发展社会生产力，让人民过上好日子。

总之，中华人民共和国的成立，标志着近代以来中国面临的第一项历史任务，即求得民族独立和人民解放的任务基本完成了。这就为实现

第二项历史任务，即实现国家的繁荣富强和人民的共同富裕，创造了前提，开辟了道路。

三、建立社会新秩序

新中国的成立是民族复兴的里程碑，但国家还面临各种风险和困难，因此必须加强地方政权以巩固新生的人民政权。新中国地方政权建设主要分两步走：第一步，解放初期，在摧毁旧政权机构的基础上先建立军事管制委员会，作为临时性的过渡政权，同时由上而下地委任人员组成地方人民政府。第二步，在社会秩序初步稳定的情况下召开各界人民代表会议，有步骤地代行人民代表大会的职权，通过民主选举建立地方人民政府。

到 1951 年 9 月，全国已建立了 1 个大行政区的人民政府，4 个大行政区的军政委员会，28 个省人民政府，1 个自治区人民政府，9 个相当于省的行政区人民行政公署，12 个中央和大行政区直属的市人民政府，67 个省辖市人民政府，2087 个县人民政府以及数十万个乡人民政府。

与此同时，新政权还积极推进召开各级人民代表会议。到 1951 年 10 月，已有 27 个省、8 个行署、146 个市和 2038 个县召开了人民代表会议。在东北、华北等老解放区，人民直接选举的会议代表增加到 80%—90%。到 1952 年底，所有的省、市、县、区、乡都召开了各界人民代表会议。人民代表会议的普遍召开是新中国人民当家做主的具体体现，为日后正式建立人民代表大会制度奠定了基础。

眼看大势已去的蒋介石在仓皇逃往台湾时，曾用心险恶地在中国大陆潜留大批特务，纠集当地恶霸土匪，妄图推行所谓"游击计划"，建立"大陆游击根据地"，颠覆和破坏尚在襁褓中的新中国。

为了保卫新生的人民政权，1950 年 3 月 16 日，中共中央、中央军委向全党、全军发出了《剿灭土匪，建立革命新秩序》指示，指出："不剿灭土匪，各地人民革命政权就无法建立，土改无法完成，广大的贫苦农民就不能真正翻身，各地的救灾和其他一切工作也都将根本无法进行。"

人民解放军按照中共中央和中央军委的指示，先后抽调39个军140多个师，大约150余万人的兵力，迅速展开了大规模的剿匪斗争。截至1953年，人民解放军取得了歼灭匪特武装260余万人，缴获各种火炮2100门、枪支131万余支的胜利。

国民党在大陆留下一大批特务、反动党团骨干等反革命分子，不断进行各种破坏活动，炸毁工矿、铁路、桥梁，烧毁仓库，抢劫物资，杀害干部，妄图颠覆新生的人民政权。据统计，从1950年春天到秋天的半年多时间内，就有4万多干部和群众积极分子遭到反革命分子的杀害。为此，中共中央发出镇压反革命的指示："镇压一切反革命活动，严厉惩罚一切勾结帝国主义，背叛祖国，反对人民民主事业的国民党反革命战争罪犯和其他怙恶不悛的反革命首要分子。"根据这个指示，从1950年冬开始，在全国范围开展了镇压反革命运动。这项运动到1952年底基本结束。

剿匪镇反运动的胜利，基本肃清了残留在大陆上的国民党反革命残余势力，粉碎了国内外敌人的破坏活动和反革命复辟阴谋，巩固了新生的人民政权。

新中国成立后，中国共产党还通过没收官僚资本，实行土地改革，稳定物价和统一全国财经，开展"三反""五反"运动等一系列工作，保障了国民经济建设的顺利开展。

官僚资本是半殖民地半封建社会的腐朽生产关系之一。早在解放战争时期，随着对大中城市的接管，没收官僚资本的工作即已开始。新中国成立后，这项工作在全国范围展开。到1949年底，没收官僚垄断企业 2800 余家，其中包括控制全国资源和重工业生产的"国民政府资源委员会"，垄断全国纺织业的"中国纺织建设公司"，兵工系统和军事后勤系统所办企业，陈立夫、陈果夫"ＣＣ"系统的党营企业，以及各省市地方官僚系统的企业等。接收了国民党政府的经济核心"四行二局一库"（即中央银行、中国银行、交通银行、中国农民银行、中央信托局、邮政汇业局、合作金库）系统，国民党统治区的省市地方银行 2400 余家。这些企业成为新中国成立初期国营经济的主要组成部分。

封建土地所有制下农民的极端贫穷和毫无权利，是中华民族长期落后的主要根源。新中国成立前，已在大约 1.5 亿人口（其中农业人口 1.25 亿）的老解放区完成了土地改革。新中国成立之初，全国还有大约 2.9 亿人口的新解放区和待解放区，主要是华东、西南、西北等地

北京市郊区土地改革时，农民丈量土地

区还未进行土地改革。1949 年 9 月 29 日中国人民政治协商会议第一届全体会议通过的《中国人民政治协商会议共同纲领》规定：凡尚未实行土地改革的地区，必须发动农民群众，建立农民团体，经过清除土匪恶霸、减租减息和分配土地等项步骤，实行耕者有其田。到 1952 年底，这项运动在全国范围内基本上完成。它使得 3 亿多无地或少地的农民（包括老解放区农民在内）无偿获得了 7 亿亩土地和大量其他生产资料。

物价飞涨、通货膨胀是旧中国无法医治的顽疾。新中国成立后，党和人民政府果断出击，在"银元之战"和"米棉之战"中打了两场漂亮仗，迅速平抑了物价。但要使物价真正稳定下来，根本的还是要解决新中国的财政赤字问题，只有实现收支平衡，人民币才会坚挺，物价方能长期平稳。为此，1950 年 2 月政务院财经委员会召开全国财政工作会议，作出《关于统一国家财政经济工作的决定》，要求把"全国财政收支""全国现金管理""全国物资调度"完全统一起来。这项工作仅用 4个月左右时间就基本完成。据统计，1950 年 3 月，财政赤字比 1 月减少了 80.2%，比 2 月减少 71.8%，4 月收支接近平衡，国家财政经济状况得以迅速好转。财政经济工作的统一，也使物价长期稳定下来，为国民经济的恢复和人民生活的改善奠定了基础。

开展"三反""五反"运动，是新中国成立后党为巩固新生政权、稳定社会秩序作出的又一重大决策。从 1951 年底到 1952 年，党和政府在机关工作人员中开展了"反贪污、反浪费、反官僚主义"运动，处决了刘青山、张子善（他们在担任中共天津地委书记、天津行署专员期间堕落成为大贪污犯），使全党震动，全国人民振奋。与"三反"斗争相配合，党和政府又于 1952 年上半年发起了"五反"（反行贿、反偷税漏税、反盗骗国家财产、反偷工减料、反盗窃国家经济情报）运动，把私营工商户分为守法户、基本守法户、半守法半违法户、严重违法户、完全违法户 5 类进行定案处理。1952 年 10 月，"三反""五反"运动结束。这既有力促进了执政党的先进性、纯洁性和新政权的廉政建设，同时也打退了资产阶级的猖狂进攻。

经过三年的努力，国民经济也得到了全面恢复和根本好转。1952年，工农业总产值 810 亿元，比 1949 年增长 77.5%，比新中国成立前最高水平的 1936 年增长 20%。社会主义工业在全国工业（不包括手工业）总产值中的比重，由 1949 年的 34.7% 上升到 56%。这既为新中国开始大规模经济建设创造了前提条件，又为实现对资本主义工商业的社会主义改造打下了坚实的基础。

除此之外，党和政府还通过取缔畸形的娼妓制度、救济和治理城市无业游民、严禁烟毒和赌博恶习，以清除旧社会的遗毒。许多群众反映

北京市民在收听宣传《婚姻法》的广播

说："百年来未解决的问题毛主席解决了"，真是"古来稀事"！与此同时，在党的领导下，新政权又于1950年4月制定了《中华人民共和国婚姻法》，废除封建婚姻制度，广大妇女因此获得婚姻自由的权利。这使得旧社会的污泥浊水受到有力的荡涤，健康文明的社会新风尚开始树立起来，人民的精神面貌焕然一新，实现了从旧社会到新社会的深刻变革。

四、打开外交新局面

1945年第二次世界大战结束以后，国际上日益形成"一个世界，两大阵营"的格局。社会主义与资本主义两个阵营的对立和激烈斗争成为第二次世界大战后国际关系最突出的特点。面对国际形势的新变化，我们将以什么样的姿态和形象登上世界舞台，这是走向民族复兴的新中国必须思考的重大课题。

还在1949年1月19日，中共中央就发出《关于外交工作的指示》，对外交工作的原则和政策作出明确规定。周恩来说："我们的一个重要外交方针是'另起炉灶'，就是不承认国民党政府同各国建立的旧的外交关系，而要在新的基础上同各国另行建立新的外交关系。"[1]

在与其他国家建立外交关系的时机选择上，党中央确定了"打扫干净屋子再请客"的外交政策。这一政策就是要在彻底清除帝国主义国家在中国的势力和特权及其影响后，再让这些国家的客人进来，在互相尊重领土主权和平等互利的基础上同世界各国建立新的外交关系。

鉴于第二次世界大战后社会主义阵营与资本主义阵营对抗的世界格局的形成，以及美帝国主义执行从扶蒋反共、助蒋内战到敌视新中国政

---

[1] 《周恩来选集》下卷，人民出版社1984年版，第85页。

权的政策，中国共产党决定新中国在对外关系上，实行"一边倒"，即倒向社会主义阵营的外交方针。毛泽东说："一边倒，是孙中山的四十年经验和共产党的二十八年经验教给我们的，深知欲达到胜利和巩固胜利，必须一边倒。积四十年和二十八年的经验，中国人不是倒向帝国主义一边，就是倒向社会主义一边，绝无例外。"①

"另起炉灶""打扫干净屋子再请客""一边倒"，构成了建国初期的三大外交方针，体现了新中国独立自主、平等互利的外交精神。此后，这种精神在第一届全国政协会议上通过的《共同纲领》中得到了具体体现，新中国的外交工作正是在《共同纲领》确定的外交原则和政策的指导下全面展开的。

《共同纲领》规定："中华人民共和国联合世界上一切爱好和平、自由的国家和人民，首先是联合苏联、各人民民主国家和各被压迫民族，站在国际和平民主阵营方面共同反对帝国主义侵略，以保障世界的持久和平。"

"凡与国民党反动派断绝关系、并对中华人民共和国采取友好态度的外国政府，中华人民共和国中央人民政府可在平等、互利及互相尊重领土主权的基础上，与之谈判，建立外交关系"。

在《共同纲领》的指导下，新中国的外交，硕果累累。首先是与社会主义国家的建交。1949 年 10 月 2 日，新中国成立的第二天，苏联就率先承认中华人民共和国。同日，苏联政府宣布断绝同国民党"广州政府"的外交关系，从广州召回苏联的外交代表。10 月 3 日，中苏正式建立外交关系。

继苏联之后，保加利亚、罗马尼亚、匈牙利、朝鲜、捷克斯洛伐克、波兰、蒙古、阿尔巴尼亚、越南，也相继表示愿意同中华人民共和国建

---

① 《毛泽东选集》第 4 卷，人民出版社 1991 年版，第 1473 页。

立外交关系。周恩来分别复电，欢迎立即建立外交关系，并互派大使。

与此同时，新中国还与亚洲的民族独立国家和欧洲的资本主义国家建立了外交关系。从 1949 年末到 1950 年上半年，缅甸、印度、巴基斯坦、锡兰（今斯里兰卡）、阿富汗和印度尼西亚等一些亚洲国家相继承认中华人民共和国。但是，由于多方面的原因①，新中国最终只与缅甸、印度、巴基斯坦、印度尼西亚等国家建立了正式的外交关系。

1950 年初，欧洲的荷兰、挪威、丹麦、芬兰、瑞典、瑞士也相继承认新中国，其中，荷兰、挪威因阻挠恢复新中国在联合国的合法权利等原因，我国在新中国成立初期未与其建交。其余 4 国，在他们承认中华人民共和国中央人民政府是唯一合法政府的前提下，新中国分别与他们建立了正式外交关系。

当时，欧洲的重要国家英国也承认了中华人民共和国。1950 年 1 月 6 日，英国外交大臣贝文致电中华人民共和国外交部部长周恩来，表示承认中华人民共和国，并愿意在平等互利及互相尊重领土主权的基础上建立外交关系。英国政府并宣布撤销其对国民党集团的外交承认。

但是，就在英国政府宣布承认中华人民共和国的当天，又公开发表声明，表示虽然英国同美国在承认中华人民共和国的问题上有分歧，但英国并不改变和美国一起"反对共产主义的长期目标"，并且表示"英国有决心阻止共产主义潮流越出中国国境"。在这个声明中，英国还表示继续同国民党方面"保持实际上的联系"，在台湾淡水留有领事机构。

针对这种"两面派"的做法，新中国放弃了与其建立正式外交关系。

虽然有些不愉快的插曲，但是新中国的建交活动还是十分成功的。

---

① 根据 1947 年《英锡关于外交事务协定》，没有英国政府首肯，锡兰不能和其他国家建立外交关系；阿富汗虽宣布承认中华人民共和国，但在联合国恢复新中国的合法权利的问题上仍投弃权票。中国政府当时均未能与之建立外交关系。

新中国基于独立自主、平等互利原则建立起来的外交关系，打破了以美国为首的帝国主义阵营的封锁，加强了新中国与社会主义国家的友谊，提高了中华人民共和国的国际地位。

新中国成立初期还有一个非常重要的外交活动，那就是 1949 年 12 月 16 日至 1950 年 2 月 17 日，中央人民政府主席毛泽东访问苏联。

毛泽东此次访苏的主要任务有：参加苏联领导人斯大林的 70 寿辰庆祝活动；就两党两国之间所关心的问题交换意见；商谈和签订两国之间的有关条约、协定等，并商议与解决有关两国利益的若干具体问题。

1949 年 12 月 6 日，毛泽东起程前往苏联。由于国民党在新中国潜伏了大批特务，毛泽东此行，可谓暗流涌动。

根据解密的档案资料得知，针对毛泽东的首次出访，国民党特务机

1950 年 2 月 14 日，中苏两国政府签订《中苏友好同盟互助条约》

构制订了详细的暗杀计划。他们选派最有经验的行动特务，企图在列车运行中暗杀毛泽东。特务头子毛人凤曾经命令："通知情报总署，按计划执行。赴大陆人员准时到达目的地。东北地下技术纵队采取 ABC 三套方案：第一，从两翼围追堵截毛泽东的专列，控制制高点，采取突然袭击；第二，大规模破坏东三省铁路重要部位；第三，炸毁长春 14 号铁路涵洞，在哈尔滨双城铁路集中埋设炸药，将车炸毁。"

国民党特务为了暗害毛泽东，还在通往苏联的必经之路——大兴安岭隧道放过炸药。为了确保隧道万无一失，保证毛泽东的专列安全通过，公安部队增加了很多战士，在隧道两边不停地巡逻。

就在专列经过的那天出现了敌情。当时，巡逻队发现了铁路上的一块巨石，正在清除，突然从山上打来冷枪，将一个战士打伤。部队立即进行围堵，经过激烈的战斗，击毙了三名敌特。在铁轨上，公安部队还发现了美国制造的微型地雷。经过公安干警的努力，最终挫败了敌人的阴谋，专列平安地通过大兴安岭隧道。

12 月 12 日，毛泽东安全抵达莫斯科，开始进行正式访问。1950 年1 月 20 日，中国总理兼外交部部长周恩来也抵达莫斯科，两国政府之间的谈判于 2 月 14 日结束。这次访问的最重要成果是两国签订了《中苏友好同盟互助条约》。该《条约》规定：

"缔约国任何一方受到日本或与日本同盟的国家之侵袭因而处于战争状态时，缔约国另一方即尽其全力给予军事及其他援助。"

"缔约国双方保证以友好合作的精神，并遵照平等、互利、互相尊重国家主权与领土完整及不干涉对方内政的原则，发展和巩固中苏两国之间的经济与文化关系，彼此给予一切可能的经济援助，并进行必要的经济合作。"

《中苏友好同盟互助条约》是新中国成立后与外国政府签订的第一个建立在平等基础上的条约，是新中国外交的胜利。毛泽东评价说，这次缔结的中苏条约和协定，使得我们有了一个可靠的同盟国，这样，"一方面使我们能够放手地和较快地进行国内的建设工作，一方面又正在推动着全世界人民争取和平和民主反对战争和压迫的伟大斗争"①。

中苏结盟后，苏联在经济、国防建设上大力援助中国，加强了新中国的实力。在国际交往中，中苏两国相互配合、密切合作，促使新中国迅速走上国际舞台。这对于提升新中国的国际影响力具有非同寻常的意义。

小 结

在近代中国，旧政权是帝国主义及其帮凶压迫中国人民的工具。中国人民只有推翻旧政权，才能从帝国主义、封建主义和官僚资本主义的奴役中挣脱出来，获得民族独立和人民解放；也只有建立人民当家做主的新政权，才能为推动国家富强和人民幸福、实现中华民族伟大复兴的中国梦，创造条件、铺平道路。新中国成立是中华民族发展史上的一个重要转折点。它不仅结束了中华民族遭受帝国主义侵略压迫的百年屈辱史，而且结束了中华民族在封建主义统治下没落沉沦的百年衰落史，使中华民族迈出了伟大复兴的关键一步。更为重要的是，在新中国成立后，党领导人民迅速实现国民经济的全面恢复和根本好转，从而有力地回击了有些人认为"共产党军事上100分，政治上80分，经济上0分"的错误判断。这表明中国共产党不仅善于破坏一个旧世界，而且还善于建设一个新世界。

① 《毛泽东文集》第六卷，人民出版社1999年版，第67页。

第八章　意志与钢铁的较量

——中国为什么要抗美援朝?

新中国的成立开启了中华民族伟大复兴的新征程，正当全国人民满怀喜悦地投入重建家园的事业中时，朝鲜内战爆发了。以美国为首的"联合国军"迅速进行武装干涉，兵锋所向，直指鸭绿江边。与此同时，美国还派遣第七舰队开入台湾海峡，阻挠中国统一大业。如何应对美帝大兵压境，这是摆在新中国领导人面前的一大难题。以毛泽东同志为核心的党的第一代中央领导集体，不惧强权，知难而进，毅然决定抗美援朝，将美军赶回到三八线以南，戳穿了美帝国主义不可战胜的神话，并给美国以严重教训。抗美援朝战争的胜利，提高了中国人民的民族自信心和民族自豪感，也极大地提高了新中国的国际地位。几十年以后，对于中国为什么要抗美援朝，对这场战争的利弊得失如何评价，国内外的争论从未停止，也是研究中国近现代史无法回避的话题。回答这些问题，需要结合当时的历史条件进行考察。

一、战争突然爆发

第二次世界大战后期，由于地缘上的便利，苏军在歼灭日本关东军有生力量后，随即进入朝鲜半岛，一度逼近汉城，此时美军远在冲绳，无论如何不可能抢在苏军之前抵达朝鲜纵深地区。美国总统杜鲁门认为，如果不以必要的速度把军队运送到朝鲜，那就无法保证美军在日本抢先登陆。为此，美国迫不及待地提出以北纬38°线为界划分势力范围。

链接：三八线

　　北纬38°线原本纯粹是一条地理上的划线，没有任何军事或政治意义。这条约300公里长的分界线斜穿朝鲜半岛，截断了75条小溪和12条河流，将朝鲜半岛分为面积大体相同的两部分，北部12万平方公里，南部10万平方公里。人为地从军事上利用这条划线，最早是由日本提出来的。1896年日俄密谋瓜分朝鲜，日本曾向沙俄秘密提出以三八线为分界线，后因双方利害冲突而未能实现。1945年2月，日本把部署在朝鲜半岛的日军以三八线为界划分为两部分，北部的军队归关东军指挥，南部的军队为大本营所属。这样，三八线在实际上就为后来苏联在中国东北和朝鲜对日本关东军作战，而美国则在韩国和日本列岛与大本营直接指挥的日军作战提供了客观依据。对于美国来讲，三八线是一条尽可能向北推进，但又不致被苏联拒绝的界线。类似的分界线是1954年日内瓦会议达成的越南北纬17°分界线，根据这一分界线，南北越的面积均为16万平方公里左右。三八线也好，北纬17°线也罢，实质上都是社会主义阵营和资本主义阵营实力对比的反映。

　　第二次世界大战结束后，由于国家利益和意识形态的冲突，美苏两国逐渐由合作转向对抗。1948年8月15日，美国扶植的李承晚政权，在汉城宣布成立大韩民国，苏联则针锋相对地支持金日成于9月9日在平壤建立了朝鲜民主主义人民共和国，从此，朝鲜半岛正式分裂为两个国家。这两个国家由于意识形态尖锐对立，在由谁主导国家统一的问题上互不相让，双方在三八线附近不时发生军事摩擦，半岛局势处于一触即发的边缘，只不过受制于苏美驻军，双方尚无大的直接军事冲突。美苏两国出于各自国家利益的考虑，也尽量避免双方驻军发生直接的军事冲突，从而使半岛维持着某种程度的平衡。但不久以后，随着苏美两国相继从半岛撤军，朝韩双方的军事平衡被打破，半岛爆发战争的可能性陡然增加。

　　1950年6月25日，朝鲜内战爆发。美国政府立即决定对朝鲜实行武装干涉，并将干涉的范围扩大到朝鲜以外的亚洲地区。

战争爆发时，美国总统杜鲁门正在密苏里老家度假，接到国务卿艾奇逊关于战争爆发的电话后，立即于 26 日发布三项总统令：第一，授权美国远东军司令麦克阿瑟立即援助韩国；第二，命令空军轰炸朝鲜人民军地面部队；第三，命令第七舰队立刻开往台湾海峡，阻止中国大陆进攻台湾。随后美国政府还在联合国积极活动，乘苏联代表缺席、中国的席位仍被台湾国民党集团占据之机，操纵联合国安理会通过向韩国政府提供援助的决议。不久，美国再次操纵联合国安理会通过决议，成立由美国指挥的"统一司令部"，使用联合国旗号，组成"联合国军"开入朝鲜半岛作战。在朝鲜战争期间，先后派兵参加"联合国军"侵朝行动的共有美国、英国、法国、土耳其、加拿大等 16 个国家。在"联合国军"中，美军占 90% 以上，大多数国家只是象征性地出兵。

得知朝鲜战争爆发、美国第七舰队开进台湾海峡的消息，蒋介石欣喜若狂，立即致电麦克阿瑟，表示愿意出兵三万三千人参加朝鲜战争。蒋介石的如意算盘是，如果朝鲜战争演化成世界大战，国民党便可借此

1950 年 11 月 27 日，中华人民共和国代表伍修权（前排）在联合国第一委员会（政治安全委员会）全体大会上

重返大陆。

战争爆发时，中国正筹划解放台湾。毛泽东深感忧虑，一面提醒金日成防止美军侧后登陆，一面组建东北边防军，做好迎接战争的准备。

二、毛泽东的艰难抉择

朝鲜战争爆发初期，朝鲜人民军进展迅速，继 1950 年 6 月 28 日占领汉城后，又于 7 月 18 日发起了大田战役，全歼美军第 24 师，俘师长迪安。到 8 月上旬，人民军已经把美韩联军压缩到洛东江左岸釜山附近 100 公里的狭小地带，控制了韩国 90% 的地区，半岛统一大业似乎指日可待。此时，朝鲜领导人没有意识到，人民军初期的军事胜利是建立在朝韩军力悬殊和"闪电战"基础之上的，一旦美军干涉并组织有效反攻，这两个优势都将不复存在。

此时，毛泽东敏锐地意识到随着人民军向南推进，半岛的狭长的地形使得人民军的两翼日益暴露，多次提醒金日成要防备敌人在侧后登陆。果如毛泽东所料，1950 年 9 月 15 日，美军在仁川登陆，截断了人民军的归路。与此同时，美韩联军收缩到釜山地区后，凭借空中优势和机械化优势，开始了反攻，人民军主力陷入美军包围中，情况非常危急。

战场形势瞬息万变，到 10 月 1 日，人民军主力遭受重创，"联合国军"大举向北推进。此时，金日成向中国求救，请求中国立即出兵，给予朝鲜直接的军事援助。10 月 3 日凌晨，周恩来紧急约见印度驻华大使，请他转告美国政府，如果美军企图越过"三八线"，扩大战争，"我们不能坐视不顾，我们要管"。但是美国政府低估了中国人民的决心和力量，对中国政府的多次警告充耳不闻。"联合国军"于 10 月 7 日越过"三八线"，19 日占领平壤，把战火引向中朝边境，直接威胁中国的国家安全。接到朝鲜政府的请求后，为了统一思想认识，同时也为了更好地发扬民主和集思广益，中共中央政治局多次召开会议，研究是否出兵援朝，争论比较激烈。10 月 5 日下午政治局会议上，彭德怀发言坚决支持毛泽东出兵援朝的主张，并表示愿意带兵出征。彭德怀的发言打破了会议的僵持局面，中央最终做出了出兵决定。10 月 8 日毛泽东正式发布了关于组建中国人民志愿军的命令，任命彭德怀为司令员兼政委，率 13 兵团所属 4 个军和边防炮兵司令部及所属 3 个炮兵师，待令出动。

据毛泽东秘书胡乔木回忆，在毛泽东身边工作 20 多年，有两件事是毛泽东很难下决心的。一件是 1950 年派志愿军入朝作战，一件就是 1946 年我们准备同国民党彻底决裂。中央和毛泽东最初在出兵援朝问题上的顾虑主要有两个方面：一是中美之间实力对比悬殊，中国参战无必胜把握。以最能反映综合国力的工农业总产值做比较，1950 年美国是 2800 亿美元，中国仅有 100 亿美元。在军事装备方面，美国拥有包括原子弹在内的大量先进武器和现代化的后勤保障，中国基本上还处于小米加步枪的水平。一旦参战极有可能惹祸上门，国民经济恢复和发展的进程将被迫中断。二是中国自身也面临许多问题和挑战，急需中央集中力量加以解决。解放军正在大西南追剿国民党残余武装，西藏尚未解放，新解放区土地改革尚未启动，城市资产阶级不断在经济领域制造麻烦，国民党残余势力退居台湾后一直蠢蠢欲动，叫嚣"一年准备，两年反攻，三年扫荡，五年成功"。解决这些问题，迫切需要一个和平的外部环境。一旦中美之间爆发大规模战争，新政权有被颠覆的可能。

对于所有这些问题和挑战，毛泽东都看到了，但没有在困难面前畏首畏尾、踯躅不前。作为一名战略家，毛泽东无疑比同时代的人站得更高，看得更远。促使毛泽东下定决心出兵朝鲜的主要因素至少包括以下几个方面：

首先是维护中国领土主权完整和国家安全的需要。朝鲜战争爆发后，美国第七舰队进驻台湾海峡、美军轰炸中国丹东等行为，是对中国领土和主权的直接侵犯，这是任何一个主权独立的国家都无法容忍的。为了捍卫国家的核心利益，除了抗美援朝，中国别无选择。退言之，即使中国忍辱负重，弃友邻于不顾，任由美军占领朝鲜，也无法换取自身的安全保障。这是因为：一方面，中国政府关于国家核心利益的任何妥协和退让，都会被侵略者看成是软弱无能的表现，这只会进一步刺激帝国主义的侵略野心，一部中国近代史已经反复证明了这一点。另一方面，在美苏冷战的大背景下，占领朝鲜只是美国图谋实现其称霸全球战略的重要一步，遏制进而消灭整个社会主义阵营才是美国的最终目标。唇亡齿寒，毛泽东深知，一旦美军占领朝鲜，中国的国家安全将受到更大、更直接的威胁。有鉴于此，中国必须出兵援朝。

其次是解决新中国建设和发展面临的现实问题的需要。具有深邃历史眼光的毛泽东对近代中国内忧外患的困境有着清醒认识。他确信帝国主义的侵略是近代中国一切不幸的总根源，只有通过抗美援朝，彻底打败西方侵略势力，新政权才能得到根本巩固。如果任由朝鲜沦陷，美国就有了一个从陆地进攻中国的战略通道，东北重工业基地和首都北京都将置于美国轰炸机活动半径之内，那时中国将永无宁日，经济建设和社会发展都无从谈起。因此，抗美援朝对于中国共产党来说，不是一个可有可无的选项，而是一个关系新中国生死存亡的重大问题，面对这场帝国主义强加给我们的战争，中国共产党已经退无可退，只有迎难而上，抗美援朝、保家卫国。

再次是履行中国的国际主义义务的需要。共产主义事业是一项国际性的运动，需要各国无产阶级共同奋斗才能取得最终的胜利。马克思在《共产党宣言》中提出了"工人无祖国"和"全世界无产者联合起来"两大响亮口号。正如中国革命的胜利离不开苏联的支持和帮助一样，朝鲜社会主义政权的巩固也离不开包括中国在内的整个社会主义阵营的支持和帮助。尤其是近代以来，中朝两国人民在共同反抗外敌入侵的斗争中，同呼吸共命运，用鲜血凝成了友谊。包括金日成在内的成千上万的朝鲜热血青年都曾投入中国新民主主义革命的洪流中，不少人为了中国革命的胜利甚至付出了生命的代价。毛泽东认为，当朝鲜处于生死存亡的关键时刻，中国如果弃之不顾，即使从道义上讲也说不过去。"别人处于危急时刻，我们站在旁边看，不论怎么说，心里也难过。"① 因此，出兵援朝是中国共产党履行无产阶级国际主义义务的必然选择。

针对党内外对于出兵的顾虑，毛泽东认为，中国不仅有出兵的必要，还有在战场取胜的可能。因为我们进行的是反侵略的正义战争，得道多助，士气旺盛，我军素有以弱克强的优良传统，加之背靠东北作战，便于就近支援。而美军远道而来，战线过长，兵力分散，战斗意志不够坚决。正是在毛泽东一再耐心解释和劝说下，中央最终通过了出兵朝鲜的决定。

三、实力悬殊的较量

是否出兵援朝对中国共产党和毛泽东来讲显然是一个艰难的抉择，但能否最终赢得这场战争则是对新中国更大的考验。纵观第二次世界大战以来的战争史，抗美援朝战争绝对是一场实力对比悬殊的较量。战争的发动方美国是两次世界大战的战胜国，第二次世界大战结束时拥有规模最为庞大的武装力量，近百艘军舰游弋在四大洋，数百个军事基地星罗棋布于五大洲，两万多架战机随时整装待命，美国还是当时世界上仅有的两个拥有核武器国家之一。加入"联合国军"作战的英法等国，虽经第二次世界大战创伤国力有所下降，但仍不失其世界强国地位。此外，现代化战争表面上拼的是军事实力，实际上拼的是综合国力。由

---

① 中共中央文献研究室编:《毛泽东年谱（一九四九——一九七六）》第 1 卷，中央文献出版社 2013 年版，第 204 页。

16 个国家组成的"联合国军"，以强大的综合国力为依托，有日本和中国台湾两大后勤保障基地，战争期间可以凭借高度现代化的、海陆空一体化的运输装备，源源不断地向朝鲜战场运送各种战略物资，战争潜力极其巨大。

反观中国，大陆刚刚解放，各地反革命势力还相当猖獗，解放军主力分散在全国各地，后勤保障和武器装备基本上停留在小米加步枪阶段，空军和海军建设刚刚起步，尚无法形成有效战力。苏联因为惧怕同美国发生正面军事冲突进而引发第三次世界大战，拒绝直接派兵入朝作战。与 16 国联军形成鲜明对比，整个社会主义阵营只有中朝两国参战。由于朝鲜人民军主力早在美军仁川登陆后就已遭受重创，剩余力量已经无法独自应对一场大规模的现代化战争。更为关键的是由于苏联最初拒绝出动空军入朝作战，这就意味着中国军队将在失去制空权的情况下同"联合国军"作战，这对于后勤保障能力本来就弱的中国军队来说，无异于雪上加霜。

无论从哪个角度来看，中国军队取胜的机会都很小。然而，英勇的志愿军战士却凭借着钢铁般的意志，用自己的血肉之躯，筑起了抗美援朝的钢铁长城。在朝鲜战场，西方世界头号强国的军队，使用了除原子弹以外所有的现代化武器，但最终还是被推回到战争的起点——三八线。这个奇迹究竟是如何取得的呢？对此，毛泽东做出了如下总结："我们的经验是，依靠人民，再加上一个比较正确的领导，就可以用我们的劣势装备战胜优势装备的敌人。"[①] 这里面所说的"正确的领导"，主要是指战略决策的英明。

出其不意，攻其不备。1950 年 10 月 19 日夜间，志愿军悄然进入

---

① 中共中央文献研究室编:《毛泽东年谱（一九四九——一九七六）》第 2 卷，中央文献出版社 2013 年版，第 163 页。

朝鲜，由于麦克阿瑟断言中国不敢派兵参战，"联合国军"迅速向中朝边境推进，根本没有发现志愿军已经进入朝鲜。在一切准备就绪后，志愿军于 10 月 25 日突然向"联合国军"发动进攻，歼敌 15000 多人，将"联合国军"从鸭绿江边驱逐到清川江以南，粉碎了麦克阿瑟吹嘘的 11 月 23 日感恩节前结束朝鲜战争的计划。经过第一次战役，"联合国军"虽然已经发觉志愿军入朝参战，但却主观认为志愿军参战只不过是为保卫自身边界安全，中国绝无胆量和能力扩大与美国的战争。于是，麦克阿瑟改口宣称将于 12 月 25 日圣诞节前结束战争。志愿军利用美军的战略误判和骄傲心理，发动第二次战役，通过诱敌深入，重创美军王牌部队陆战第一师，共歼灭 3.6 万敌军，将"联合国军"赶回到三八线以南。此后，志愿军又于 1951 年初发起第三次战役，歼敌 1.9 万人，占领汉城，迫使"联合国军"撤退至北纬 37° 线附近地区。经过前三次战役，"联合国军"被迫转入战略防御，朝鲜战局得到了扭转，大大鼓舞了中朝联军的士气。

　　轮番作战，交替进攻。经过前三次战役，"联合国军"发现了志愿军

1950 年 10 月 19 日，中国人民志愿军首批部队跨过鸭绿江

的一个致命弱点，即由于美军的持续轰炸，导致志愿军后勤补给十分困难，每个志愿军战士自身携带的武器弹药仅能勉强维持一周左右，美军称之为"礼拜攻势"。于是每当志愿军发动攻击时，美军就凭借地空优势固守待援或缓慢后撤，同时空军加大对志愿军后勤补给线的轰炸，待志愿军一周以后耗尽自身携带军用物资后，便大举反攻。这给志愿军造成重大伤亡。第四次战役就是在这样的背景下打响了。1951 年 1 月 25 日，美军集结了 23 万大军，以大量飞机、坦克和火炮为支援，在 200 公里宽的战线上发起全面反攻，中朝联军被迫于 3 月 14 日撤出汉城，全线转入运动防御。是役，志愿军歼敌 7.8 万人，超过了前三次战役的总和，但自身也付出了 4.2 万人的伤亡代价。这次战役暴露了志愿军持续作战导致的极度疲劳和后勤补给困难的缺陷，于是中央军委 2 月上旬决定增派志愿军入朝，实行轮番作战的方针。这样一方面可以弥补志愿军后勤补给方面的不足，使作战部队得到有效休整；另一方面也可以借此使更多的国内部队经历现代化战争的洗礼和磨炼，进而提升全军作战能力。

"零敲牛皮糖"[①]，积小胜为大胜。第五次战役后，双方进入了长达 2 年的边打边谈阶段。这一阶段，"联合国军"先是于 1951 年夏发动了长达 10 个月的以切断中朝人民军队后方供应为目的的空中封锁交通线战役，即"绞杀战"，以迫使中国在军事分界线问题上让步；后又于 1952 年秋发动所谓"金化攻势"，妄图以此迫使中国在释放俘虏问题上让步。对此，志愿军为坚持持久作战，巩固已有阵地，创造性地建成了以坑道工事为骨干、同野战工事相结合的支撑点式的坚固防御体系。随着阵地的不断巩固，中朝军队不仅在规模较大、持续时间较长的上甘岭战役中，粉碎了"联合国军"发动的"金化攻势"，而且在打小歼灭战的思想

---

① 牛皮糖是中国南方一种用麦芽做成的圆饼状的糖，卖糖人用小锤一块块地敲下来零卖。毛泽东用此比喻志愿军对敌采取零打碎敲、积小胜为大胜的战术。

链接：上甘岭战役与黄继光

　　为了争夺战略要地上甘岭，1952 年 10 月 14 日，"联合国军"先后调集 6 万兵力，大炮 300 余门，坦克 170 多辆，出动飞机 3000 多架次，对志愿军两个连约 3.7 平方公里的阵地上倾泻炮弹 190 余万发，炸弹 5000 余枚，炮兵火力密度，已超过二次大战最高水平。至 11 月 25 日，战役结束。此役历时 43 天，敌我反复争夺阵地达 59 次，志愿军共击退敌人 900 多次冲锋，歼灭敌军 2.5 万人，自身伤亡 1.15 万人。上甘岭战役创造了我军历史上坚守防御的成功范例，涌现出了包括黄继光在内的一大批战斗英雄。

　　在上甘岭一次高地争夺战中，黄继光所在的第 2 营奉命在天亮前占领阵地，但"联合国军"设在山顶上的火力点，压制住志愿军反击部队，使之不能前进。2 营发起五次冲锋都未能摧毁敌军火力点，这时离天亮只有 40 多分钟了。在这关键时刻，黄继光主动请缨，提上手雷，带领两名战士向敌军的火力点爬去。他们在照明弹的亮光下巧妙地前进，当离敌军火力点只有三四十米时，一名战士牺牲，另一名战士负重伤。黄继光的左臂被打穿，面对敌人的猛烈扫射，他毫无畏惧，忍着伤痛，仍然不停地向敌军火力点前进。他顽强爬向火力点，冲着敌军狂喷火舌的枪口，挺起胸膛，张开双臂，扑了上去。霎时，敌军正在喷吐的火舌熄灭，正在吼叫的机枪哑然失声。黄继光用年轻的生命为部队开辟了胜利前进的道路，2 营很快占领了阵地，全歼守军两个营。

　　指导下，有选择地对"联合国军"营以下兵力防守阵地实施进攻，以抢占中间地带，夺取其突出的前沿阵地和支撑点，并逐渐扩大作战规模。毛泽东把这种积小胜为大胜的战术原则形象地称之为"零敲牛皮糖"。在中朝联军的共同努力下，敌人在谈判桌上得不到的东西，在战场上依然无法得到，最终迫使"联合国军"不得不重新回到谈判的轨道上来。

　　当历史的车轮驶入 1953 年，国际局势发生了巨大变化。3 月 5 日，斯大林逝世，苏联新领导集体为稳住国内局势并缓和东西方关系，希望尽快实现朝鲜停战。美国方面，新当选的艾森豪威尔总统也主张尽快结束朝鲜战争。经过两年的军事斗争，毛泽东和金日成也意识到很难在短期内将"联合国军"赶出半岛，于是主动致函联合国军总司令克拉克建议立即恢复谈判。1953年6月8日双方终于就战俘遣返问题达成协议。这时候发生了一个小插曲，李承晚强制扣留2.7万人民军被俘人员，声称即使没有"联合国军"的帮助，韩国也要将战争继续打下去，直到打到鸭绿江边。结果金城一战遭到中朝联军的迎头痛击后，李承晚最终也被迫同意签署停战协定。

　　1953年7月27日，战争双方在板门店签署《朝鲜停战协定》，这标志着朝鲜战争正式结束。从1950年6月25日到1953年7月27日，在朝鲜半岛狭长的土地上，交战双方投入战场的兵力最多时期达到300多万人，兵力之密集、战斗之残酷世所罕见。在历时三年的朝鲜战争

被志愿军俘虏的美军官兵

中，中朝联军共歼敌 109 万人（含美军 39 万人），其中，志愿军共歼敌 71 万人，自身作战减员 36.6 万人。朝鲜停战后，志愿军从 1954 年 9 月起分批撤出朝鲜，到 1958 年 10 月，全部志愿军都已撤退回国。

克拉克后来在回忆录中写道："我获得了一个不值得羡慕的名声：我是美国历史上第一个在没有取得胜利的停战协定上签字的司令官。"有人据此认为，美国虽然在朝鲜战争中没有取得胜利，但也不能据此认为美国就失败了，双方最多算打个平手。其实判断一场战争胜利与否，关键看双方战前战略目标是否实现。美军仁川登陆后大举向北推进的事实表明，美国的战略目标是要彻底占领朝鲜半岛，进而威胁中苏，结果在中朝联军的连续攻击下，最后却不得不退回到三八线以南，这就充分表明美国没有达成战略目标。在朝鲜战场，西方世界头号强国的第一流军队，使用了除原子弹以外所有的现代化武器，但最终还是被推回到战争的起点——三八线。这个事实戳穿了美帝国主义不可战胜的神话，并给美国以严重教训。

反观中国参战的目标，主要是将"联合国军"赶回三八线以南，维护朝鲜主权和领土完整，进而解除"联合国军"对中国的直接威胁。最能说明中国这一战略目标的无疑是周恩来针对美军仁川登陆发表的声明，即只要美军越过三八线，扩大战争，中国就不能坐视不管。毛泽东后来也说："美帝国主义如果干涉，不过三八线，我们不管，如果过三八线，我们一定过去打。"所以通过朝鲜战争将美军赶回三八线以南，中国实现了自身的战略目标，毫无疑义也就赢得了这场战争的胜利。

四、深刻影响历史进程的战争

围绕朝鲜战争，国内外经常有各种议论。但无法否定的事实是，抗美援朝战争的胜利，深刻地影响了中国历史发展的进程。

第一，抗美援朝战争的胜利，极大地提高了中国的国际地位。英国

鞍山钢铁公司在苏联专家的帮助下迅速重建起来

著名历史学家马丁·怀特曾经说过：纵观人类历史，一个国家只有在战场上打败过另一个大国，从而证明自己的实力，才会被别人承认为大国。近代以来，中国饱受列强欺凌，历次对外战争多以失败告终，因而被称为"东亚病夫"。抗美援朝战争使美国这个世界强国吃了败仗，这不能不让中国人民感到兴奋和激动。抗美援朝战争结束后，美国政府不得不正视新中国正在崛起的事实，逐步改变了对中国的不接触政策，在波兰首都华沙和中国政府开启了定期的大使级会谈。中国也因此掀起了第二次建交高潮，所有这些都是中国国际地位提升的表现。

第二，抗美援朝战争的胜利，极大地鼓舞起人民群众的革命热情和生产积极性。中国经济恢复的历史进程并未因抗美援朝战争的爆发而中断，相反，由于战争爆发激起的全民爱国高潮，在中国共产党的正确引导下，迅速转化为建设祖国的万丈豪情。到1952年底，我国国民经济得到全面恢复和发展，工农业生产达到并超过历史最高水平。抗美援朝战争的爆发，还密切了中国同苏联的关系，为中国的经济建设赢得了大量援助。奠定了中国现代工业基础的156项苏联援华项目中，有50项都是在抗美援朝战争期间开始实施的。1950年到1953年，苏联派遣来华的技术专家多达1100人以上，同时接收中国留学生1200多人。为了确保援助计划的顺利实施，苏联不惜重新调整苏共十九大已经通过的第五个五年计划，压缩本国经济建设的规模，全力支持中国经济建设。这些都为中国经济的恢复和发展创造了有力的前提条件。

第三，抗美援朝战争的胜利，增强了中国人民的自信心和自豪感，增强了中华民族的凝聚力，提高了中国共产党的威信。为了保障抗美援朝战争的顺利进行，广大人民群众掀起了爱国公约签字运动，有钱的出钱，有力的出力，涌现出了许多可歌可泣的拥军典型和爱国模范。中华民族的凝聚力得到了前所未有的增强。随着抗美援朝战争的胜利，中国共产党的威望也得到了空前的提高，广大人民群众从实践中切身感受到中国共产党的英明与伟大，更加坚定不移地拥护党的领导，这为中国共产党彻底改造中国社会、实现社会主义工业化创造了重要的历史前提。

第四，抗美援朝战争打出了新中国的精气神，造就了伟大的抗美援朝精神。抗美援朝战争是在敌我力量高度悬殊的基础上进行的，志愿军和"联合国军"之间的较量在某种程度上等同于意志和钢铁的较量。

工人在加班生产支援抗美援朝

中国之所以能够最终取得战争的胜利，很大程度上得益于志愿军战士对中国民族精神的大力弘扬。这就是祖国和人民利益高于一切的爱国主义精神；英勇顽强、舍生忘死的革命英雄主义精神；不屈不挠、昂扬向上的革命乐观主义精神；扶危济困、团结互助的国际主义精神；克服困难、勇于探索的创新精神。所有这些精神汇总到一起最终形成了伟大的抗美援朝精神。抗美援朝精神不仅丰富和拓展了中国民族精神的内涵，而且本身也是中华民族宝贵的精神财富，它必将激励着一代又一代中国人为实现中华民族伟大复兴的中国梦而不懈奋斗。

小 结

为了保卫国家利益和维护世界和平，中国共产党敢于斗争，善于斗争，赢得了世界爱好和平的人们的广泛尊重。抗美援朝战争的胜利，顶住了美国侵略扩展的势头，维护了亚洲和世界的和平，使新中国的国际威望空前提高。彭德怀在《关于中国人民志愿军抗美援朝工作的报告》中指出，抗美援朝战争的胜利，雄辩地证明："西方侵略者几百年来只要在东方一个海岸上架起几尊大炮就可霸占一个国家的时代是一去不复返了。"从此，西方国家再也不敢小觑中国，更不敢发动对中国的直接军事侵略，中国也因此赢得了宝贵的和平发展时期。

第九章　制度奠基开新局

——中国为什么选择社会主义？

1952 年国民经济恢复后，毛泽东和中共中央适时地提出了党在过渡时期的总路线，开始了社会主义工业化建设及对农业、手工业、资本主义工商业的社会主义改造。1956 年底，社会主义改造基本完成，社会主义基本制度在我国确立起来。新民主主义革命的胜利，社会主义基本制度的建立，为实现中华民族伟大复兴的中国梦奠定了制度基础。中国为什么要进行社会主义改造，又是如何走上社会主义道路的？对这些问题的认识，国内外一直存在分歧。特别是随着改革的不断深入，在中国社会主义改造和社会主义改革的关系问题上，有人发出"早知今日，何必当初"的感慨。他们借社会主义改造过程中存在的不足，否定社会主义改造的必要性，进而否定中国社会主义道路和社会主义制度。对于这样的问题，应该在尊重历史的基础上作出科学回答。

一、向社会主义转变的构想

在中国实现社会主义，是中国共产党自创立时就确定的奋斗目标。但是，半殖民地半封建社会的基本国情决定了党领导人民实现社会主义必须分两步走：第一步是进行反帝反封建的新民主主义革命，然后才能走第二步，转入社会主义革命。这是中国革命的必由之路。新民主主义革命胜利后，中国怎样才能从一个落后的农业国转变为工业国，并使全国各族人民走向社会主义道路呢？对这个问题，毛泽东最初的设想是，

先经过新民主主义经济建设，工业发展了，国营经济壮大了，再实行工业国有化和农业集体化。

关于转变的时间，毛泽东在中共七届二中全会上提出大约需要15年到20年。新中国诞生前夕，当党外民主人士询问毛泽东要多长时间过渡到社会主义时，毛泽东回答道：大概要二三十年吧。1950年6月，毛泽东在全国政协一届二次会议上所致的闭幕词中，称我国当时处在"新民主主义的历史时期"，并说："我们的国家就是这样地稳步前进，经过战争，经过新民主主义的改革，而在将来，在国家经济事业和文化事业大为兴盛了以后，在各种条件具备了以后，在全国人民考虑成熟并在大家同意了以后，就可以从容地和妥善地走进社会主义的新时期。"[1]由上可见，新中国成立之初，党中央和毛泽东"要搞一段新民主主义，是真心实意的"[2]。

当时中国社会各方面的状况，充分体现了新民主主义的特质。政治上，实行工人阶级领导的、以工农联盟为基础的人民民主专政，就是各革命阶级联合专政。经济上，新民主主义的经济形态主要包括：国营经济、合作社经济、个体经济、国家资本主义经济和私人资本主义经济五种经济成分。其中合作社经济是社会主义或半社会主义性质的，一部分国家资本主义经济在我国条件下也带有若干社会主义性质。社会主义的国营经济在整个国民经济中处于领导地位。文化上，实行马克思主义指导下的新民主主义的文化，即民族的、科学的、大众的文化。

然而，随着实践的发展和形势的变化，毛泽东改变了先搞一段新民主主义建设的设想，从"将来一举过渡"转变为"现在即开始逐步过渡"。

---

[1] 《毛泽东文集》第6卷，人民出版社1999年版，第80页。

[2] 薄一波：《若干重大决策与事件的回顾》上卷，人民出版社2008年版，第22页。

1952 年 9 月 24 日，中央书记处开会讨论 "一五" 计划时，毛泽东提出，我们现在要开始用 10 年到 15 年的时间基本上完成社会主义的过渡，而不是 10 年或者以后才开始过渡。1952 年 10 月，刘少奇率代表团参加苏共十九大，其间受毛泽东委托，于 10 月 20 日给斯大林写了一封信，询问中国逐步过渡到社会主义的问题。10 月 24 日，斯大林接见中共代表团时说："我觉得你们的想法是对的。当我们掌握政权以后，过渡到社会主义去应该采取逐步的办法。"[1] 这次会谈情况，刘少奇以电报的形式向毛泽东作了汇报。1953 年 2 月 27 日，毛泽东在中央书记处会议上讲了在湖北视察时同孝感地委负责同志谈话的内容，他说："什么叫过渡时期？过渡时期的步骤是走向社会主义。我给他们用扳指头的办法解释，类似过桥，走一步算是过渡了一年，两步两年，三步三年，10 年到 15 年走完了。"[2]

　　与此同时，毛泽东开始酝酿提出过渡时期总路线。1953 年 6 月 13 日至 8 月 13 日，中共中央召开全国财经工作会议。6 月 15 日晚，在听取并讨论李维汉《关于利用、限制和改造资本主义工商业的若干问题》的报告时，毛泽东对党在过渡时期总路线作了一个比较完整的表述："从中华人民共和国成立，到社会主义改造基本完成，这是一个过渡时期。党在过渡时期的总路线和总任务，是要在十年到十五年或者更多一些时间内，基本上完成国家工业化和对农业、手工业、资本主义工商业的社会主义改造。"[3] 在谈到向社会主义逐步过渡时，他说：这比较好。社会主义因素是逐年增长的，不是说到第十六个年头上突然没收资本主义工商业。我们根据过去四年的经验，资本主义企业中社会主义因素是

---

① 《党的文献》2005 年第 1 期，第 10 页。

② 薄一波：《若干重大决策与事件的回顾》上卷，人民出版社 2008 年版，第 152 页。

③ 中共中央文献研究室编：《毛泽东年谱（一九四九——一九七六）》第 2 卷，中央文献出版社 2013 年版，第 116 页。

逐年增长的，不要认为资本主义经济十五年原封不动，不要总把资本主义经济看成一块铁板，看成是不变化的。8月11日，毛泽东审阅修改周恩来在全国财经工作会议上的结论报告稿。稿中引述了毛泽东关于党在过渡时期总路线的比较完整的表述。毛泽东在稿中加写了一段话："这条总路线的许多方针政策，在一九四九年三月的党的二中全会的决议里，就已提出，并已作了原则性的解决。可是许多同志，却不愿意遵照二中全会的规定去工作，喜欢在某些问题上另闹一套不符合于二中全会规定的东西，甚至公然违反二中全会的原则。"①

12月13日，毛泽东修改胡乔木报送的以中共中央宣传部名义提出的《为动员一切力量把我国建设成为一个伟大的社会主义国家而斗争——关于党在过渡时期总路线的学习和宣传提纲》草稿，将过渡时期总路线的表述最后确定为："从中华人民共和国成立，到社会主义改造基本完成，这是一个过渡时期。党在这个过渡时期的总路线和总任务，是要在一个相当长的时期内，逐步实现国家的社会主义工业化，并逐步实现国家对农业、手工业和资本主义工商业的社会主义改造。这条总路线是照耀我们各项工作的灯塔，各项工作离开它，就要犯右倾或'左'倾的错误。"②党的过渡时期总路线的提出，是符合新中国社会发展的实际和规律的，反映了历史的必然性，是完全正确的。1954年2月中共七届四中全会通过决议，正式批准了过渡时期总路线。同年9月，载入第一部《中华人民共和国宪法》，总路线成为整个国家的统一意志。

---

① 中共中央文献研究室编：《毛泽东年谱（一九四九——一九七六）》第2卷，中央文献出版社2013年版，第146—147页。

② 中共中央文献研究室编：《毛泽东年谱（一九四九——一九七六）》第2卷，中央文献出版社2013年版，第201页。

二、实施"一化三改"的总路线

党在过渡时期总路线的主要内容被概括为"一化三改"。它们可以比喻为鸟的"主体"和"两翼"。"一化"是"主体","三改"是"两翼",两者相辅相成,相互促进。这条总路线体现了社会主义工业化和社会主义改造的紧密结合,体现了解放生产力与发展生产力、变革生产关系与发展生产力的有机统一。

（1）社会主义工业化的起步

新中国成立之初,现代工业总产值占工农业总产值的17%,钢产量只有15.8万吨,煤只有320万吨,发电量只有43亿度。毛泽东曾忧虑地说:"现在我们能造什么?能造桌子椅子,能造茶碗茶壶,能种粮食,还能磨成面粉,还能造纸,但是,一辆汽车、一架飞机、一辆坦克、一辆拖拉机都不能造。"[①] 在基础差、起点低的条件下,为了实现工业化,必须集中有限的人力、物力和财力,建设一批国民经济急需的重大项目。经过慎重考虑,中共中央郑重作出决策,走优先发展重工业的工业化道路。

在党中央的直接领导下,在苏联的帮助下,周恩来、陈云主持制定第一个全面的中长期国民经济计划。"一五"计划从1951年着手编制到1955年7月一届全国人大二次会议审议通过,历时四载,数易其稿。"一五"计划的基本任务是:集中主要力量进行以苏联帮助我国设计的156个建设项目为中心、由694个大中型建设项目组成的工业建设,建立我国的社会主义工业化的初步基础;发展部分集体所有制的农业生产合作社,以建立对农业和手工业社会主义改造的基础;基本上把资本主义工商业分别纳入各种形式的国家资本主义的轨道,以建立对私营工

---

① 《毛泽东文集》第6卷,人民出版社1999年版,第329页。

1953 年，鞍钢机械总厂的革新能手王崇伦（右一）和工人们一起研究改进工具和生产的方法

商业社会主义改造的基础。

全国城乡迅速形成参加和支援国家工业化建设的热潮。工人阶级一马当先。1954 年 4 月，鞍钢技术革新能手王崇伦等七名全国工业劳动模范向全国总工会提出开展技术革新运动的建议书，使劳动竞赛发展成为全国范围的技术革新运动。仅 1954 年一年，全国提出合理化建议的职工人数就有 58 万多人，提出合理化建议 848 万多件。中央下大决心从各方面抽调优秀干部分配到工业战线上去，当时从全国一次调集的干部就有一万名之多。大批高校毕业生服从国家建设需要，不辞艰苦，兴高采烈地奔向祖国建设第一线。广大农民也积极响应国家号召，不仅出义务工，更是踊跃把粮食卖给国家。

到 1956 年底，"一五"计划规定的主要指标大多数提前实现，1957 年又超额完成了"一五"计划。社会经济结构和国民经济面貌发生了深刻变化。1957 年全国工业总产值比 1952 年增长 128.3%，年均增长 18%。其中，生产资料的生产比 1952 年增长 210%，年均增长 25.4%；消费资料的生产比 1952 年增长 83%，年均增长 12.9%。重工业生产在工业总产值中的比重，由 1952 年的 35.5% 提高到 45%。一大批旧中国没有的基础工业部门和大中型工业企业相继建立起来，工业技术水平和工程设计能力有了较大的提高，一个独立的部门比较齐全的工业体系和国民经济体系建立了起来。广大人民群众的生活也有明显的改善，1957年全国居民平均消费水平比1952年提高1/3强，其中，职工平均消费水平提高38.5%，农民提高27.4%。

（2）对农业、手工业的社会主义改造

党和政府对农业的社会主义改造，遵循自愿互利、典型示范和国家帮助的原则，采取三个互相衔接的步骤和形式：一是临时互助组和常年互助组，这是带有社会主义萌芽性质的组织；二是初级农业合作社，这是以土地入股、统一经营为特点的半社会主义性质的组织；三是高级农业生产合作社，它已经具有完全社会主义性质，因为已经实现了土地和生产资料归集体所有。

在农业合作化运动中，河北省遵化县西铺村的"三条驴腿"的"穷棒子"社成为一面鲜红的旗帜。所谓"三条驴腿"，是指这个农业合作社只占有这头驴四分之三的股权，而另外的四分之一股权为合作社外的一个农民占有。面对富农的冷嘲热讽，村支书王国藩勉励大家："有人讥笑我们是'穷棒子'，我们就是'穷棒子'，咱人穷志不穷，难不倒，穷不散！眼下困难多，需要想办法一个个解决，咱只要发挥集体力量，把社办好，就自然听不到这种怪话了。"在王国藩的带领下，"三条驴腿"的"穷棒子"社的社员们开始了战天斗地、逆转命运的奋斗过程。毛泽东知道后热情洋溢地称赞道：我看这就是我们整个国家的形象。难道六万万"穷棒子"不能在几十年内，由于自己的努力，使中国变成一个社会主义的又富又强的国家吗？社会的财富是工人、农民和劳动知识分子自己创造的。只要这些人掌握了自己的命运，又有一条马克思列宁主义的路线，不是回避问题，而是用积极的态度去解决问题，任何人间的困难总是可以解决的。

从总体上看，互助合作运动得到了广大贫下中农的欢迎，他们积极

河北农民报名加入农业合作社

要求入社。但也有的地方一哄而起，发展过快过猛，违反自愿互利原则，损害了农民的实际利益，造成农村关系紧张。为了保证合作化运动健康发展，中共中央有关部门曾在 1953 年、1955 年春下大力气整顿农业合作社。尤其是 1955 年 3 月，毛泽东在同邓子恢等谈话时提出，现在有些地方要停下来整顿，有些地方要发展。"一曰停、二曰缩、三曰发"。不久，毛泽东改变了看法，认为生产消极的农民只是少部分。5月 17 日，在颐年堂召开的会议上，毛泽东提议，江苏、湖南、湖北、广东、广西都要放手发展。他认为，所谓农村存在紧张，农民不满统购，合作社有强迫现象等说法，一概是"发谣风"。7 月 31 日，毛泽东在省、市、自治区党委书记会议上作《关于农业合作化问题》的报告，强调要加快改造步伐。10 月，中共七届六中全会通过了《关于农业合作化问题的决议》。这个《决议》进一步助长了农业社会主义改造中的急躁冒进情绪。1956 年初，《中国农村的社会主义高潮》一书出版。毛泽东为这本书共写了 104 篇按语。这些按语，充分表现了毛泽东对社会主义事业和农业合作化运动的高度热情，对于迅速改变中国农村落后面貌的坚定信念和急切希望。但就总体而言，按语是以批判所谓"右倾机会主义"为主旨，对于合作化这个本来是合乎农民需要的变革进程，人为地加速，助长了超越客观实际的"左"的倾向。①

1956 年 1 月底，入社的农户已占总农户的 80%。到 3 月底，入社农户的比例已达将近 90%。4 月底，中央宣布"全国基本实现农业合作化"。到 1956 年底，全国 96% 的农户入了社，加入高级社的农户高达 87%。

党和政府对个体手工业的社会主义改造，主要针对从事小商品生产的个体手工业，同时也包括了一部分依附于农业自然经济的手工业。在方针上是"统筹兼顾，全面安排，积极领导，稳步前进"，对个体手工业者进行耐心的说服教育，通过典型示范和国家帮助，引导他们在自愿的基础上联合起来。在组织形式上，由带有社会主义因素的手工业生产小组，过渡到半社会主义性质的供销合作社，再发展到社会主义性质的生产合作社，逐步改变手工业的生产关系。在方法步骤上，采取从供销合作入手，再组织生产合作，由小到大，由低级到高级，逐步地把手工业的私有制改变为集体所有制。到 1956 年底，对手工业的社会主义改造基本完成。

（3）对资本主义工商业的社会主义改造

党和政府对资本主义工商业的社会主义改造，是通过国家资本主义的途径，用和平赎买的方式，把以剥削工人为基础的资本主义私人所有制逐步地改造为社会主义的全民所有制。

---

① 逄先知、金冲及主编：《毛泽东传(1949—1976)》(上)，中央文献出版社 2003 年版，第 413 页。

1953 年春，中央统战部部长李维汉率调查组到民族工商业比较集中的武汉、南京、上海等地进行调查。在此基础上，于 5 月向中央提交了《资本主义工业中的公私关系问题》的调查报告。报告中提出，国家资本主义是我们利用和限制工业资本主义的主要形式，是我们改造资本主义工业使它逐步过渡到社会主义的主要形式。6 月，中共中央政治局两次召开扩大会议，讨论这个报告，确定经过国家资本主义改造资本主义工业的方针，随后决定对资本主义商业也采取国家资本主义的方针。

1954 年 1 月，中央财政经济委员会提出《关于有步骤地将有十个工人以上的资本主义工业基本上改造为公私合营企业的意见》，确定把公私合营作为改造私营工业的重点。开始时，主要是个别企业的公私合营。在这种合营企业中，企业利润采取"四马分肥"的办法，即分为国家所得税、企业公积金、工人福利费、股金红利四个部分。后来，个别企业的公私合营发展为全行业的公私合营。这时，国家对资本家原有的生产资料进行清理估价，以核实私股股额；在合营期间，每年发给资本家 5% 的股息。

1956 年 1 月 15 日，北京市首先在全市范围内完成全行业公私合营。北京市工商联主任委员乐松生代表北京市全体工商业者向毛泽东写信表示：我们全市工商业者要把自己的命运与祖国的社会主义道路紧密结合起来，贡献自己一切力量，积极地参加祖国的社会主义建设，要逐步地放弃剥削，把自己改造成为一个自食其力的劳动者。

北京实行全行业公私合营的消息，很快传遍大江南北。沈阳市天益堂经理张士毅兴奋地讲：如今我看清了自己的前途，只要自己努力，就可以成为一个光荣的自食其力的劳动人民！许多工商业者也表达了他们共同的愿望，要像北京那样，越早越好地全面实行公私合营。甚至有的还召开家庭会议，商量提前走社会主义道路。在这种氛围的影响下，全国对资本主义工商业的改造达到高潮。1 月 20 日，上海市批准全市 205 个行业的 10.63 万户私营工商业实行公私合营。当天，市工商联主委盛丕华挥毫写下一首诗，题为《一月二十日纪盛》："二千代表递申请，十万企业尽合营，街街巷巷飘红旗，家家户户贴双喜。"当月底，天津、西安、沈阳、重庆、广州、成都、兰州、长春、太原、保定、长沙、南京、南昌、合肥、武汉、杭州、济南、哈尔滨、郑州、昆明、乌鲁木齐等全国 50 多个大中城市，都完成了私营工商业的公私合营工作。

在对资本主义工商业进行改造的过程中，资本家中的进步分子和大多数人在接受改造方面起到了有益的配合作用。上海资本家刘鸿生在家庭会议上明确表示："我们要靠拢共产党，要走社会主义道路，我已下定决心要我们所有企业争取第一个申请公私合营。我要用实际行动拥护共产党。"他在合营申请书中写道："我们在学习过渡时期总任务的各项文件和首长们的报告中，深深感到私营工商业者在过渡时期，唯有迎接社会主义社会的早日实现，才能使广大人民包括我们工商业者在内，过更幸福愉快的生活。"[①]

荣毅仁在被问到为什么选择社会主义道路时，他说：解放前夕，我们一家对于共产党的到来是感到惶恐的。我们几个兄弟中，有的跑到泰国去办工厂，有的躲到香港去了。我的父亲因为恨透了帝国主义和国民党，坚决不愿离开祖国。我也不愿做白华，和他一道留下来了。解放后六年来，国家强盛了，这是每一个从旧中国过来的中国人最感到骄傲的。荣毅仁还指着他的孩子们说：他们有的要做音乐家，有的要做工程师。他们的前途，用不着我拿钱去买。谁都认识到只有实行社会主义，走人人富裕的道路，中国才能够强盛繁荣。

---

① 《中国资本主义工商业的社会主义改造》（上海卷下），中共党史出版社 1993 年版，第 1184 页。

当然，尽管许多资本家参加了公私合营，但他们的心情是比较复杂的。有人说，当时的资本家是白天敲锣打鼓，晚上回家抱头痛哭。资本家一方面接受和平改造，另一方面也感到无奈和痛苦。这一点是可以理解的。

链接："红色资本家"荣毅仁

荣毅仁，1916年5月生，江苏无锡人。伯父荣宗敬、父亲荣德生是旧中国最大的民族资本家。1915年荣氏兄弟创办申新纺织公司，被称为"棉纱大王"。荣毅仁1937年毕业于上海圣约翰大学历史系。1954年5月，他响应党和政府号召，提出对申新纺织公司等荣氏企业实行公私合营，在完成对资本主义工商业的社会主义改造中起了带头作用，为新中国的工业振兴作出了重要贡献。1957年被陈毅副总理誉为"红色资本家"。1985年7月1日，加入中国共产党。曾任中华人民共和国副主席，第六、七届全国人民代表大会常务委员会副委员长、中国人民政治协商会议第五届全国委员会副主席、中华全国工商业联合会主席，中国国际信托投资公司董事长。2005年10月26日因病在北京逝世，享年89岁。

三、社会主义制度在中国的确立

历史性地完成生产资料私有制的社会主义改造，使我国的社会经济结构发生了根本变化，社会主义公有制经济已占绝对优势。据统计，1956年国民经济总收入同1952年相比，国营经济的比重由19.1%上升到32.2%，合作社经济由1.5%上升到53.4%，公私合营经济由0.7%上升到7.3%，资本主义经济则由6.9%下降到0.1%以下，个体经济由71.8%下降到7.1%。在工业总产值中，社会主义工业由56%上升到67.5%，国家资本主义工业由26.9%上升到32.5%，资本主义工业由17.1%下降到接近于零。社会经济结构的显著变化表明，

参加第一届全国人民代表大会第一次会议的代表进入会场

几千年来以生产资料私有制为基础的剥削制度已经基本上被消灭，以生产资料公有制和按劳分配为基本特征的社会主义经济制度已经基本上建立起来。

在社会主义经济基础基本建立的同时，我国的政治领域也发生了重大变化。经过充分的准备，1954 年 9 月 15 日，第一届全国人民代表大会第一次会议在北京隆重举行。9 月 20 日，第一部《中华人民共和国宪法》以全票获得通过。历经艰辛的中国人民，终于有了一部代表自己利益的、体现民主原则和社会主义原则的宪法。宪法的制定标志着中国进入了有系统的法制建设新阶段。9 月 28 日，一届全国人大一次会议圆满完成它所担负的各项任务，胜利闭幕。

第一届全国人民代表大会的召开，标志着人民代表大会制度作为中华人民共和国的根本政治制度正式确立。我们国家有很多制度，如婚姻制度、税收制度、司法制度、军制、学制等等，但这些制度都只能表现我们政治生活的某一个方面，只有人民代表会议或人民代表大会制度才体现出我们政治生活的全局性和根本性，因而成为我们国家的根本政治制度。

民族区域自治制度进一步发展。1949 年人民政协筹备期间，毛泽东就是否实行联邦制的问题征求李维汉的意见。李维汉在研究之后，认为我国同苏联国情不同，不宜实行联邦制。采用单一制的国家结构形式，更加符合中国的实际，在统一的国家内实行民族区域自治，更有利于民族平等原则的实现。同年 9 月，中国人民政治协商会议通过的具有临时宪法性质的《中国人民政治协商会议共同纲领》中，专章阐述了新中国的民族政策，并明确把民族区域自治定为一项基本国策。1952 年 2 月 22 日，政务院第 125 次政务会议通过了《中华人民共和国民族区域自治实施纲要》，详细规定了自治区域的民族构成、区域界线、行政地位、自治机关、自治权利、内部关系和上下关系等问题的处理原则。1954 年 9 月，民族区域自治制度载入了《中华人民共和国宪法》。民族区域自治制度在少数民族聚居的地方全面推行。到 1956 年 9 月，全国

1956 年 4 月 22 日，拉萨各族市民庆祝西藏自治区筹备委员会成立

已建立内蒙古和新疆维吾尔两个自治区、27 个自治州和 43 个自治县，后来又成立了广西壮族、宁夏回族和西藏三个自治区。

中国共产党领导的多党合作和政治协商制度不断完善。随着社会主义改造的不断深入，各民主党派赖以存在的阶级基础发生了根本变化，不少人因此认为民主党派的历史任务基本结束，民主党派已经可有可无了。针对这种情况，毛泽东在《论十大关系》的讲话中明确指出："究竟是一个党好，还是几个党好？现在看来，恐怕是几个党好。不但过去如此，而且将来也可以如此，就是长期共存，互相监督。"还要注意的是，"一切善意地向我们提意见的民主人士，我们都要团结"，"这对党，对人民，对社会主义比较有利"。[①]1956 年 9 月 15 日，中国共产党第八次全国代表大会在北京召开。刘少奇在报告中正式宣布以"长期共存，互相监督"作为共产党同民主党派关系的基本方针。

四、社会主义改造的历史评价

对于社会主义改造问题的评价，社会上存在认识上的分歧。肯定者认为，社会主义改造是中国几千年来最伟大、最深刻的社会变革。否定者则认为，社会主义改造根本不是搞早还是搞晚、搞快还是搞慢、形式多样还是简单划一的问题，而是该不该搞、要不要搞的问题，是有没有积极意义的问题。更有甚者认为，现在的社会主义初级阶段，实际上就是当年新民主主义的回归，"早知今日，何必当初"。澄清社会上对社会主义改造的误读和质疑，科学准确地评价社会主义改造，对于坚持和发展中国特色社会主义具有重大意义。

第一，过渡时期总路线的提出，反映了当时中国社会发展的客观需要，是历史发展的必然。

---

① 《毛泽东文集》第 7 卷，人民出版社 1999 年版，第 34、35 页。

首先，实现社会主义工业化是国家独立和富强的必要条件，是整个国民经济实行社会主义改造的物质基础。只有实现了国家的社会主义工业化，才能促进农业和交通运输业的现代化，才能建立和巩固现代化的国防，才能逐步改善人民的物质文化生活，创造社会主义在我国完全胜利的前提。进行社会主义改造是实现国家工业化的迫切需要。

其次，国民经济恢复时期，党对民族资本主义严格执行了利用和限制的政策，在同资本主义经济反抗国家限制的不法行为作斗争以及调整工商业的过程中，创造了加工订货、经销代销、统购包销、公私合营等一系列从低级到高级的国家资本主义形式，从而在利用和限制资本主义工商业的同时，加强了它们同社会主义国营经济之间的联系，引起它们在生产关系上发生不同程度的变化。

再次，农民分得土地后，为了解决分散经营的困难，使分散、脆弱的农业个体经济满足工业化对粮食及其他原料作物迅速增长的需要，并避免两极分化，党大力开展了各种形式的农业互助合作运动。这为对个体农业进行社会主义改造积累了丰富经验。

此外，新中国处于"一边倒"的国际环境和抗美援朝战争的胜利，为党提出向社会主义过渡的总路线提供了契机。

过渡时期总路线提出后，得到了广大人民群众的广泛理解和拥护。有的资本家形容党的社会主义改造方针是"同登彼岸、花团锦簇"；有的农民则说："学习了总路线，才明白了互助合作的好处。""以前光知道社会主义，不知怎样去，学了总路线，知道怎样去了。"

第二，社会主义改造的完成，开启了党领导人民在社会主义道路上实现中华民族伟大复兴的新征程。

在社会主义改造时期，社会主义工业化的基础已经初步奠定。中国过去没有的一些工业，包括飞机、汽车、发电设备、重型机器、新式机床、精密仪表、电解铝、无缝钢管、合金钢、塑料、无线电等，从无到有地建设起来，从而改变了我国工业残缺不全的状况，增加了基础工业实力。社会主义公有制经济的建立，人民代表大会制度、民族区域自治制度、共产党领导的多党合作和政治协商制度等政治制度的建立和完善，以宪法为根本的法律体系的发展，表明社会主义制度在中国确立起来，成功实现了中国历史上最深刻最伟大的社会变革，为推进中国的工业化、现代化事业奠定了基础。

当然，社会主义改造的过程中也有缺点和偏差。党的十一届六中全会通过的《关于建国以来党的若干历史问题的决议》指出："在一九五五年夏季以后，农业合作化以及对手工业和个体商业的改造要求过急，工作过粗，改变过快，形式也过于简单划一，以致遗留了一些问题。一九五六年资本主义工商业改造基本完成以后，对于一部分原工商业者的使用和处理也不很适当。"[①]但瑕不掩瑜，从全局来看，在一个几亿人口的大国

我国试制的解放牌汽车出厂报喜时，第一汽车制造厂的职工夹道欢庆

[①]　中共中央文献研究室:《关于建国以来党的若干历史问题的决议（注释本）》（修订），人民出版社 1983 年版，第 18 页。

中比较顺利地实现了如此复杂、困难和深刻的社会变革，促进了工农业和整个国民经济的发展，这的确是伟大的历史性胜利。

第三，从新民主主义向社会主义转变时期与社会主义初级阶段时期既有联系又有根本区别。

从新民主主义向社会主义转变时期的探索为后来的社会发展奠定了理论、物质和制度基础。没有社会主义改造的完成，就没有社会主义制度的基本确立。社会主义初级阶段是对过去探索的经验教训的再认识和再提升，是面对新形势的创新和发展。可以说，过渡时期与社会主义初级阶段的区别是比较明显的。

从社会性质来看，新民主主义社会不是一个独立的社会形态，而是由新民主主义转变到社会主义的过渡性的社会。社会主义初级阶段是指我国在生产力落后、商品经济不发达条件下建设社会主义必然要经历的特定阶段，是无法逾越的一个历史阶段。尽管是不发达的阶段，但其性质是社会主义社会。

从社会主要矛盾来看，新中国成立到1952年国民经济恢复时期的主要矛盾是解决民主革命遗留下来的问题，争取国家财政经济状况的根本好转；1952年到1956年底，工人阶级同资产阶级的矛盾上升为国内主要矛盾。社会主义初级阶段的主要矛盾是人民日益增长的物质文化需要同落后的社会生产之间的矛盾。中国特色社会主义进入新时代，我国社会主要矛盾已经转化为人民日益增长的美好生活需要和不平衡不充分的发展之间的矛盾。中国社会主要矛盾的变化，没有改变对中国社会主义所处历史阶段的判断，中国仍处于并将长期处于社会主义初级阶段的基本国情没有变。

从阶级（阶层）状况看，前一个阶段社会阶级（阶层）主要包括地主（土地改革后消失）、工人、农民、城市小资产阶级、民族资产阶级、知识分子等。后一个阶段社会阶级（阶层）包括工人、农民、知识分子、新的社会阶层等。

从经济体制看，在新民主主义社会中，无论在城市还是在农村，公有制经济都没有占主体地位，在广大农村中尤其如此。社会主义初级阶段，公有制经济不仅有数的优势，还有质的提高。

总之，社会主义初级阶段绝不是向新民主主义的"回归"，它是对前一个时期的坚持和发展。

小　结

　　无论从中华民族历史长河来看，或是从世界范围的眼光来看，社会主义改造的完成，实现了中国历史上最广泛最深刻的社会变革，这是事情的主流和本质。社会主义制度在中国的确立，使全国各项工作得以在一个新的制度基础上前进，离开这个起点，就没有当代中国的发展进步。中华民族伟大复兴的中国梦只能在社会主义道路上实现。当然在社会主义改造的过程中，也存在着工作过粗、改变过快、形式过于简单划一等问题，这不能不说是一个历史的教训。经验是财富，教训也是财富。社会主义改革不是对社会主义改造的根本否定，也不是要回到改革前的状态，而是对生产关系和上层建筑不适应生产力发展要求的部分进行调整和改革，是社会主义制度的自我完善和发展。

第十章 艰辛探索

——如何看待建设道路上的复杂性和曲折性？

1956 年社会主义改造基本完成后，中国开始进入全面建设社会主义的时期。在中国这样一个生产力落后、人口众多的东方大国进行社会主义现代化建设，是一项前无古人的全新事业，只能在探索中前进。中国共产党领导全国各族人民在探索进程中取得了巨大成就，也出现过严重失误，付出了惨痛代价。如何分析失误的原因，如何总结失误的教训，是研究社会主义建设时期的历史必须回答的课题。总结反思这段峥嵘岁月，辩证地分析社会主义建设道路探索中的复杂性和曲折性，有助于我们更好地把握社会主义社会的发展规律。

一、探索适合国情的建设道路

实现国家的工业化，完成从农业国向工业国的历史性跨越，是全党全国人民执着追求的目标。经过全国人民的努力奋斗，到 1956 年上半年，"一五"计划取得了很大成就，主要经济指标基本完成。但由于缺乏建设经验，"一五"计划在执行过程中，特别是在建立现代工业、基本建设、计划管理、物资分配等方面基本上照搬了苏联的做法，出现了一些问题，如基本建设规模过大，职工增加过多，信贷增长过快，财政收支、物资供需和银行信贷失去平衡，造成市场紧张、物资短缺，引起了人民群众的不满。

对于照搬苏联的建设经验，毛泽东曾这样感慨地说："解放后，三年恢复时期，对搞建设，我们是懵懵懂懂的。接着搞第一个五年计划，对建设还是懵懵懂懂的，只能基本上照抄苏联的办法，但总觉得不满意，心情不舒畅。"[1]毛泽东在思考，如何才能找到一条符合国情的社会主义建设道路呢？

毛泽东采取听汇报的方式进行调查研究工作。在听汇报的过程中，他逐渐形成了随后发表的《论十大关系》讲话的基本思想。毛泽东后来

链接：毛泽东用 43 天听汇报

1956 年 2 月 14 日是一个值得纪念的日子。从这天开始，毛泽东用了 43 天的时间，在中南海颐年堂听取了国务院 34 个部门的工作汇报，以及国家计委关于第二个五年计划的汇报。听汇报的还有周恩来、彭真、薄一波等，刘少奇、陈云、邓小平有时参加。毛泽东听汇报有这样几个特点：一是不喜欢照本宣科。有一次，听一位部长汇报，毛泽东紧皱眉头，忽然抬起头来说："你们这些条条，一定是从许多具体材料中得出来的，应把具体问题写清楚。""要请我的客，又不给我肉吃，是不是自己要留一手！"[2]二是他不只是听，而是一边听，一边不断插话，提出问题、发表意见，加以评论。三是在听的过程中善于归纳、总结。在听汇报的日子里，毛泽东表现出惊人的毅力和工作精神。他经常是从每天早晨 9 点 40 分开始听汇报，一直到下午。下午处理完党政事务后，到晚上 19 点 10 分继续听汇报，一直到 22 时 10 分才结束，然后研究这些汇报材料，继续工作到深夜。对于毛泽东的这段经历，薄一波曾这样回忆："在听汇报的那些日子里，毛主席十分疲劳。有次听完汇报，他带着疲乏的神情，说他现在每天是'床上地下、地下床上'，起床就听汇报，穿插着处理日常工作，听完汇报就上床休息。情况确实是这样。"[3]

---

① 《毛泽东文集》第 8 卷，人民出版社 1999 年版，第 117 页。

② 薄一波：《若干重大决策与事件的回顾》上卷，中共中央党校出版社 1991 年版，第 470 页。

③ 薄一波：《若干重大决策与事件的回顾》上卷，中共中央党校出版社 1991 年版，第 469 页。

回忆说:"那个十大关系怎么出来的呢? 我在北京经过一个半月,每天谈一个部,找了三十四个部的同志谈话,逐渐形成了那个十条。如果没有那些人谈话,那个十大关系怎么会形成呢? 不可能形成。"①

恰在此时,国际上发生了一件令世人震惊的大事件。1956年2月14日至26日,苏共第二十次全国代表大会在莫斯科召开,中国等55个国家的共产党、工人党代表团列席了会议。就在大会闭幕前一天深夜,在没有邀请外国共产党代表团参加的情况下,苏共中央第一书记赫鲁晓夫用长达4个半小时的时间作了题为《关于个人崇拜及其后果》的秘密报告,尖锐地批判了斯大林在领导苏联社会主义建设中所犯的一些重大错误,揭露了个人崇拜所造成的严重后果,触及了当时苏联党和国家政治生活中一些重大矛盾。赫鲁晓夫的秘密报告,被美国抢先发表,犹如抛出一枚重磅炸弹,严重损害了社会主义的形象,在苏联国内、东欧等社会主义国家以及整个世界引起极大震动。

3月12日至4月4日,中共中央连续举行高层会议,集中讨论斯大林问题。3月16日,毛泽东主持中共中央书记处会议,对赫鲁晓夫的秘密报告及其影响进行讨论。毛泽东在会上指出:"赫鲁晓夫反斯大林的秘密报告,一是揭开盖子,这是好的,二是捅了娄子,全世界都震动。揭开盖子,表明斯大林及苏联的种种做法不是没有错误的,各国党可根据各自的情况办事,不要再迷信了。捅了娄子,搞突然袭击,不仅各国党没有思想准备,苏联党也没有思想准备。这么大的事情,这么重要的国际人物,不同各国党商量是不对的。"②3月24日,他又在中央政治局扩大会议上说:"赫鲁晓夫大反斯大林,这样也有好处,打破'紧箍咒',破除迷信,帮助我们考虑问题。搞社会主义建设不一定完全按照苏联那一

---

① 中共中央文献研究室编:《毛泽东传》,中央文献出版社2011年版,第1433页。

② 吴冷西:《十年论战:(1956—1966)中苏关系回忆录》上,中央文献出版社1999年版,第6页。

套公式，可以根据本国的具体情况，提出适合本国国情的方针、政策。"①

那些日子，毛泽东一边思考"以苏为鉴，走中国自己的社会主义道路"问题，一边继续听取各部门的汇报。毛泽东从汇报中获得了大量来自实际工作部门的信息，一些重要思想在他的头脑中逐渐形成了。

4月25日，毛泽东主持中共中央政治局扩大会议，作了《论十大关系》的重要讲话。随后又在5月2日的最高国务会议上作了进一步阐述。《论十大关系》系统分析和阐述了社会主义建设中需要正确处理的十大关系，即：重工业和轻工业、农业的关系；沿海工业和内地工业的关系；经济建设和国防建设的关系；国家、生产单位和生产者个人的关系；中央和地方的关系；汉族和少数民族的关系；党和非党的关系；革命和反革命的关系；是非关系；中国和外国的关系。这十大关系，经济问题占主要部分，同时也包括同经济建设密切相关的国家政治生活中的一些重大问题。其中，一以贯之的基本思想，就是要以苏为鉴，从中国的实际出发探索一条社会主义建设的新路。这篇讲话还明确了一个基本方针，就是"要把国内外一切积极因素调动起来，为社会主义事业服务"②。这个基本方针，也是建设社会主义的指导思想。

《论十大关系》是中国共产党探索适合中国国情的社会主义建设道路的重大理论成果，为随后召开的中共八大做了思想理论准备。若干年后，邓小平对《论十大关系》这样评价："这篇东西太重要了，对当前和以后，都有很大的针对性和理论指导意义，对国际（特别是第三世界）的作用也大。"③

---

① 吴冷西：《十年论战：（1956—1966）中苏关系回忆录》上，中央文献出版社1999年版，第14—15页。

② 《毛泽东文集》第7卷，人民出版社1999年版，第23页。

③ 中共中央文献研究室编：《邓小平年谱（1975—1997）》上，中央文献出版社2004年版，第68页。

1956 年 9 月召开的中共八大是探索我国社会主义建设道路的一个重要里程碑。中共八大提出了社会主义改造完成后国内主要矛盾和主要任务的新变化。大会指出，国内的主要矛盾，已经是人民对于建立先进的工业国的要求同落后的农业国的现实之间的矛盾，已经是人民对于经济文化迅速发展的需要同当前经济文化不能满足人民需要的状况之间的矛盾。党和人民当前的主要任务，是集中力量来解决这个矛盾，把我国尽快地从落后的农业国变为先进的工业国。

中共八大提出了一系列重要决策：制定了既反保守又反冒进、在综合平衡中稳步前进的经济建设方针；提出了探索建立中国社会主义行政管理和经济体制的初步构想；强调扩大人民民主，建立健全社会主义法制；把"百花齐放、百家争鸣"确立为繁荣科学和文化艺术工作的指导方针；明确以和平共处五项原则为基础的外交政策；提出了执政党建设的若干思想。

中共八大制定的路线是正确并富有创造性的，标志着中国共产党在探索适合我国国情的社会主义建设道路上迈出了重要一步。

1956 年是个多事之秋。国际上，苏共二十大之后，相继发生了波兰事件和匈牙利事件。是年 6 月，波兰西部重要工业城市波兹南工人因对生活状况不满，要求增加工资等上街游行，与警察发生冲突，造成流血事件。10 月至 11 月，匈牙利布达佩斯等地发生了罢工、游行示威和骚动。波匈事件的发生，使得社会主义社会的一些矛盾进一步暴露出来。在中国，因受苏共二十大和波匈事件的影响，加之实际工作中存在的官僚主义和强迫命令，以及经济工作冒进带来的一系列问题，也出现了社会不稳定局面。1956 年下半年，一些地区出现了工人罢工、学生罢课、农民退社等情况。知识分子也对党政工作中的缺点以及干部作风等问题提出批评和议论。面对这些矛盾和问题，一些党员和干部缺乏思想准备，或束手无策，或习惯于把一些闹事问题作为敌我矛盾来处理，企图采取简单粗暴的办法进行压制。

在此情形下，如何正确认识和处理社会主义社会的矛盾，就成为党面临的一个重大课题。经过一段时间的思考、酝酿，1957年2月27日，毛泽东在扩大的最高国务会议上发表了《关于正确处理人民内部矛盾的问题》的讲话。这篇讲话经过整理和反复修改，于同年6月19日在《人民日报》公开发表。

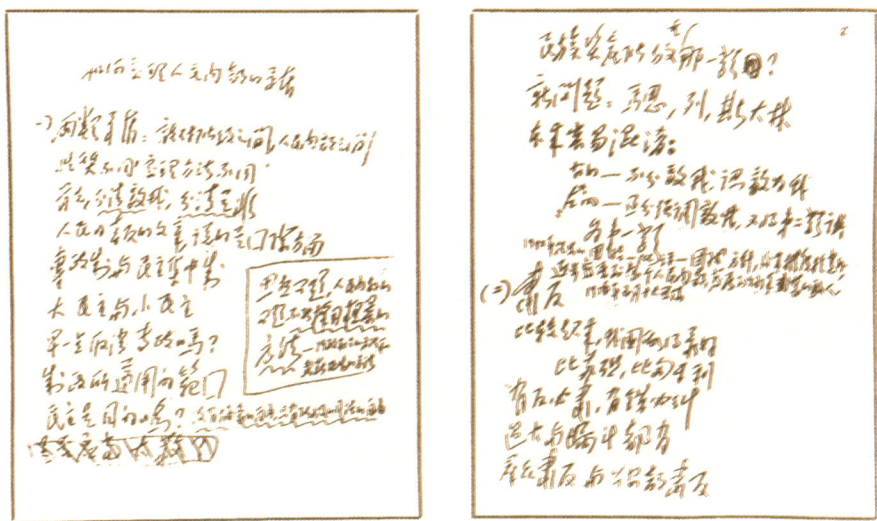

毛泽东《关于正确处理人民内部矛盾的问题》讲话提纲的两页手稿

毛泽东在讲话中科学分析了社会主义社会的基本矛盾，指出："在社会主义社会中，基本的矛盾仍然是生产关系和生产力之间的矛盾，上层建筑和经济基础之间的矛盾。"[1]但是社会主义社会的这些矛盾和旧社会的情况是不同的，它不是对抗性矛盾，可以通过社会主义制度本身的调节得到解决，而不需根本改变社会制度。

---

[1] 《毛泽东文集》第7卷，人民出版社1999年版，第214页。

毛泽东提出了正确区分和处理敌我和人民内部两类矛盾的学说。他指出，社会主义社会存在着两类社会矛盾，即敌我矛盾和人民内部矛盾。敌我矛盾是对抗性的矛盾。人民内部的矛盾，是在人民利益根本一致的基础上的矛盾，是非对抗性的矛盾。矛盾的性质不同，解决的方法也不同。敌我矛盾要分清敌我，需要用强制、专政的方法去解决；人民内部矛盾要分清是非，需要用"团结—批评—团结"的方法去解决，也就是用民主的、说服教育的方法，批评和自我批评的方法去解决。

毛泽东在文章中强调，在社会主义制度已经确立的情况下，正确处理人民内部矛盾是我国政治生活中的主题。"任何矛盾不但应当解决，也是完全可以解决的。我们的方针是统筹兼顾、适当安排"①，以调动一切积极因素，团结一切可以团结的人，并且尽可能地将消极因素转变为积极因素，为社会主义建设服务。

《关于正确处理人民内部矛盾的问题》第一次系统地阐述了社会主义社会矛盾学说，并把正确处理人民内部矛盾作为国家政治生活的主题，为科学认识社会主义社会发展规律奠定了理论基础，进一步丰富和发展了中共八大路线。

可以看出，中国共产党对社会主义建设道路的探索，起步是良好的，取得了多方面的积极成果。"一五"计划进展顺利，各地频传喜报。据当时的第一机械工业部调查，"一五"时期的大中型项目，建成后平均3年半就能收回投资。而同期的美国需要4年，苏联需要5年。全国工业总产值的年均增长率达到18%，农业生产年均增长率也达到4.5%。这些成就的取得，是中国共产党努力探索适合中国社会主义建设道路的结晶，更是人民群众信心百倍地建设社会主义的伟大成果。

---

① 《毛泽东文集》第7卷，人民出版社1999年版，第228页。

二、前进道路上的挫折

对社会主义建设道路进行探索，是一个异常艰辛的过程。由于对国内形势的错误估计以及诸多因素的影响，中国共产党在探索社会主义建设道路的进程中发生了失误，遭遇了严重的挫折。

1958 年是新中国历史上一个极不寻常的年份。这一年，党的八大二次会议提出了社会主义建设总路线，随后掀起了"大跃进"和人民公社化运动。总路线、"大跃进"、人民公社，后来被人们称为"三面红旗"。

社会主义建设总路线的提出，与党和毛泽东对国内外形势的估计有关。新中国成立后，国家各项建设取得了令人瞩目的成就。生产关系的急剧变革不仅没有造成生产力的破坏，而且总体来说保证和促进了生产力的发展，群众的生产积极性得到了提高。"一五"计划提前超额完成，为工业化奠定了初步基础。这坚定了毛泽东关于中国经济可以迅速发展的信念。1957 年 11 月 2 日，毛泽东率领中国代表团赴莫斯科参加十月革命 40 周年的庆祝大会。11 月 6 日，赫鲁晓夫在大会讲话中公开提出，苏联在最近的 15 年内不仅可以赶上，并且能够超过美国目前的重要产品的产出量。随即，毛泽东在大会发言中从两大阵营较量出发，提出中国 15 年可以赶上甚至超过英国的设想。

其实，早在 1955 年 10 月党的七届六中全会上，毛泽东就提出 10 年至 15 年以后的任务，是进一步发展生产力，准备以 8 个至 10 个五年计划在经济上赶上并超过美国。而这次莫斯科会议，毛泽东在事先征得在京其他中央领导人的同意后，将赶超英美的时间表大大提前了。为什么会提前？据胡乔木后来回忆：苏联的人造卫星上天，毛泽东确实感到胜利在社会主义一边，提出"东风压倒西风""超英赶美"的口号。特别是他相信中国党领导经济建设，能够有更快的发展。整风中工人贴了很多大字报，毛泽东在上海看了几个工厂的大字报，感到群众发动起来了，群众中蕴藏着很大的积极性。这些都为"大跃进"的提出打下了基础。正是在这种心理的驱动下，毛泽东多次批评反冒进的做法，提议恢复"多快好省"的口号。

根据毛泽东的提议，刘少奇在1958年5月党的八大二次会议上正式宣布"鼓足干劲，力争上游，多快好省地建设社会主义"的总路线。会议还号召全党和全国人民，认真贯彻和执行社会主义建设总路线，争取在15年或更短的时间内，在主要工业产品产量方面10年内超过英国、15年内赶上美国。会后，全国各条战线迅速掀起"大跃进"高潮。

"大跃进"运动的一个重要特征，是片面追求建设的高速度、高指标。在"一天等于二十年"口号的感染下，各地不断修改计划指标。如在农业方面，提出"以粮为纲"的口号，要求五年、三年甚至一两年达到十二年农业发展纲要规定的粮食产量指标。随即，各地兴起虚报粮食产量、竞放高产"卫星"的浪潮。如河北省徐水县放了一亩地产山药120万斤、小麦12万斤、皮棉5000斤等高产"卫星"。1958年8月，毛泽东到徐水视察，听了汇报后大加赞许，从此，徐水县这个名字响遍全国，一时成为"大跃进"的明星。

为实现钢铁卫星升天，1958年8月的中央政治局北戴河会议，确定了1958年生产1070万吨钢的目标。为了完成这个目标，全国掀起了全民大炼钢铁运动。工厂、公社、机关、学校、部队都建起了土高炉，办起了炼铁厂，小土焦炉到处都有。焦炭不足，人们就上山砍伐森林，掘地挖煤，一座座青山变成秃山。铁矿石不足，很多人把家里做饭的菜刀、铲子、铁锅等金属捐出来，放进炉子里炼。经过努力，尽管到1958年底超额完成了钢产量1070万吨的目标，但在1108万吨钢中，合格的好钢只有800万吨。由于大炼钢铁，不少地方矿产资源遭到严重破坏，森林被破坏，大量铁锅铁器被砸烂，可谓劳民伤财。

江苏省江阴县马镇人民公社的高炉群

　　随着"大跃进"运动的不断升温，1958年下半年，在全国农村又出现了大办人民公社的热潮。

　　"人民公社"最突出的特点是"一大二公"，实际上是搞"一平二调"，即：在公社范围内实行贫富拉平的平均分配；上级政府和人民公社无偿征用生产队的土地，调用物资和劳动力，甚至直接调用社员的房屋、农具和家具。同时大力推行"组织军事化、行动战斗化、生活集体化"的劳动组织方式和生活方式。可见，人民公社制度初创时带有浓厚的平均主义和军事共产主义色彩。

　　人民公社运动的实质是试图在生产力不发达的基础上建立一个平等、平均、公平合理的社会。但无情的事实很快证明，人民公社并没有把人民引入共产主义"天堂"，相反却造成对农民利益的损害，严重影响了农村生产力的发展。

高举"三面红旗"的初衷，本是希望以最快的建设速度尽快改变贫穷落后的面貌，使中国真正发展强大起来，以自立于世界民族之林，不再受帝国主义欺侮。这也是当时每一个中国人的梦想。但是为什么这样一个美好的愿望，最终却事与愿违，失误到底在哪里？概括而言，一方面是由于中国共产党对社会主义建设的客观规律还缺乏认识，对社会主义建设的长期性和艰巨性思想准备不足，对社会主义建设的经验不足，导致脱离实际、违背规律、超越阶段的问题不时出现。另一方面，由于毛泽东、中央和地方不少领导同志在胜利面前滋长了骄傲自满情绪，急于求成，夸大了主观意志和主观努力的作用，没有经过认真的调查研究和试点，就在总路线提出后轻率地发动了"大跃进"和农村人民公社化运动，结果因脱离了中国社会生产力发展水平，违背了经济和社会发展规律，对社会生产力造成了极大破坏，给国家和人民带来了重大损失。

毛泽东在 1958 年秋冬间已经觉察到了"大跃进"和农村人民公社化运动中出现的问题，并着手进行调整和纠偏。从 1958 年 11 月至1959 年 7 月，毛泽东和党中央连续召开郑州会议、武昌会议、八届六中全会、第二次郑州会议、上海会议以及八届七中全会，重点讨论高指标和人民公社化运动中出现的问题，并取得了积极成果。会议强调要划分集体所有制和全民所有制、社会主义和共产主义的界限，国民经济应当有计划按比例发展，要发展社会主义的商品生产和商品交换，等等。这些思想，对抑制"共产风"、高指标、浮夸风等错误起了重要作用。但是，由于这些纠"左"会议是在完全肯定"三面红旗"的前提下进行的，因而"左"倾错误没有得到彻底纠正，形势没有根本好转。1959 年庐山会议后期，由于错误地发动了对彭德怀等人的批判，致使纠"左"进程中断，全党范围内开始了一场"反右倾"的斗争，使一大批敢于讲真话、敢于反映实际情况和敢于提出批评意见的人受到打击。

随着纠"左"进程的中断，新的跃进高潮和"共产风"等"左"倾错误再度泛滥，加上自然灾害和苏联背信弃义地撕毁合同，我国国民经济在 1959 年到 1961 年发生严重困难，国家和人民遭到巨大损失。

面对严峻的经济形势，中共中央自 1960 年冬开始继续纠正工作中的"左"倾错误，并对政策进行调整。经过两年的努力，到 1963 年出现了全面好转。农业总产值增长 11.6%，工业总产值增长 8.5%，财政收支平衡，且略有节余，人民生活有了较大改善。然而，由于党在指导思想上的"左"倾错误并没有从根本上纠正，"左"的错误继续发展。

1966 年，正当我国国民经济调整任务基本完成、即将进入一个新的发展时期之际，"文化大革命"爆发了。"文化大革命"的发生，与毛泽东对什么是社会主义的认识和对国内形势的错误估计密切相关。

当时，中国共产党对"什么是社会主义、怎样建设社会主义"这个问题还没有完全搞清楚，对国内形势和调整政策产生了一些不同的认识。毛泽东对当时我国的阶级斗争及党和国家的政治状况作了严重错误的估计，把调整中出现的一些事物当成资本主义，把党内与他不同的意见视为修正主义，认为在社会主义社会阶级斗争日益严峻的形势下，过去的各种斗争都不能解决问题，只有采取"文化大革命"这种形式，由下而上地发动广大群众，才能揭露党和国家生活中的阴暗面，把被"走资派"篡夺了的权力夺回来，以此来"避免出修正主义"，"防止资本主义复辟"。这正如邓小平所言，"搞'文化大革命'，就毛主席本身的愿望来说，是出于避免资本主义复辟的考虑，但对中国本身的实际情况作了错误的估计。首先把革命的对象搞错了，导致了抓所谓'党内走资本主义道路的当权派'。这样打击了原来在革命中有建树的、有实际经验的各级领导干部，其中包括刘少奇同志在内。"①

"文化大革命"从 1966 年 5 月中央政治局通过《五一六通知》开

---

① 《邓小平文选》第 2 卷，人民出版社 1994 年版，第 346 页。

始，到 1976 年 10 月粉碎江青反革命集团结束，历经十年。"文化大革命"的历史已经证明，毛泽东发动"文化大革命"的主要论点既不符合马克思列宁主义，也不符合中国实际。这些论点对当时我国阶级形势以及党和国家政治状况的估计，是完全错误的。"文化大革命"所打倒的"走资派"，是党和国家各级组织中的领导干部，即社会主义事业的骨干力量。"文化大革命"不是也不可能是任何意义上的革命或社会进步，它对党、国家和民族造成的危害是全面而严重的。民主和法制被肆意践踏，社会生产秩序遭到严重破坏，经济发展受到严重冲击，国民经济几乎到了崩溃的边缘，科学文化事业损失惨重，我国的经济社会发展同世界发达国家的差距拉得更大。历史已经证明，"文化大革命"是由领导者错误发动，被林彪、江青反革命集团利用，给党、国家和各族人民带来严重灾难的内乱。

人类的历史是一个不断地从必然王国向自由王国发展的历史。在这一过程中，失误难以避免。如何看待这些失误，则直接影响着人们对前进道路的选择。对中国共产党和毛泽东在这一时期所犯的错误，我们应如何正确看待呢？

唯物辩证法告诉我们，对任何事情都应该一分为二地看，都需要以实事求是的态度对具体情况进行具体分析。对这一时期中国共产党和毛泽东所犯的错误，我们也要作具体的、历史的分析。

客观地说，在经济文化落后的基础上建设社会主义，是马克思主义发展史上的新课题，是社会主义发展史上的新课题，因此，失误和挫折在所难免。这些错误是中国共产党在独立地寻找中国自己的社会主义建设道路过程中发生的严重偏差，属于探索中的错误，并不是由社会主义制度本身所造成的。

对中国共产党在这一时期所犯的错误，毛泽东无疑应当承担主要责任。但也不能因为犯了错误而全盘否定毛泽东。习近平总书记明确指出："对历史人物的评价，应该放在其所处时代和社会的历史条件下去分析，不能离开对历史条件、历史过程的全面认识和对历史规律的科学把握，不能忽略历史必然性和历史偶然性的关系。不能把历史顺境中的成功简单归功于个人，也不能把历史逆境中的挫折简单归咎于个人。不能用今天的时代条件、发展水平、认识水平去衡量和要求前人，不能苛求前人干出只有后人才能干出的业绩来。"① 这是分析和对待毛泽东同志晚年错误应持的科学方法。

毛泽东的错误固然有其主观因素和个人责任，如对社会主义建设的经验不足，注重政治运动和阶级斗争，不能正确对待不同意见等等，但也有着复杂的国内国际的社会历史原因。比如他发动"大跃进"运动，是希望以最快的速度改变贫穷落后面貌，使中国真正发展强大起来，反映了当时干部群众的普遍愿望。再比如他发动社会主义教育运动的初衷也确实是针对那些贪污腐败分子，想找出一条"反修防修"的途径。因此，毛泽东犯的错误，是探索中的错误。

当毛泽东认识到错误以后，也曾制止和纠正过一些具体错误。比如"文化大革命"时期，毛泽东针对"四人帮"篡党夺权的阴谋活动提出了"三要三不要原则"（即要搞马克思主义，不要搞修正主义；要团结，不要分裂；要光明正大，不要搞阴谋诡计）；他保护过一些党的领导干部和党外著名人士，使一些负责干部重新回到重要的领导岗位；等等。这些都对后来党顺利地粉碎"四人帮"起了重要作用。

尽管毛泽东对一系列"左"的错误负有主要责任，但正如邓小平所说："讲错误，不应该只讲毛泽东同志，中央许多负责同志都有错误。'大跃进'，毛泽东同志头脑发热，我们不发热？刘少奇同志、周恩来同

---

① 习近平:《在纪念毛泽东同志诞辰 120 周年座谈会上的讲话》,《人民日报》2013 年 12 月 27 日。

志和我都没有反对，陈云同志没有说话。在这些问题上要公正，不要造成一种印象，别的人都正确，只有一个人犯错误。这不符合事实。中央犯错误，不是一个人负责，是集体负责。"① 毛泽东犯的错误，是一个伟大的革命家犯的错误，是一个伟大的马克思主义者犯的错误。和他一生所做的贡献相比，他的功绩是第一位的，错误是第二位的。"没有毛主席，至少我们中国人民还要在黑暗中摸索更长的时间。"② "毛泽东同志毕生最突出最伟大的贡献，就是领导我们党和人民找到了新民主主义革命的正确道路，完成了反帝反封建的任务，建立了中华人民共和国，确立了社会主义基本制度，取得了社会主义建设的基础性成就，并为我们探索建设中国特色社会主义的道路积累了经验和提供了条件，为我们党和人民事业胜利发展、为中华民族阔步赶上时代发展潮流创造了根本前提，奠定了坚实的理论和实践基础。"③

三、深刻的教训

中国共产党在探索中国自己的社会主义建设道路的过程中，之所以在取得了重大成就后又犯了严重的错误，原因是多方面的。

一是建设经验不足，照搬了战争年代的斗争经验。由于社会主义运动的历史不长，社会主义国家的历史更短，中国的社会主义建设刚刚处于起始阶段，中国共产党过去长期处于革命战争的环境中，习惯于战争年代发动群众运动的做法。党对在全国执政后进行大规模的社会主义建设，还缺乏充分的思想准备和科学研究。正如邓小平指出的，"从建国到一九七八年三十年的成绩很大，但做的事情不能说都是成功的。""问题

---

① 《邓小平文选》第 2 卷，人民出版社 1994 年版，第 296 页。
② 《邓小平文选》第 2 卷，人民出版社 1994 年版，第 345 页。
③ 习近平：《在纪念毛泽东同志诞辰 120 周年座谈会上的讲话》，《人民日报》2013 年 12 月 27 日。

是什么是社会主义，如何建设社会主义。我们的经验教训有许多条，最重要的一条，就是要搞清楚这个问题。"①

二是把阶级斗争扩大化、普遍化。在阶级斗争的暴风雨中成长起来的中国共产党人，在观察和处理社会主义建设时期的许多新问题、新矛盾时，容易把一定时期一定范围的阶级斗争夸大为长时期的全局的阶级斗争，把不属于阶级斗争的问题看作阶级斗争，把本来是属于人民内部不同意见和党内正常存在的分歧和争论看成是阶级斗争的反映，并习惯性地沿用过去进行大规模急风暴雨式的群众性斗争的方法和经验，以致造成阶级斗争严重扩大化。

三是民主制度不健全。民主集中制和集体领导制度是毛泽东倡导并身体力行的优良传统。然而，由于毛泽东在中国革命事业和社会主义事业中建立起来的伟大功绩，使他在全党、全军和全国人民中享有崇高的威望。也正是因为这种威望，加之一些复杂的历史原因，使党的权力过分集中于个人，从而破坏了党和国家政治生活中的集体领导原则和民主集中制。党的民主集中制和集体领导制度不健全，致使党无法依靠制度和集体的力量及时地发现并纠正错误。在此情形下，阶级斗争扩大化的错误在所难免。

建设社会主义，在中国历史上是开天辟地第一次。全面推进社会主义建设过程中，无论是成就还是失误，都是中国共产党人在探索中国自己的社会主义建设道路过程中获得和发生的，都是一笔宝贵财富。对这一时期的深刻教训进行反思和总结，无疑有利于推进中国特色社会主义事业的健康发展。

第一，必须把马克思主义与中国实际相结合，探索适合中国特点的社会主义建设道路。马克思、恩格斯一再告诫人们，他们的学说不是

---

① 《邓小平文选》第3卷，人民出版社1993年版，第116页。

"教条"，而是"行动的指南"①。由于马克思主义的实际运用因条件的不同而不同，它不可能给我国社会主义事业中的各种问题提供现成答案。这就要求党在探索中国自己的社会主义道路过程中，必须从中国的实际出发，充分认识社会主义的长期性和复杂性，运用马克思列宁主义的立场、观点、方法，分析和解决实践中遇到的种种问题。只有这样，我们才能逐步掌握社会主义建设规律，找到适合中国特点的社会主义建设道路。

第二，必须正确认识社会主义社会的主要矛盾和党的主要任务，集中力量发展生产力。当前我国正处于并将长期处于社会主义初级阶段。在这个阶段，阶级斗争虽然在一定范围内还会长期存在，但已经不是主要矛盾。我国社会的主要矛盾是人民日益增长的物质文化需要同落后的社会生产之间的矛盾。这个主要矛盾，决定了我们的根本任务是集中力量发展社会生产力。中国特色社会主义进入新时代，我国社会主要矛盾已经转化为人民日益增长的美好生活需要和不平衡不充分的发展之间的矛盾。社会主要矛盾已经转化，但我国仍处于并将长期处于社会主义初级阶段的基本国情没有变，我们仍然要坚持以经济建设为中心，着力解决好发展不平衡不充分问题，更好地推动人的全面发展、社会全面进步。

第三，必须遵循客观规律，社会主义建设规模和速度要和国力相适应。实践证明，社会主义建设必须从国情出发，量力而行，使社会主义建设规模和速度与国力相适应；必须按照客观经济规律办事，把国民经济的发展速度，放在切实可行和留有余地的基础上；决不能单凭主观愿望，片面追求高指标、高速度、高积累或片面强调发展工业的办法来促进经济的发展。否则就会欲速则不达。

---

① 《列宁选集》第 4 卷，人民出版社 2012 年版，第 180 页。

第四，必须发展社会主义民主，健全社会主义法治。社会主义民主和社会主义法治密不可分，社会主义国家的宪法和法律是保障人民民主权利的，而社会主义民主又是社会主义法治的力量源泉。要从根本上防止"文化大革命"这类事件发生，就必须发展社会主义民主，健全社会主义法治。要大力发展人民民主，确保人民行使当家做主的权利，使人民的民主权利得到切实保障；要加强各级国家机关的建设，使各级人民代表大会及其常设机构成为有权威的人民权力机关；要完善宪法和法律，使党和国家的各种制度、法律具有稳定性、连续性和权威性，做到有法可依，有法必依，执法必严，违法必究；党必须在宪法和法律的范围内活动，任何一级党组织和领导人都不能有超出法律之上的权力。

四、艰辛探索的重要成就

尽管我国的社会主义建设经历了严重的曲折，但经过全党和全国人民的努力，仍取得了一些重要成就。

我国建立了独立的、比较完整的工业体系和国民经济体系，从根本上解决了工业化中"从无到有"的问题。新中国成立时，中国共产党接手的是一个千疮百孔、百废待举、经济落后的农业国。经过3年国民经济的恢复，我国的工业化程度仍然很低，现代工业在工农业总产值中的比重只有26.6%，许多重要工业产品的人均产量远远落后于美国，甚至落后于印度。经过艰苦卓绝的努力，从"一五"计划开始，国家建成了一批门类比较齐全的基础工业项目，涉及冶金、汽车、机械、煤炭、石油、电力、通讯、化学、国防等领域。电子、原子能、航天等新兴工业从无到有，从小到大，逐步发展起来，成为重要的产业部门；主要工业产品的生产能力有了飞速发展。其中，钢产量从1949年的15.16万吨发展到1976年的2046万吨；发电量从1949年的43亿度发展到1976年

1966 年，中国第一座自动化纯氧顶吹转炉车间在上海建成

的 2031 亿度；原煤从 1949 年的 3200 万吨发展到 1976 年的 4.83 亿吨；汽车产量从 1955 年年产 100 辆发展到 1976 年的 13.52 万辆。

石油工业的发展取得了突出成就。中国在近代历史上曾被认为是一个贫油国家。从 20 世纪初起，科技人员历经近 40 年的努力，仅建成甘肃老君庙（玉门）、新疆独山子和陕西延长三个小规模油田，年产不足 12 万吨。当时，中国的化工产业和生活用油，基本依赖于进口"洋油"。1959 年，我国地质工作者在东北松辽盆地找到石油。1960 年，在最困难的时候，党中央决定从各方面抽调工人、干部和技术人员，集中力量在茫茫草原上进行勘探开发。经过三年多的奋战，建起我国最大的石油基地——大庆油田。1963 年当年，大庆油田产原油 439.3 万吨，占全国原油产量的 67.3%。随后又开发了胜利油田和大港油田。到 1965 年，国内需要的石油全部自给，实现了中国石油工业发展史上的一次飞跃。

交通运输业有了长足发展。新中国成立时，我国铁路只有 2.18 万公里，公路 8.07 万公里。到 1976 年，中国的铁路达到 4.63 万公里，公路达到 82.34 万公里，初步形成了全国的路网骨架。全国货运总量从 1949 年的 1.697 亿吨增加到 1976 年的 20.1757 亿吨。从 20 世纪 70 年代开始，中国具备了自主制造万吨级远洋轮船的能力。

国防尖端科技取得突破性进展。20 世纪五六十年代，中国面对着严峻的国际形势，为了抵御帝国主义的武力威胁和打破大国的核威胁、核垄断，党中央果断作出以研制"两弹一星"为中心，加速国防科研和工业发展的重大决策。1960 年，我国第一枚探空火箭和近程导弹发射成功。1964 年 10 月 16 日，我国成功爆炸第一颗原子弹。1967 年 6 月，爆炸了第一颗氢弹。1970 年 1 月，第一枚中远程导弹发射成功。同年 4 月，第一颗人造地球卫星发射成功。1975 年，可回收人造地球卫星试验成功。以"两弹一星"为核心的国防尖端科技的辉煌成就，是中国现

我国第一颗人造地球卫星和原子弹、氢弹爆炸成功

代科学技术事业发展的重要标志。它带动了中国现代科学技术的发展，填补了许多学科空白，为我国实现科学技术发展的跨越积累了宝贵经验。20世纪六七十年代，在极为艰苦的科研条件下，屠呦呦团队从系统收集整理中医药古典文献入手，经过几百次实验，终于发现了青蒿素，开创了疟疾治疗新方法，全球数亿人因这种"中国神药"而受益。2015年10月，屠呦呦获得2015年诺贝尔生理学或医学奖。

链接："两弹一星"

　　"两弹一星"，即核弹（原子弹和氢弹）、导弹和人造地球卫星，集中代表了20世纪六七十年代我国在国防尖端科技领域所取得的重大成就。20世纪50年代中期，中共中央果断地作出了研制"两弹一星"的战略决策。我国研制原子弹、导弹，最初得到了苏联的技术援助。但援助是有条件和有限度的，主要是非军事性的，一般不提供军事应用方面的技术。1960年，随着中苏关系的恶化，苏联单方面撕毁合同，撤走在华的全部专家。中国在极其困难的条件下，硬是依靠自己的力量，仅用4年时间就成功研制出原子弹。1964年10月16日15时，蘑菇云在中国西北罗布泊的戈壁滩上升起，中国自行研制的第一颗原子弹爆炸成功。原子弹的爆炸成功，使中国成为世界上第五个拥有核武器的国家，打破了美、苏、英、法的核垄断，为新中国的国家安全和世界和平提供了有力的保障。1967年6月17日，我国第一颗氢弹试爆试验成功。1970年4月24日21点35分，我国自行研制的第一颗人造地球卫星"东方红一号"，在长征一号火箭的运送下，准确无误地进入了预定轨道，卫星昼夜不停地向全球播送《东方红》乐曲和遥测信号，向全世界宣布中国进入了太空。有了"两弹一星"的中国，国际威望空前提高。正如邓小平所说："如果六十年代以来中国没有原子弹、氢弹，没有发射卫星，中国就不能叫有重要影响的大国，就没有现在这样的国际地位。这些东西反映一个民族的能力，也是一个民族、一个国家兴旺发达的标志。"①

---

① 《邓小平文选》第3卷，人民出版社1993年版，第279页。

五星红旗在联合国总部大楼前升起

　　外交关系取得重大突破。经过坚持不懈的努力，在许多第三世界国家以及主持正义的其他国家的支持下，1971 年 10 月，第 26 届联合国大会恢复了中华人民共和国在联合国的合法席位和权利。1972 年 2 月，美国总统尼克松访华，中美双方在上海发表联合公报，标志着两国关系正常化进程的开始。9 月，日本首相田中角荣来华访问，双方签署了中日联合声明，实现了邦交正常化。到 1976 年，同中国建交的国家，已增加到 111 个。

　　这些成就的取得，都是同中国共产党的领导、同举国上下艰苦奋斗和勤俭建国的创业精神分不开的。

　　1960 年春，我国发现大庆油田，一场规模空前的石油大会战随即在大庆展开。没有公路，车辆不足，"铁人"王进喜率领的 1205 钻井队靠人拉肩扛，把钻井设备运到工地。要开钻了，可水管还没有接通。王进喜振臂一呼，带领工人到附近水泡子里破冰取水，硬是用脸盆、水桶，一盆盆、一桶桶地往井场端了50吨水。钻井砸伤了王进喜的脚，他硬是拄着双拐指挥；油井发生井喷，他奋不顾身跳进泥浆池，用身体搅拌重晶石粉。在王进喜的带领下，钻井队仅用5天时间就打出了大庆第一口喷油井。艰苦奋斗的大庆精神，感动了华夏神州大地。

河南省兰考县委书记焦裕禄，虽然身患肝癌，但他忍着剧痛，带领干部群众同严重的自然灾害作斗争。在带领全县人民封沙、治水、改地的斗争中，焦裕禄总是身先士卒。风沙最大的时候，他带头去查风口，探流沙；大雨倾盆的时候，他带头蹚着齐腰深的洪水察看洪水流势；风雪铺天盖地的时候，他率领干部访贫问苦，登门为群众送救济粮款。他经常钻进农民的草庵、牛棚，同普通农民同吃同住同劳动。他临终前对组织上唯一的要求，就是死后"把我运回兰考，埋在沙堆上。活着我没有治好沙丘，死了也要看着你们把沙丘治好"。1964年5月14日，焦裕禄被肝癌夺去了生命，年仅42岁。

解放军战士雷锋，甘当革命的螺丝钉，他毫不利己、专门利人、公而忘私、助人为乐的共产主义风格，爱憎分明的阶级立场和言行一致的工作作风，成为全国人民学习的榜样。以钱学森、邓稼先、钱三强等为代表的一批著名科学家，毅然放弃国外优越的生活和工作条件，冲破重重阻力回到祖国的怀抱，全身心地投入到了国家建设事业中，研制出了以"两弹一星"为代表的尖端科技成果，为祖国的国防科技事业和经济文化建设事业作出重大贡献。

全面进行社会主义建设以来，各条战线上涌现出的大量可歌可泣的建设社会主义的先进典型和优秀人物，表现出了中华民族自立于世界民族之林的顽强的斗争精神，奏响了无私奉献的时代最强音。

总之，这一时期，尽管遭受过严重挫折，但我国的经济、教育、科技等各方面也取得了巨大成绩。社会主义建设时期所取得的成就，奠定了我国社会主义工业化的初步基础，为走向国强民富的目标奠定了重要基础。

小 结

世间成就源于艰辛探索。综观世界历史，任何一个国家、一个民族的发展，都是跌宕起伏甚至充满曲折的。"艰难困苦，玉汝于成"，这是一切正义事业胜利的逻辑。从成功中吸取经验，从失误中吸取教训，不断开辟走向胜利的道路，这就是共产党人的历史进程。对于过去探索中出现的失误，需要认真反思，吸取教训，但不能用今天的标准简单地否定过去的历史，更不能任意抹黑，要实事求是地评价历史和历史人物。"过去的成功是我们的财富，过去的错误也是我们的财富。"① 我们只有不断汲取经验，正确地总结教训，社会主义现代化建设事业才能不断取得新胜利，中华民族伟大复兴的中国梦才能实现。

---

① 《邓小平文选》第 3 卷，人民出版社 1993 年版，第 272 页。

第十一章　决定当代中国命运的关键一招

——为什么说只有改革开放才能发展中国特色社会主义？

中共十一届三中全会作出了把党和国家工作重心转移到经济建设上来、实行改革开放的历史性决策，实现了新中国成立以来党的历史上具有深远意义的伟大转折。这次全会标志着中国从此进入了改革开放和社会主义现代化建设的新时期，中国共产党从此开始了建设中国特色社会主义的新探索。历史转折经历了怎样的思想碰撞？对一些改革举措为什么会议论纷纷？走向世界遇到了哪些风险挑战？这些都是研究改革开放历史需要关注的问题。"青山遮不住，毕竟东流去。"历史证明：改革开放成为决定当代中国命运的关键一招，中华民族在伟大复兴的征途上焕发出前所未有的生机和活力。

一、思想解放与历史转折

1976 年 10 月，粉碎"四人帮"的胜利，挽救了中国共产党和中国的社会主义事业。然而，当时中国面临的发展任务是十分严峻的。

从国际上看，20 世纪 70 年代，世界经济快速发展，新一轮科技革命方兴未艾。发达国家纷纷进行产业结构调整，许多发展中国家也加紧向现代化社会转型。当时中国与世界有着巨大差距：1978 年中国人均GDP 低于印度，只有日本的 1/20、美国的 1/30。科技发展水平落后于发达国家 40 年左右，落后于韩国、巴西等发展中国家 20 年左右。

从国内来说，粉碎"四人帮"以后，广大干部和群众迫切希望扭转十年内乱造成的严重局势，并纠正"文化大革命"的错误理论、方针和政策，从危难中重新奋起。面对国内外形势的新发展，中国共产党必须尽快就关系党和国家前途命运的大政方针作出政治决断和战略抉择。当时主持中共中央工作的华国锋在粉碎"四人帮"的斗争中起了决定性的作用。但是"两个凡是"①错误方针的提出，使纠正"文化大革命"错误的要求和愿望遇到严重阻碍，党和国家的工作出现了在徘徊中前进的局面。中国向何处去？党和人民向何处去？中国又一次面临重大历史抉择。

在全党的要求下，1977 年 7 月召开的中共十届三中全会决定，恢复邓小平在 1976 年被撤销的职务，即中共中央政治局常委、中共中央副主席、中共中央军委副主席、国务院副总理、中国人民解放军总参谋长。

教育等领域在"文化大革命"中首先遭受到冲击，在这些领域进行拨乱反正会对其他领域产生影响和带动作用。复出后的邓小平自告奋勇地承担起分管教育和科技的重任。1977 年 7 月 23 日，邓小平同一所高校的负责人谈话，提出大学可以从应届高中生中招生。他提出："学校要搞科研，教学科研是分不开的。只有把科研搞好，才能促进教学质量进一步提高。"②8 月初，邓小平主持召开科学和教育工作座谈会，并提出今年就要下决心恢复高校从高中生中直接招考学生，恢复高等教育入学考试。在邓小平的推动下，国务院决定从当年起，改变"文化大革命"期间高等学校招生不考试的做法，采取自愿报名、统一考试、择优录取的办法。"忽如一夜春风来，千树万树梨花开。"决定公布后，立即受到

---

① 1977 年 2 月 7 日《人民日报》《解放军报》《红旗》杂志发表题为《学好文件抓住纲》的社论，提出"凡是毛主席做出的决策，我们都坚决维护；凡是毛主席的指示，我们都始终不渝地遵循"。这就是有名的"两个凡是"。

② 中共中央文献研究室编：《邓小平年谱一九七五——一九九七》（上），中央文献出版社 2004 年版，第 165 页。

社会各界特别是广大青年学生的热烈欢迎。当年就有约 570 万知识青年参加高考，其中 27 万多人被录取。高考制度的恢复，为广大知识青年提供了靠自己努力和公平竞争获得接受高等教育的机会，社会上重新出现了学习科学文化知识的热潮。

在邓小平的推动下，1978 年 3 月，全国科学大会在北京隆重举行。邓小平在开幕式上宣布：党中央决定召开这次大会的目的，就是动员全党全国重视科学技术，加速我国科学技术的发展。他深情地向与会的科技工作者表示，愿意当大家的后勤部长。中国科学院院长郭沫若在闭幕式上以《科学的春天》为题作了书面发言，饱含激情地写道：科学的春天到来了！教育和科技领域的拨乱反正，极大地调动了广大知识分子的积极性，对于当时的思想解放更是发挥了直接的推动作用。

为了冲破"两个凡是"的束缚，邓小平提出要完整地、准确地理解毛泽东思想的科学体系，强调毛泽东思想的精髓就是实事求是，旗帜鲜明地提出"两个凡是"不符合马克思主义。1978 年 5 月 10 日，

1978 年 5 月 11 日，《光明日报》刊登《实践是检验真理的唯一标准》文章

在胡耀邦的支持和审定下，中央党校内部刊物《理论动态》发表《实践是检验真理的唯一标准》一文，第二天《光明日报》刊发，新华社全文转发。一石激起千层浪，这篇文章在广大干部群众中引起强烈共鸣，由此掀起了关于真理标准问题的大讨论。邓小平的支持有力地推动了这场讨论的深入开展。邓小平认为，关于真理标准问题的讨论，不仅是个思想路线问题，而且是个政治问题，是个关系到党和国家的前途和命运的问题。

真理标准问题大讨论是我们党又一次具有深远意义的思想解放运动，使广大干部和群众从过去盛行的个人崇拜和教条主义的精神枷锁中解放出来，推动中国共产党恢复了实事求是的思想路线，为随后召开的中央工作会议和十一届三中全会奠定了思想基础。

1978 年 11 月 10 日，中央工作会议在京西宾馆开幕。中央党政军各部门、各群众团体、各省市自治区的主要负责人共 212 人到会。

会议历时 36 天，原定议题有三项：一是继续贯彻以农业为基础的方针，尽快把农业生产搞上去。二是讨论 1979 年和 1980 年的国民经济计划安排。三是讨论李先念在国务院务虚会上的讲话。会议开始以后，先就中央政治局根据邓小平建议提出的把全党的工作重点转移到社会主义现代化建设上来的问题，进行了认真的讨论。

11 月 12 日，陈云在东北组发言，提出六个问题：一是肯定天安门事件的正义性质；二是彭德怀对党贡献很大，骨灰应放到八宝山革命公墓；三是要为薄一波等所谓"61 人叛徒集团"案平反；四是要为陶铸、王鹤寿的"叛徒"案件平反；五是要揭批康生；六是"文化大革命"期间成立的中央专案组应该结束。很多同志发言赞同陈云的意见，会议的主题由此扩展和深化。会议洋溢着解放思想、实事求是、畅所欲言的民主气氛。会议还对"两个凡是"的错误方针和其他问题提出了中肯的批评，发扬了批评和自我批评的优良作风。会议作出了为"天安门事件"、

1978年12月24日，《人民日报》发表中国共产党第十一届中央委员会第三次全体会议公报

"反击右倾翻案风"等重大错案正式平反等若干决定。

12月13日，邓小平在闭幕会上发表了《解放思想，实事求是，团结一致向前看》的重要讲话。他说："一个党，一个国家，一个民族，如果一切从本本出发，思想僵化，迷信盛行，那它就不能前进，它的生机就停止了，就要亡党亡国。"①讲话高瞻远瞩地抓住了历史转折中最根本的问题，指出了中国前进的正确方向和指导思想，成为新时期改革开放的宣言书。

1978年12月18日，古老的北京城瑞雪飞舞。党的十一届三中全会在北京召开。全会冲破长期"左"的错误的严重束缚，彻底否定了"两个凡是"的错误方针，高度评价了关于真理标准问题的讨论。全会恢复了党的民主集中制的优良传统，审查解决了历史上遗留的一批重大问题。全会确定了"解放思想，实事求是，团结一致向前看"的指导方针，

---

① 《邓小平文选》第2卷，人民出版社1994年版，第143页。

开始了党在思想、政治、组织等领域的全面拨乱反正。全会明确提出停止使用"以阶级斗争为纲"的口号，同时作出把党和国家工作重心转移到经济建设上来、实行改革开放等重大决策，从此中国进入改革开放和社会主义现代化建设的历史新时期。

二、改革从农村走向城市

中国的经济体制改革首先在农村取得突破。当时的农业和农村经济发展面临两大突出问题。一是"政社合一"的人民公社体制亟待改革；二是有两亿多农民的温饱问题尚未解决。1977 年 6 月，中共中央决定万里担任中共安徽省委书记。万里到安徽后，随即带着司机、秘书和记者搞起调查研究来。万里对安徽的贫穷大吃一惊：他去山区看望农民，可老百姓不出来见他，因为没裤子穿，家里孩子藏在地锅里头取暖，春节农民吃不上饺子。

这次调查使万里深受震撼。他深深地感到："经济上的拨乱反正比政治上的拨乱反正更艰巨，不搞好经济上的拨乱反正，政治上的拨乱反正也搞不好。"[①] 随后，安徽省委起草了一个后来震惊全国的农村工作六条（草案），强调农村一切工作要以生产为中心，尊重生产队的自主权，允许农民搞正当的家庭副业，产品可以拿到集市上出售，等等。他还决定，为了战胜前所未有的大旱，借给每个农民三分地种菜度荒。

1978 年夏秋之际，安徽遭受百年不遇的特大旱灾，让这片本来就已十分贫瘠的土地雪上加霜。安徽省委做出把土地借给农民耕种，不向农民征统购粮的决策。这一决策激发了农民的生产积极性，进而战胜了特大旱灾，还引发出一些农民包干到户的行动。

安徽凤阳是明朝开国皇帝朱元璋的家乡。历史上的凤阳县曾流传着

---

① 王光宇:《我所亲历的安徽农村改革》,《中共党史研究》2008 年第 5 期。

一首家喻户晓的《凤阳歌》："说凤阳，道凤阳，凤阳本是好地方。自从出了朱皇帝，十年倒有九年荒。大户人家卖骡马，小户人家卖儿郎。奴家没有儿郎卖，身背花鼓走四方。"

凤阳县的小岗生产队是全公社乃至全县最穷的，是远近闻名的"吃粮靠返销，用钱靠救济，生产靠贷款"的"三靠村"，每年秋收后几乎家家外出讨饭。1978年夏收之后分麦，每个劳动力才分到3.5公斤。干了一季的活，糊不了三天的嘴巴！全队20户人家，只有两户没讨过饭，一户是教师，一户在银行工作。

20世纪70年代末，小岗生产队队长严俊昌和副队长严宏昌把全村18户农民的户主召集到会计严立华家，召开了一次秘密会议。严宏昌将他起草的一张分田到户的"契约"念给大家听：

> 我们分田到户，每户户主鉴（签）字盖章，如以后能干，每户保证完成每户的全年上交和公粮，不在(再)向国家伸手要钱要粮。如不成，我们干部作（坐）牢刹（杀）头也干（甘）心，大家社员也保证把我们的小孩养活到十八岁。

小岗生产队实行的"包干到户"当年就创造了"奇迹"，粮食总产达6.6万多公斤，是1966年至1970年5年的总和；油料总产达1.75万公斤，是过去20年的总和；交售给国家粮食1.25万公斤，超额完成任务近8倍，结束了20多年未向国家交售一粒粮的历史。"包干到户"使小岗生产队从一个"讨饭队"一年就翻了身。如今，这份摁着小岗村18位普通农民"红手印"的"生死契约"，被存放在中国国家博物馆，成了一份珍贵的历史文物，成为新时期农村土地承包制改革的历史见证。

安徽农村改革经历了一个曲折发展的历程，但最终取得成功，并在全国全面铺开，是与邓小平等领导人的大力支持分不开的。1980年，

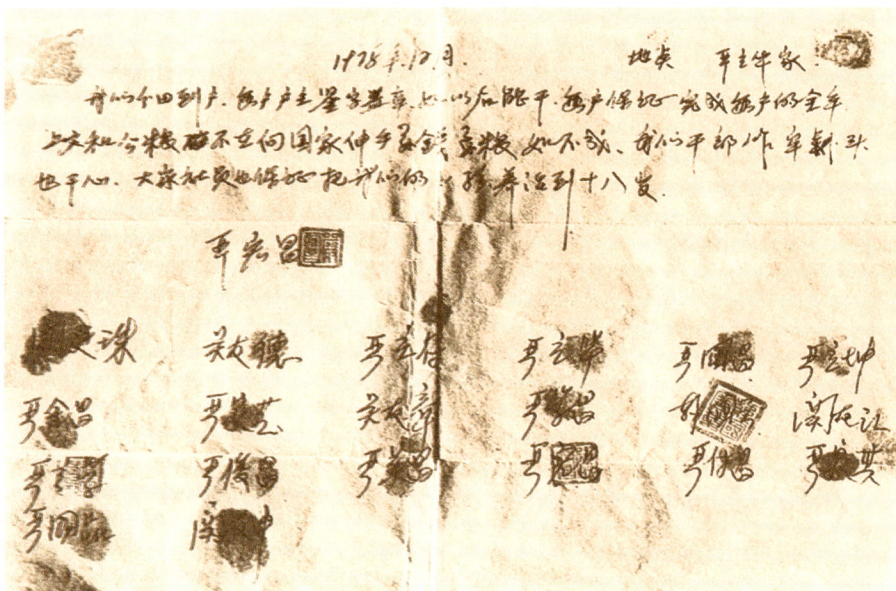

安徽省凤阳县小岗村 18 户农民摁下红手印的"包产到户"契约

邓小平在一次与中央领导人的谈话中说："农村政策放宽以后，一些适宜搞包产到户的地方搞了包产到户，效果很好，变化很快。安徽肥西县绝大多数生产队搞了包产到户，增产幅度很大。'凤阳花鼓'中唱的那个凤阳县，绝大多数生产队搞了大包干，也是一年翻身，改变面貌。"①一时间，"凤阳经验"成为中国主流媒体竞相报道的重大新闻。

从 1978 年开始，安徽、四川的基层干部和农民群众，在省委领导下，开始探索实行包产到组、包干到户等多种形式的农业责任制，取得了很好的效果。其他一些地方也开始实行农村联产责任制。在中共中央的支持和推动下，以包产到户、包干到户为主要形式的家庭联产承包责任制，在全国各地逐渐推广开来。1980 年 5 月，邓小平发表《关于农

---

① 中共中央文献研究室编：《邓小平年谱（1975—1997）》，中央文献出版社 2004 年版，第 641 页。

村政策的谈话》，肯定了包产到户这种形式，指出它不会影响我们制度的社会主义性质。家庭联产承包责任制实行以后，农民对集体所有的土地具有充分的经营自主权，农民生产的产品"保证国家的，留足集体的，剩下都是自己的"。它在土地集体所有制的基础上，将农民家庭承包经营的积极性和集体经济的优越性结合起来，因而受到农民的普遍欢迎。

为了将农村改革的经验进一步推广开来，1981年，国务院主管农业的副总理万里责成国家农委副主任杜润生主持起草一份关于农村工作的文件。经过多次讨论修改，文件最后以1982年的中共中央一号文件发出。

此后，从1982年到1986年，中共中央连续出台了五个一号文件，都是关于农村改革和农业发展的。这五个一号文件，逐步突破了我国农村原来的生产模式，建立了家庭联产承包、土地集体所有的新模式，探索出了一条我国农村改革发展的新路。这条新路的特点，一是保障农民的物质利益，维护农民民主权利，提高农民积极性；二是尊重农民首创精神，依靠干群互动力量，推进农村发展变化；三是着眼农村发展大局，统筹规划改革建设；四是坚持市场化改革取向，创新农村管理体制。

从党的十一届三中全会到党的十二大召开前的短短4年，中国社会发生了巨大变化，古老神州生机勃勃。这就促使中国共产党人进一步思考：到底什么是社会主义？应该怎样坚持和发展社会主义？

1982年9月，党的十二大在北京召开。邓小平在开幕词中充满信心地提出："把马克思主义的普遍真理同我国的具体实际结合起来，走自己的路，建设有中国特色的社会主义，这就是我们总结长期历史经验得出的基本结论。"[1] 邓小平的这个基本结论，明确回答了中国的改革开放和现代化事业要怎样走，我们怎样坚持和发展社会主义的重大问题。

---

[1] 《邓小平文选》第3卷，人民出版社1993年版，第3页。

"建设有中国特色的社会主义"这一重大命题，包括两层含义：一是我们要建设的是社会主义，而不是别的什么主义，科学社会主义的基本原则不能丢；二是我们的社会主义要按照中国实际和国情来办，要有中国特色，别国的经验可以借鉴，但是绝不能照抄照搬。党的十二大后，改革开放全面推进，从农村改革到城市改革，从经济体制改革到各方面体制的改革，从对内搞活到对外开放，从局部开放到全方位开放，广袤的中华大地展开了建设中国特色社会主义波澜壮阔的历史进程。

"雪消门外千山绿，花发江边二月晴。"十一届三中全会以后，农村改革取得了巨大成就。从 1979 年到 1984 年，我国农业总产值年均增长 8.9%，人均占有粮食从 1978 年的 318.5 公斤增加到 1984 年的 395.5 公斤，农民的生活条件明显改善，农民收入明显增加。与此同时，"统分结合"的农村家庭联产承包责任制的普遍实行，最终促使"政社合一"的人民公社体制走向解体。

这期间，农村改革的成功经验为进一步推进城市改革和其他方面改革提供了重要借鉴。从 1984 年起，改革的重点转向城市。同年 10 月，党的十二届三中全会通过《中共中央关于经济体制改革的决定》（以下简称《决定》）。《决定》比较系统地提出和阐明了经济体制改革的一系列重大理论和实践问题，突破了把计划经济同商品经济对立起来的观点，指出我国社会主义经济是在公有制基础上的有计划的商品经济。

邓小平高度评价这个《决定》。他说："这次经济体制改革的文件好，就是解释了什么是社会主义，有些是我们老祖宗没有说过的话，有些新话。我看讲清楚了。过去我们不可能写出这样的文件，没有前几年的实践不可能写出这样的文件。写出来，也很不容易通过，会被看作'异端'。"[①] 他还认为，这个《决定》"是写出了一个政治经济学的初稿，是

---

① 《邓小平文选》第 3 卷，人民出版社 1993 年版，第 91 页。

马克思主义基本原理和中国社会主义实践相结合的政治经济学"①。

《决定》的实施，使经济体制改革以城市为重点全面展开，并在一些方面取得重要进展——所有制结构突破单一公有制结构，形成以公有制为主体、多种经济成分共同发展的局面；国有企业的经营自主权逐步扩大，所有权和经营权适当分离；改革高度集中的计划管理体制，经济杠杆在国家宏观调控中的作用明显增强。在坚持公有制经济主体地位的前提下，多种经济成分共同发展，所有制结构出现了较大变化。1987年，非公有制成分在全国工业总产值中的比重，由1978年的几乎为零，上升到5.6%。

随后，改革的重点从经济领域向科技、教育等领域全面展开。1985年，中共中央先后作出了《关于科学技术体制改革的决定》和《关于教育体制改革的决定》，开始推进科技和教育体制的改革。这一时期，党和国家对经济、政治、文化、社会等各方面的体制都进行了改革和调整，中国特色社会主义制度建设取得了重大进展。

与此同时，经济特区的设立有力地推动了城市改革的进一步深入。对于中国为什么要设立经济特区的问题，历史回溯到1979年。是年4月，广东省委第一书记习仲勋向中央领导提出建议，中央下放若干权力，允许在毗邻港澳的深圳等地开办出口加工区。邓小平高度赞同，并建议这些新开辟区域叫"特区"。他鼓励广东的同志："中央没有钱，可以给些政策，你们自己去搞，杀出一条血路来。"1979年7月，中共中央、国务院批转了广东、福建两省关于对外经济活动中实行特殊政策和灵活措施的报告。经过反复论证和充分准备，1980年5月，中央决定在深圳、珠海、汕头和厦门设立经济特区，采取多种形式吸引和利用外资，学习国外的先进技术和经营管理方法。此后，经济特区加

---

① 《邓小平文选》第3卷，人民出版社1993年版，第83页。

快发展。

正如历史上的任何伟大变革一样，改革开放进程中也不可能没有认识上的困惑、疑虑、分歧和责难。当年人们对特区地位作用的认识就不是完全一致的，也是议论纷纷。有人说，广东办特区，内地成灾区；有人说，办特区，让八国联军和日本鬼子又回来了；有人说，特区是"卫星上天、红旗落地"的典型；还有人说，特区是国中之国，是社会主义中国的资本主义地区；甚至有人一到特区就感觉社会主义已经变质，指责特区实际上就是"租界"。

面对种种责难，1984 年初，邓小平视察了深圳、珠海、厦门等地。他对前来迎接的广东省领导同志说，办经济特区是我倡议的，中央决定的，是不是能够成功，我要来看一看。在深圳，他登上当时最高的国际商业大厦观看整个特区建设情况，又到由穷变富的渔民村视察，看了当时算得上技术领先的电脑厂。

邓小平在南方看得多，说得少，人们不知道他心里在想些什么。在广州，他终于为深圳特区题词："深圳的发展和经验证明，我们建立经济特区的政策是正确的。"从他的题词中，我们能够看出他对经济特区的钟爱，看出他对特区发展的期望与要求。

2 月 14 日，刚刚回到北京的邓小平，就约请中央领导同志谈话，高度评价了经济特区的成绩和经验。在谈到特区的作用时，他说："特区是个窗口，是技术的窗口，管理的窗口，知识的窗口，也是对外政策的窗口。"[①] 对外开放有个指导思想要明确，不是收，而是放。在社会主义国家办经济特区，马克思恩格斯的著作里找不到，列宁的著作里也找不到，这是中国共产党人史无前例的伟大创造。邓小平提出，除现在的特区之外，可以考虑再开放几个港口城市。根据邓小平的建议，1984

---

① 《邓小平文选》第 3 卷，人民出版社 1993 年版，第 51—52 页。

年初，中央书记处和国务院联合召开沿海部分城市座谈会，确定进一步开放 14 个沿海港口城市。

大鹏一日同风起，扶摇直上九万里。经过 40 多年的不懈努力，这些开放城市在国民经济中具有特殊重要的地位，对全国经济发展的推动作用是十分突出的。深圳迅速从一个边陲小镇发展成为一座现代化大都市，综合经济实力跃居全国大中城市前列，创造了世界工业化、现代化、城市化发展史上的奇迹。特别是深圳经济特区率先进行市场取向的经济改革，在我国建立社会主义市场经济体制的进程中发挥了示范引领作用。经济特区的榜样作用是明显的：坚持发展第一要务，积极推进自主创新，探索和积累了实现快速发展的成功经验；坚持对外开放，积极利用国际国内两个市场、两种资源，为我国实现从封闭半封闭到全方位开放进行了开拓性探索；坚持服务国家发展大局，促进东中西部协调发展，对全国发展起到重要辐射和带动作用。

建设中的中国第一个经济特区深圳

发展商品经济，搞好对外开放，还需要借鉴发达国家的先进经验。1985 年 5 月 15 日，邓小平在会见新加坡前第一副总理吴庆瑞博士时说：城市改革涉及各个领域，比农村改革复杂得多，也是有风险的。但是，我们有勇气，有信心，相信是会成功的。他说："搞现代化建设，最重要的是知识和人才。我们最大的弱点恰恰在这里，知识不足，人才不足。我们请你们来，就是请你们提供知识。不仅请你们来，还要广泛地请发达国家退休的专家、技术人员来帮助我们工作，他们来当顾问或到企业里担任实职都可以。"①

吴庆瑞后来担任中国沿海开发经济顾问多年，邓小平每年都会见他，详细听取他的汇报和建议，负责经济工作的谷牧副总理同他交往更加频繁。聘请外国人担任经济顾问，也是新中国历史上的一个创新举措，表明了邓小平对新加坡成功经验的重视。

在武汉也出现了中国国营企业第一位外籍厂长格里希。64 岁的格里希是来自德国的退休发动机工程师。1984 年 11 月，格里希被聘为武汉柴油机厂厂长。格里希以德国人的严谨，开始了在中国的厂长生涯。对生产质量他要求比较严，比如他每天早晨上班戴手套，对工件清洁度进行检查。对职工、对工时等方面他也是管得比较严，每个人的工作时间，比如加工一个部件需要多长时间，格里希让公司给定出时间，在规定时间中必须完成。在生产管理的各个方面，他都要求比较严。随后，武汉柴油机厂的面貌发生了很大变化。格里希成了搞好国营企业的典型，报纸称他的经验是"洋厂长的三斧头"。国务院领导曾经五次接见他；联邦德国政府曾授予他"十字勋章"。

改革开放带来了中国经济社会的巨大进步，使数亿人摆脱了贫

---

① 中共中央文献研究室编：《邓小平年谱（1975—1997）》，中央文献出版社 1998 年版，第 319 页。

困，使人民生活水平显著提高。经济体制改革取得巨大成就的同时，政治体制改革和其他方面体制的改革也在向前推进。如逐步废除领导干部职务终身制，实行干部队伍的革命化、年轻化、知识化、专业化；加强各级人民代表大会的工作，县级和县级以下人民代表普遍实行由选民直接选举的制度；恢复、制定和实施了一系列重要的法律法规。这表明中国共产党对中国国情和中国特色社会主义的认识也在不断深化。

随着改革开放的全面展开，加强社会主义精神文明建设的任务被进一步提上了日程。1986年9月，党的十二届六中全会通过了《关于社会主义精神文明建设指导方针的决议》，阐明了社会主义精神文明建设的战略地位和根本任务、基本方针，首次提出以经济建设为中心，坚定不移地进行经济体制改革、坚定不移地进行政治体制改革、坚定不移地加强精神文明建设的"三位一体"总布局。

在中国改革开放的关键时刻，1987年10月25日，中共十三大召开。大会充分肯定了十一届三中全会以来的路线方针政策和改革开放取得的重大成就，系统阐述了社会主义初级阶段理论，完整地概括了党在社会主义初级阶段"一个中心、两个基本点"的基本路线，制定了"三步走"实现社会主义现代化的发展战略。社会主义初级阶段理论、党的基本路线和"三步走"战略的提出，丰富和发展了马克思主义关于社会主义建设的思想，为新时期党的路线方针政策的制定提供了重要依据，是中国共产党人对科学社会主义的一大贡献。同时，大会还提出了经济体制改革和政治体制改革的任务和目标，强调经济体制改革和政治体制改革的目的，都是为了在中国共产党的领导下和社会主义制度下更好地发展社会生产力，充分发挥社会主义的优越性。至此，中国特色社会主义理论体系的轮廓日益清晰，中国特色社会主义道路初步形成。

三、走向世界的风雨历程

历史反复证明，关起门来搞建设是不能成功的，只会限制自己的发展，甚至给国家和民族带来灾难。因此，邓小平说："现在任何国家要发达起来，闭关自守都不可能。我们吃过这个苦头，我们的老祖宗吃过这个苦头。"[1]

但是，1978 年的中国与世界，彼此还是那么陌生，反差还是十分强烈。这一年，世界上第一个"试管婴儿"在英国诞生。这一年，美国开通了世界上第一个移动电话通信系统。这一年，美国家庭的电视机普及率是 70%。与此同时，近 10 亿人口的中国，电视机的拥有量只有 100 多万台。农民的年人均纯收入只有 134 元，有 2.5 亿人还没有解决温饱问题。

面对巨大反差，以邓小平为主要代表的中国共产党人面对新的历史条件，总结社会主义实践的经验教训，根据时代特征和中国国情，勇敢地走向世界，无论在实践上和理论上对外开放都不断有新突破。开放和改革一起成为当代中国最鲜明的特色，成为推动中国特色社会主义发展的强大动力。

中国的对外开放是全方位的，是一项长期的基本国策。中国的对外开放不仅面向社会主义国家，也面向其他国家；不仅面向发达国家，也面向欠发达国家。中国的开放是"对世界所有国家开放，对各种类型的国家开放"[2]。

开放和改革是推动中国经济发展的两个轮子。邓小平始终把开放和改革紧密联系在一起，强调要通过改革，不断建立健全适应市场经济体

[1] 《邓小平文选》第 3 卷，人民出版社 1993 年版，第 90 页。
[2] 《邓小平文选》第 3 卷，人民出版社 1993 年版，第 237 页。

制的规范、制度、行为准则和思维方式，为开放创造更好环境。

从 1978 年起，中国与世界各国的联系和交往日益增多，党和国家领导人频繁出访，打开了中国外交的新局面。这一年，有 12 位副总理和副委员长以上的国家领导人，先后 20 次访问了 51 个国家，目睹并领略了外面的世界，感受到了世界经济的脉动。邓小平一人就 4 次出访，行程遍及 8 个国家。

1978 年 5 月，中国政府派出了新中国成立后第一个到西方发达国家访问的政府代表团。出访前，邓小平专门把代表团主要负责人谷牧找到家里谈话，要求他们把资本主义国家先进的经验、好的经验学回来。5 月 2 日到 6 月 6 日，以国务院副总理谷牧为团长的中国政府代表团先后访问了法国、瑞士、比利时、丹麦和德意志联邦共和国等欧洲五国。代表团出访期间，看到了五个国家在第二次世界大战后的巨大变化，也看到了我们在工农业生产、交通运输、教育科学技术以及企业管理等方面与他们的差距。

1978 年 10 月 22 日，邓小平应邀对日本进行正式友好访问。这是新中国成立以来，中国国家领导人首次访问日本，也是邓小平恢复工作后对发达国家的首次出访。这位早年曾经留学法国、在印刷厂当过工人的中国领导人已经有半个世纪没有走进过资本主义的工厂了。

访日期间，邓小平出席了《中日和平友好条约》两国批准书互换仪式，参观了一些工厂企业，会见了一些为中日友好作出贡献的日本朋友。邓小平在一次致辞时说："中日两国是一衣带水的友好邻邦，在经济、技术领域里存在着广泛的交流和合作的余地。我们双方已有良好的合作基础，中日和平友好条约的缔结为这种交流和合作开辟了更加广阔的前景。我们相信，中日两国贸易关系在双方的共同努力下，将会有更大的发展。"

10 月 26 日下午，邓小平乘日本新干线"光—81 号"超特快列车离开东京前往京都访问，列车以每小时 210 公里的速度高速运行，当同行的日本记者要他谈谈对新干线的观感时，邓小平说："就感觉到快，有催人跑的意思，我们现在正合适坐这样的车。"①

10 月 28 日，邓小平一行冒着细雨来到日本大阪的松下电器工厂参观。已经 83 岁高龄的松下幸之助先生亲自到工厂门口迎接。

邓小平直接提出，请松下幸之助到中国来投资。松下幸之助未想到邓小平会邀请"一个资本主义的企业"到社会主义的中国去。但老先生立即肯定地回答：好的，松下一定去！果然，为了尽快兑现自己的承诺，1979 年 6 月，松下幸之助到中国访问，他随后受到邓小平的两次接见。松下先生就中国的改革开放及如何同国外进行技术合作、合资经营等问题提出了坦率的建议。

1979 年元旦，邓小平在全国政协座谈会上说："1979 年元旦有三个特点：一是我们全国工作的着重点转移到四个现代化建设上来了；二是中美关系实现了正常化；三是把台湾回归祖国、完成祖国统一大业提到具体日程上来了。"

1979 年元旦出版的美国《时代》周刊惊叹："一个崭新中国的梦想者——邓小平向世界打开了'中央之国'的大门，这是人类历史上气势恢宏、绝无仅有的一个壮举！"

1979 年 1 月 28 日，中国农历的大年初一。在举国欢度春节的喜庆时刻，邓小平飞赴太平洋彼岸，对美国进行正式访问。访美期间，邓小平的形象出现在《时代》周刊封面上，标题是"邓来了"。是的，邓小平来了。他争分夺秒、不知疲倦地走访美国各地，同各界人士广泛接触交流。

访美 9 天，他出席了近 80 场会谈、会见等活动，参加了约 20 场

---

① 中共中央文献研究室编：《邓小平年谱（1975—1997）》上，中央文献出版社 2004 年版，第 411—413 页。

宴请或招待会，发表了 22 次正式讲话，并 8 次会见记者或出席记者招待会。美国人第一次近距离领略了新中国领导人的风采，并为之"深深着迷"。

30 多年后，时任美国总统的卡特先生在回忆往事时仍记忆犹新，说他和邓小平的关系很好，并举例说，邓小平返回中国后，两国的部长们开始了互访。一天，白宫科技顾问弗兰克·普雷斯博士在北京和邓小平会谈，时间是美国的凌晨 3 点。卡特家里的电话铃突然响了，他睡眼惺忪地说："肯定是发生了危机。"普雷斯说："不是，我正和邓小平会见，他问了一个我无法回答的问题。他想知道能不能送中国学生到美国留学。"卡特果断地说，"当然可以。"普雷斯面有难色地说："他问能不能派 5000 人。"卡特扑哧笑出声来说："你告诉邓小平，他可以派 10 万人。"卡特后来谈起此事时说，现在约有 8 万多名中国学生在美留学，高峰时曾达到 10 万人。

访美期间，邓小平与卡特共同签署了《中美科技合作和文化协定》。双方还同意不久将签订航空和海运协定，互派留学生，互派常驻记者等。访问行程中，邓小平以他的睿智机敏，让美国，也让全世界领略了中国领导人打开国门、拥抱世界的崭新形象。

但是，如今在中国遍地开花的中外合资企业，在 1979 年还是一个闻所未闻的新名词。中外合资经营在当时仍然是经济领域的一个"禁区"。在考察筹划建立合资经营企业期间，当时主管此项工作的中央领导人曾经讲过这样一个故事：1978 年，一机部让我带领工作组调查全国汽车工业情况，我几乎跑遍了全国。有件事特别好笑，某城市仿造的"解放"牌卡车，商标是"永向前"，我开玩笑说，车子不怎么样，名字倒有点意思。旁边的同志却对我说，他们的商标真是名副其实，这车子没有倒挡，只能向前开，而且开起来除了喇叭不响，到处都响。

1979 年 3 月，第一机械工业部派代表团赴美国、德国、法国，对通用、大众、奔驰、雪铁龙等汽车公司进行考察，谈判合资经营事宜。几年后，这些汽车公司在中国建起了汽车行业的第一批中外合资企业。汽车工业的发展历程只是改革开放初期中国对外开放的一个缩影。

随后，为了推动沿海地区的对外开放，1984 年，中共中央决定，进一步开放大连、秦皇岛、天津等十四个沿海港口城市。这些城市同深圳、珠海、厦门、汕头四个经济特区，成为我国对外开放的前沿地带。1985 年 2 月，又决定把长江三角洲、珠江三角洲、闽南厦门泉州漳州三角地区开辟为沿海经济开放区。1988 年 4 月，中共中央和国务院决定建立海南省，并将全海南岛辟为经济特区。从此，一个由经济特区到沿海开放城市、沿海经济开放区，再到内地的多层次、有重点、点面结合的对外开放格局初步建立起来。

小　结

九层之台，起于垒土；千里之行，始于足下。党的十一届三中全会后，以邓小平为主要代表的中国共产党人，集中全党智慧，总结实践经验，第一次比较系统地初步回答了在中国这样一个经济文化比较落后的国家，如何建设社会主义、如何巩固和发展社会主义的一系列基本问题，用新的思想观点继承和发展了马克思主义，把对社会主义的认识提高到了新的水平，使中国成功实现了从封闭半封闭到全方位改革开放的伟大历史转折，使中国越来越多地融入世界，在促进自身快速发展的同时也为世界的繁荣发展作出了重要贡献。中国特色社会主义道路，既不是从天上掉下来的，也不是从地下冒出来的，而是中国共产党人带领全国各族人民在不懈探索和艰苦奋斗中一步一个脚印走出来的。改革开放以来，我们大胆吸收和利用国外的资金、技术和先进的管理方式，吸收借鉴人类一切反映现代化生产规律的生产经营方式，

积极开拓国内国外两个市场，积极融入国际社会，中国的对外开放取得了丰硕成果，国民经济快速增长，人民生活明显改善，社会事业全面进步，国际地位显著提高，经济社会发展取得举世瞩目的辉煌成就。实践证明，"改革开放是决定当代中国命运的关键一招"。

第十二章　世纪跨越

——为什么说只有中国特色社会主义才能发展中国？

20 世纪的中国，在衰落中奋起，从苦难走向辉煌。在 21 世纪来临之际，改革开放征程中的中国面临着又一次重大抉择。从国际情况看，东欧剧变，苏联解体，世界社会主义运动受到严重挫折。1989 年的政治风波使中国的社会主义建设受到重大影响。如何坚持和发展中国特色社会主义面临巨大挑战。在决定党和国家前途命运的重大历史关头，邓小平视察南方发表重要谈话，推动改革开放的车轮隆隆向前。世纪之交，以江泽民为核心的党中央团结带领全国人民，在实践中奋力前行，在理论上创新发展，把中国特色社会主义成功推向了 21 世纪。党的十六大以后，以胡锦涛为总书记的党中央领导集体牢牢把握新世纪新阶段国内外形势的新变化，以科学发展为主题，全面推进中国特色社会主义建设，在新的历史起点上开始了全面建设小康社会的新征程。

一、在捍卫中发展

20 世纪 80 年代末 90 年代初，苏联和东欧发生剧变，许多国家的共产党和工人党纷纷丧失政权，一批社会主义国家发生资本主义复辟。西方反共、反社会主义势力弹冠相庆，甚至宣称"历史已经终结"。世界对社会主义的关注骤然聚焦于中国，中国面临着巨大压力，中国特色社会主义建设道路面临严峻考验。

1989 年国内政治风波后，以美国为首的西方国家宣布对中国实施制裁。西方媒体也不遗余力地对中国进行攻击和污蔑。面对复杂形势和严峻挑战，中国共产党从容应对，经受住了重大考验，成功地捍卫了中国特色社会主义制度。

1989年6月，中共十三届四中全会召开。在这次全会上江泽民当选为中共中央总书记。江泽民在会上强调指出，要继续坚决执行党的十一届三中全会以来的路线、方针和政策，继续坚决执行党的十三大确定的"一个中心、两个基本点"的基本路线。四项基本原则是立国之本，必须毫不动摇、始终一贯地加以坚持；改革开放是强国之路，必须坚定不移、一如既往地贯彻执行，绝不回到闭关锁国的老路上去。通过这次全会，党中央明确宣告，中国继续坚持改革开放，坚持走中国特色社会主义道路。

随后，党中央采取一系列重大措施，使社会秩序逐渐恢复正常，经济形势稳步趋于好转，党心民心逐渐趋于稳定。1989年11月，中共十三届五中全会通过《关于进一步治理整顿和深化改革的决定》，明确了治理整顿的主要目标和必须抓好的重要环节。治理整顿在实践中进展顺利，国民经济保持了良好发展势头。

邓小平根据国际格局的重大变化，提出了冷静观察、稳住阵脚、沉着应付、韬光养晦、善于守拙、决不当头、有所作为的方针。坚持这些正确方针，使党和国家在打破美国等西方国家"制裁"、应对苏联东欧剧变后的复杂国际局势的过程中始终处于主动地位。中国坚持独立自主，打破国际封锁，成功挫败了反华势力妄图扭转中国社会主义方向的图谋。

中共中央根据国内外形势的发展，提出了改革开放的一系列重大举措。其中最为引人注目的是上海浦东的开发开放。1990年，邓小平在上海过春节期间提出，请上海的同志思考一下，能采取什么大的动作，在国际上树立更加改革开放的旗帜。上海市委向邓小平汇报了开发、开

20 世纪 90 年代的上海浦东

放浦东的设想。邓小平给予支持，并提出起点要高一点，胆子要大一点。同年 4 月，中共中央、国务院作出了开发开放浦东的决策。浦东开发开放成为 20 世纪 90 年代中国改革开放进一步深化的重要标志。经历了风雨洗礼的中国又阔步前进在改革开放的伟大征程中。

在全国政治局面趋向稳定、经济形势逐步好转的形势下，关于改革开放姓"社"姓"资"的争论仍时常出现。这种争论的实质，是继续坚持改革开放、走中国特色社会主义道路，还是放弃改革、退回到十一届三中全会前的状态？这是关系到我国社会主义前途与命运的重大问题。

东方风来满眼春。南行的列车穿过华北平原，越过中原大地，向南飞驰。1992 年初春，88 岁的邓小平前往武昌、深圳、珠海和上海等地视察，发表了重要谈话，回答了一些疑问，提出了创新性的重要思想，推动兴起了新一轮思想解放和改革开放的热潮。

邓小平的南方视察历时 35 天，行程 6000 余公里。1992 年 1 月 19 日上午，邓小平在时隔八年之后，又一次踏上了处于改革开放前沿的深圳。邓小平与陪同的省市负责同志亲切交谈，他说：对办特区，从一开始就有不同意见，担心是不是搞资本主义。深圳的建设成就，明确回答了有这样那样担心的人，特区姓"社"不姓"资"。目睹深圳发展成就，邓小平谆谆告诫："基本路线要管一百年，动摇不得。"参观途中，邓小平指出："走社会主义道路，就要逐步实现共同富裕"。

视察期间，邓小平以朴实的语言，有针对性地廓清了人们思想中姓"资"姓"社"的模糊观念，提出了一些新的重要观点。邓小平明确指出：计划多一点还是市场多一点，不是社会主义与资本主义的本质区别。计划经济不等于社会主义，资本主义也有计划；市场经济不等于资本主义，社会主义也有市场。计划和市场都是经济手段。这些堪称石破天惊的精辟论断，打破了长期以来把"社会主义"同"市场经济"对立起来的传统观念，极大地解放了人们的思想。

在珠海经济特区，邓小平强调：要警惕右，但主要是防止"左"；要保持清醒的头脑，这样就不会犯大错误，出了问题也容易纠正和改进。参观珠海高科技企业时，邓小平说："经济发展得快一点，必须依靠科技和教育。"看到经济特区的发展成就，邓小平再次强调："发展是硬道理"。

邓小平指出，社会主义经历一个长过程发展后必然代替资本主义，这是社会历史发展不可逆转的总趋势，但道路是曲折的。一些国家出现了严重曲折，社会主义好像被削弱了，但人民经受锻炼，从中吸取教训，将促进社会主义向更加健康的方向发展。我们要在建设有中国特色的社会主义道路上继续前进。

邓小平南方谈话中提出的许多新思想、新观点首先在深圳传播开来，得风气之先的深圳人率先行动。从 1992 年 2 月 20 日到 3 月 6 日，

《深圳特区报》以《扭住中心不放松》《要搞快一点》《要敢闯》《多干实事》《两只手都要硬》《共产党能消灭腐败》《稳定是个大前提》《我们只能走社会主义道路》为题，连续发了八篇新春社论，将南方谈话的精髓概括起来，观点鲜明。"猴年八评"的社论带来了南方谈话的第一股冲击波。

3月26日，一篇1.1万字的长篇通讯《东方风来满眼春——邓小平同志在深圳纪实》在《深圳特区报》刊发。3月30日，新华社向全世界全文播发，《人民日报》等国内主要报纸均在头版主要位置全文转载。3月31日，中央电视台在当晚"新闻联播"之后，用45分钟全文播发。

邓小平南方谈话及时转发后，立即在党内外、国内外引起强烈反响和巨大震动。新加坡《联合早报》发表了题为《中国改革开放进程的转折点》，指出"中国重新恢复改革开放势头必将对国际社会，特别是亚太地区的经济发展和和平稳定产生积极作用"。海外舆论纷纷把邓小平的南方谈话称之为"邓旋风"，认为在"邓旋风"的推动下，中国必将出现一次新的思想解放。

南方谈话在神州大地激荡，举国上下人心振奋，人们更加坚定了改革开放的信念，思想领域迎来了又一次思想解放，经济文化等领域也暖风频吹，全国各地掀起新一轮改革开放的滚滚热潮。

歌曲《春天的故事》歌颂了邓小平的南方之行——"一九九二年又是一个春天，有一位老人，在中国的南海边写下诗篇，天地间荡起滚滚春潮，征途上扬起浩浩风帆，春风啊吹绿了东方神州，春雨啊滋润了华夏故园。啊，中国，啊，中国，你展开了一幅百年的新画卷，捧出万紫千红的春天。"正如歌词所表达的，中国迎来了改革开放的"第二个春天"。

1992年10月12日至18日，党的第十四次全国代表大会在北京召开，在邓小平南方谈话精神的指引下，大会明确指出我国经济体制改革

的目标是建立社会主义市场经济体制。将我国经济体制改革的目标确定为建立社会主义市场经济体制，这是马克思主义理论的重大发展，是对社会主义社会认识的一次新飞跃。

为贯彻落实党的十四大提出的经济体制改革任务，党中央组织有关部门对建立社会主义市场经济体制问题进行了周密研究，制定了建立社会主义市场经济体制的总体规划。1993 年 11 月，党的十四届三中全会审议并通过了《中共中央关于建立社会主义市场经济体制若干问题的决定》。《决定》指出：社会主义市场经济体制是同社会主义基本制度结合在一起的。《决定》强调，建立社会主义市场经济体制，是一项前无古人的开创性事业，对于我国现代化建设事业具有重大而深远的意义。

按照十四届三中全会的决定，我国经济体制改革开始沿着建立社会主义市场经济体制的目标"整体推进、重点突破"，在各个方面都迈出了决定性的步伐。

二、迈向新世纪

1997 年 2 月 19 日，邓小平逝世。邓小平作为中国改革开放的总设计师，在国内外享有崇高威望。他的逝世使国内外许多人不由产生疑问，中国今后将举什么旗？走什么路？以江泽民为核心的党中央对此作出明确回答：继承邓小平的遗志，高举邓小平理论的伟大旗帜，坚定不移地沿着中国特色社会主义道路继续前进。

旗帜问题至关紧要。旗帜就是方向，旗帜就是形象。1997 年 9 月12 日至 18 日，中国共产党第十五次全国代表大会在北京召开。江泽民在报告中首次使用了"邓小平理论"这个概念，指出：这次大会的灵魂，就是高举邓小平理论的伟大旗帜。大会制定了我国跨世纪的战略部署，并对 21 世纪的发展作了展望。从党的十五大起到 21 世纪的前十年，是我国实现现代化建设的第二步战略目标、向第三步战略目标迈进的关键时期。在这个时期，建立比较完善的社会主义市场经济体制，保持国民经济持续快速健康发展，是必须解决好的两大课题。大会指出，展望下世纪，我们的目标是，第一个十年实现国民生产总值比 2000 年翻一番，使人民的小康生活更加宽裕，形成比较完善的社会主义市场经济体制；再经过十年的努力，到建党一百年时，使国民经济更加发展，各项制度更加完善；到 21 世纪中叶建国一百年时，基本实现现代化，建成富强民主文明的社会主义国家。

以十五大胜利召开为标志，我国进入了中国特色社会主义事业跨世纪发展的关键时期。党中央在加快经济建设的同时，全面推进改革开放和社会主义现代化事业，提出建设社会主义政治文明，实行依法治国方略，建设社会主义法治国家；提出加强社会主义精神文明建设，大力发展社会主义先进文化；提出科技强军战略，加快军队机械化、信息化建设；大力加强执政党建设，实施新时期党的建设新的伟大工程等。党的基本理论、基本路线、基本纲领和基本经验不断丰富和发展，中国特色社会主义事业呈现出勃然生机。

在新世纪来临之际，我国政府还根据"一国两制"的科学构想，恢复了对香港、澳门行使主权。香港、澳门的顺利回归，是中华民族历史上的重大事件。它标志着中国国土上彻底结束了外国列强的占领，标志着中国在完成祖国统一大业的道路上迈出了重要一步。

1997 年 6 月 30 日晚，香港国际会展中心，在全世界的瞩目下，在香港飘扬了 150 多年的英国米字旗悄然降落，中国五星红旗庄严升起，从此香港结束了英国的殖民统治，回到了祖国的怀抱。1997 年 7 月 1 日这一天，将作为值得人们永远纪念的日子载入史册。经历了百年沧桑的香港回归祖国，从此进入一个崭新的时代。7 月 1 日的《人民日报》头版以《中英香港政权交接仪式在港隆重举行》红色标题做了报道，标题上方一行字体也格外醒目，"中华民族永载史册的盛事，世界和平正

在"一国两制"方针指引下，香港、澳门先后顺利回到祖国怀抱

义事业的胜利"。

1999 年 12 月 20 日零时，中葡两国政府在澳门文化中心举行政权交接仪式，中国政府对澳门恢复行使主权，澳门回归祖国，这是继 1997 年 7 月 1 日香港回归祖国之后，中华民族在实现祖国统一大业中

的又一盛事。

这一时期，我国综合国力得到了大幅提升，经济实现了持续、快速、健康发展，社会长期保持安定团结，出现了国家政通人和、百姓安居乐业的良好局面，圆满地实现了"三步走"发展战略的第二步目标。

当然，这些成就来之不易，是在应对一系列挑战中稳步推进的。可以说，前进的道路上挑战和风险接连不断。1997 年亚洲金融危机对中国经济产生了严重冲击。1998 年，长江、松花江和嫩江流域发生了历史上罕见的洪涝灾害。1999 年还发生了美国军机轰炸我驻南联盟大使馆事件。面对种种风险和考验，中共中央、国务院冷静分析，果断决策，成功应对，战胜了来自国内的和国际的、经济社会的和自然的多方面挑战，保证了改革开放和现代化建设的航船沿着正确的方向乘风破浪跨入新世纪。

与此同时，中国也加快了对外开放的步伐。2001 年中国正式加入世界贸易组织（WTO），成为其第 143 个成员。这是世纪之交中国对外开放中的一件大事。

谈判过程起伏跌宕，其中最复杂、最艰难的莫过于中美之间的谈判。中美进行了 25 轮谈判，1999 年 11 月 15 日，在最后一轮中美谈判中，国务院总理朱镕基亲赴谈判现场，最终签署中美双边协议，取得双赢。

2001 年 11 月 10 日，世界贸易组织第四届部长级会议在卡塔尔首都多哈举行。会议以全体协商一致的方式，审议并通过了中国加入世界贸易组织的决定。这一天，距 1986 年 7 月中国正式申请恢复关贸总协定缔约方地位，已经过去了 15 年。

15 年的谈判历程，是中国改革开放不断深化的历程，是中国经济实力不断增强和对外贸易不断扩大的历程，是中国社会主义市场经济体制逐步建立和完善的历程，也是中国融入经济全球化进程的真实

加入世贸组织后中国国际贸易快速增长，图为上海洋山保税港区内的集装箱货柜

写照。

加入 WTO，有力地推动了我国体制改革，促进了社会主义市场经济体制的完善，大大增强了国民的开放意识与规则意识，充分展示了我国顺应经济全球化潮流、主动参与国际竞争与合作的积极姿态，标志着中国的改革开放已进入了一个更高的阶段。

历史的进步，实践的发展，呼唤着理论的创新。中国共产党在捍卫和发展中国特色社会主义的过程中，十分重视在总结实践经验基础上推进理论创新。因为一个民族要跻身时代的前列，一刻也离不开理论的指引；一个政党要推动实践的发展，一刻也离不开理论的创新。

当人类步入 21 世纪时，世界和中国正处于激烈的大变动中。从国际上看，虽然和平与发展仍是当今时代的两大主题，但霸权主义和强权政治又有新的表现，恐怖主义危害上升，一些地区的冲突和争端时起时伏，世界还很不安宁。科技进步日新月异，以信息技术为核心的高新技术的发展，极大地改变了人们的生产、生活方式和国际经济、政治关系，综合国力竞争日趋激烈。

从国内看，十一届三中全会以后，在胜利实现了现代化建设"三步走"战略前两步之后，我国进入了全面建设小康社会、加快推进社会主义现代化的新阶段。但是，也必须看到，我国社会主义事业的发展面临新的巨大困难和压力。随着改革开放和社会主义市场经济的发展，社会经济成分、组织形式、就业方式、利益关系和分配方式日益多样化。加入世贸组织，给我国经济社会带来深刻影响。推进现代化建设、完成祖国统一、维护世界和平与促进共同发展，仍是我们党在 21 世纪伟大而艰巨的三大历史任务。

链接：从关税及贸易总协定到世界贸易组织

关税及贸易总协定是一个政府间缔结的有关关税和贸易规则的多边国际协定，简称关贸总协定。它的宗旨是通过削减关税和其他贸易壁垒，消除国际贸易中的差别待遇，促进国际贸易自由化，以充分利用世界资源，扩大商品的生产与流通。关贸总协定于 1947 年 10 月 30 日在日内瓦签订，并于 1948 年 1 月 1 日开始临时适用。1947—1993 年，关贸总协定主持了 8 轮多边关税与贸易谈判。1994 年 4 月 15 日，在摩洛哥的马拉喀什市举行的关贸总协定部长级会议决定成立更具全球性的世界贸易组织，以取代关贸总协定。1995 年 1 月 1 日，世界贸易组织成立，"关贸总协定"临时机构与世界贸易组织并存 1 年。1996 年 1 月 1 日，世贸组织正式取代关贸总协定临时机构。世贸组织是具有法人地位的国际组织，在调解成员争端方面具有更高的权威性。与关贸总协定相比，世贸组织涵盖货物贸易、服务贸易以及知识产权贸易，而关贸总协定只适用于商品货物贸易。世界贸易组织是当代最重要的国际经济组织之一，拥有 160 个成员，成员贸易总额达到全球的 97%，有"经济联合国"之称。

从中国共产党自身情况来看，随着党和国家事业的发展，党的队伍发生了重大变化。新党员的数量大幅度增加，干部队伍新老交替不断进行，一大批年轻干部走上领导岗位，既给党的发展带来了新的活力，也提出了新的课题。中国共产党一方面承担着推进现代化建设、完成祖国统一、维护世界和平与促进共同发展这三大历史任务；另一方面也面临着在新时代进一步提高党的领导水平和执政水平，提高拒腐防变和抵御风险的能力这两大历史性课题。

正是在这样的世情、国情和党情下，面对即将到来的新世纪，以江泽民为核心的中央领导集体站在新的历史高度，基于对国内外形势、党肩负的历史任务、党自身状况的清醒认识和准确把握，在深刻总结世界社会主义和我们党成立以来历史经验的基础上，提出了"三个代表"重要思想。

2001年7月1日，在庆祝中国共产党成立八十周年大会上，江泽民发表重要讲话，全面总结了党的八十年光辉历程和基本经验，系统阐述了"三个代表"重要思想的科学内涵，深刻回答了新的历史条件下加强和改进党的建设的重大理论和实践问题。江泽民指出，中国共产党八十年的奋斗历程和基本经验归纳起来，就是必须始终代表中国先进生产力的发展要求，代表中国先进文化的前进方向，代表中国最广大人民的根本利益。

"三个代表"重要思想，进一步回答了什么是社会主义，怎样建设社会主义，创造性地回答了建设什么样的党、怎样建设党的问题，深化了对于中国特色社会主义的认识。党的十六大高度评价"三个代表"重要思想的历史地位和重要作用，把"三个代表"重要思想同马克思列宁主义、毛泽东思想、邓小平理论一道，确立为中国共产党必须长期坚持的指导思想，并写入党章，实现了党的指导思想的又一次与时俱进。

三、科学发展谱新篇

当历史的车轮行进到新千年，人类迈入新世纪的时候，中国既面临难得的发展机遇，也面临着新的严峻挑战。从世界局势看，信息产业发展带动的综合国力竞争进入新境界，和平与发展的时代主题没有改变，但是世界仍不安宁。2001 年美国发生"9·11"恐怖袭击事件，恐怖主义的威胁更加明显，各种政治力量深刻调整组合，国际战略竞争更趋激烈。从国内环境看，改革开放取得举世瞩目的成就，人民生活总体上实现了由温饱到小康的历史性跨越，综合国力大幅度跃升，国际影响力显著扩大。但是，发展不平衡、不协调的问题仍然突出，收入差距拉大，环境恶化的状况比较严重。这些情况表明，中国面临的机遇和挑战都是前所未有的，但总体看是机遇大于挑战。因此，中国共产党作出了重大判断：21 世纪头 20 年是可以大有作为的重要战略机遇期。

在这样的关键时期，如何科学地分析、正确地把握、积极地应对这种变化，始终站在时代潮流的前头，激励并带领全国各族人民，把中国特色社会主义事业继续推向前进，这是新世纪中国共产党面临的新课题。

2002 年 11 月 8 日至 14 日，中国共产党第十六次全国代表大会在北京召开。大会提出了全面建设小康社会的奋斗目标，在 21 世纪头 20 年，集中力量，全面建设惠及十几亿人口的更高水平的小康社会，使经济更加发展、民主更加健全、科教更加进步、文化更加繁荣、社会更加和谐、人民生活更加殷实。经过这个阶段的建设，再继续奋斗几十年，到 21 世纪中叶基本实现现代化，把我国建设成为富强民主文明的社会主义国家。

党的十六大顺利实现了中央领导集体的新老交替。十六届一中全会选举产生了新一届中央政治局，胡锦涛当选为中共中央总书记。以

胡锦涛为总书记的党中央带领全党全国人民紧紧抓住重要战略机遇期，开始了全面建设小康社会的新征程。

2003年春夏之交，我国遭遇了一场突如其来的"非典型肺炎"疾病灾害。由于"非典"是一种新发现的传染病，有较强的传染性，又没有特别有效的预防治疗办法，加上我国人口多、流动性大，疫情很快蔓延到我国大部分省区市，广东、北京等地的疫情尤为严重。"非典"疫情的发生和蔓延，引起举国上下的担忧，也受到国际社会的关注。面对这场严峻考验，以胡锦涛为总书记的党中央果断决策，坚持把人民群众的身体健康和生命安全放在第一位，充分利用社会主义制度集中力量办大事的优越性，社会各方面齐心协力，形成了共克时艰的强大合力，取得了抗击"非典"的胜利。

"非典"灾害虽然前后只有几个月，但是对于经济发展特别是旅游业、商业服务业、交通运输业、对外贸易等造成很大损失。"非典"的发生，集中暴露了经济发展和社会公共事业发展之间的不平衡、城乡发展不平衡等问题。党中央也因此深刻认识到实现科学发展，实现经济社会和人口、资源、环境协调发展的重要性。

实践证明，进入新世纪新阶段，我国进入发展的关键时期、改革的攻坚时期和社会矛盾的凸显时期。我国发展既具有巨大潜力和广阔空间，也承受着来自人口、资源、环境等方面的巨大压力。随着经济体制深刻变革、社会结构深刻变动、利益格局深刻调整、思想观念深刻变化，我国经济社会发展呈现出一系列新的阶段性特征，我国发展中长期积累的一些矛盾和问题，发展不平衡、不协调、不可持续的问题日益突出。面临的新特征新问题新矛盾，要求我们必须以全新的思路全面认识工业化、信息化、城镇化、市场化、国际化的新形势新任务，以新思路新方法推进现代化建设，走科学发展的道路。

中国作为世界上坚持走社会主义道路的最大的发展中国家，要完成工业化和信息化的双重任务，面临着促进经济发展和节约资源、保护环境的双重压力，这就决定了我们不能走其他国家走过的老路，而必须走出一条中国特色的发展之路。

在深入总结抗击"非典"疫情的经验教训，总结新中国成立以来，特别是改革开放以来我国社会主义建设经验教训的基础上，党中央鲜明地提出科学发展观的重大战略思想，使我们对"如何发展、怎样发展"这一时代课题有了新的理解，对中国特色社会主义建设规律也有了新的认识。2003 年 7 月 28 日，在全国防治"非典"工作会议上，胡锦涛提出，要坚持全面发展、协调发展、可持续发展的发展观。

2003 年 10 月，党的十六届三中全会明确提出了"坚持以人为本，树立全面、协调、可持续的发展观，促进经济社会与人的全面发展"这一重大战略思想，这是第一次在党的正式文件中完整地提出科学发展观。此后，人们对科学发展观的认识不断深化。

为贯彻落实科学发展观，党中央采取了一系列重大措施，促进经济社会的协调发展。解决"三农"问题、缩小城乡差距，是实现经济社会发展的重要方面。

河北省灵寿县农民王三妮铸成"告别田赋鼎"

2005年10月，中共十六届五中全会作出建设社会主义新农村的重大决策。2006年1月1日起，国家正式取消了农业税，终结了中国历史上存在两千多年的"皇粮国税"，极大地调动了农民的积极性。河北省灵寿县的一位农民用铸鼎这种古老而庄重的方式表达了对取消农业税的感恩之情。他说："鼎在古代是用来记述国家大事的。免除农业税，这在历史上是第一回啊！我会青铜铸造手艺，铸鼎刻字可以让子孙后代永远记得。"2006年9月29日，高99厘米、重252公斤的"告别田赋鼎"成型。鼎上铭文记述了从春秋时代到改革开放以来赋税变迁给农民生活带来的影响和变化。一段铭文这样写道："我是农民的儿子，祖上几代耕织辈辈纳税。今朝告别了田赋，我要铸鼎刻铭，告知后人。"新时代的青铜鼎充分表达了亿万农民对国家惠农政策的拥护。

在综合国力不断提升的同时，党中央也清醒地看到，我们还面临新的问题和挑战。我国生产力发展水平总体上还不高，自主创新能力还不强，长期形成的结构性矛盾和粗放型增长方式尚未改变，社会建设和管理面临诸多新课题等，要解决这些矛盾和问题，必须付出艰苦的努力。

2007年10月15日至21日，中国共产党第十七次全国代表大会在北京召开。大会全面阐述了科学发展观的科学内涵和基本要求，并将之写入党章。科学发展观，第一要义是发展，核心是以人为本，基本要求是全面协调可持续，根本方法是统筹兼顾。大会号召全党同志要全面掌握科学发展观的科学内涵和精神实质，增强贯彻科学发展观的自觉性和坚定性，把科学发展观贯彻到经济社会发展各个方面。

多难兴邦。中华民族历来具有在艰难困苦面前不屈不挠、团结奋斗的光荣传统。四川汶川特大地震，见证了中华民族遭遇的重大自然灾难，也铸就了中华民族的伟大抗震救灾精神。

2008年5月12日，四川省汶川地区发生特大地震。这是新中国成立以来破坏力最大的地震，也是唐山大地震后伤亡最惨重的一次地震。

这场山崩地裂的大灾难，无情地夺去了许多同胞宝贵的生命，摧毁了美丽富饶的家园，地震中的画面，惨不忍睹。

在第一时间里，以胡锦涛为总书记的党中央号召全党全军全国人民紧急行动起来，全力投入抗震救灾。

从人民解放军到武警官兵，从公安民警到民兵预备役人员，从医护人员到广大志愿者，争分夺秒，顽强拼搏，竭尽全力挽救群众生命，竭尽全力救治受伤群众。灾难中一个个救援、自救、互救的动人的故事，感人的事迹，转化为一种精神力量，见证了一个民族无与伦比的坚韧与顽强。全国各省、自治区、直辖市有力出力，有钱出钱，举全国之力支援地震灾区，充分发挥了"一方有难、八方支援"的强大合力，充分展现了社会主义制度的巨大优越性。

为表达全国各族人民对四川汶川大地震遇难同胞的深切哀悼，国务院发布公告，决定2008年5月19日至21日为全国哀悼日。在此期间，全国和各驻外机构下半旗志哀，停止公共娱乐活动。5月19日14时28分起，全国人民默哀3分钟，汽车、火车、舰船鸣笛，防空警报鸣响，全国各地深切哀悼四川汶川大地震遇难同胞。这一刻，大江南北，长城内外，神州共悲；这一刻，山峦无语，江河呜咽，举国同哀！这是中华人民共和国成立以来，第一次为严重自然灾害造成重大伤亡举行全国性哀悼活动，也是第一次为自然灾害中罹难同胞降半旗志哀。此时此刻，人们看到的不只是举国同悲的泪水，更是万众一心的民族精神。"汶川不哭"，"中国加油"，大地震中穿越生死的深情呼唤，哀悼日里高亢悲壮的激昂呐喊，是我们哀思过后凝聚力量的信心和源泉。

用理想凝聚力量、用信念铸就坚强、用真情凝结关爱。抗震救灾的伟大实践，丰富了中国道路的深刻内涵，彰显了社会主义的制度优势，增强了中华民族的道路自信。"万众一心、众志成城，不畏艰险、百折不挠，以人为本、尊重科学"的抗震救灾精神，贯穿于汶川灾后重建、发展振兴的始终，成为激励全民族战胜灾难、砥砺奋进的强大动力。

中国能够举办一次奥林匹克运动会，也是中华民族的百年梦想。随着中国综合国力的增强，终于梦圆北京。2001年7月13日，国际奥委会主席萨马兰奇在莫斯科宣布：北京成为2008年奥运会主办城市。

当电视广播中传出北京申奥成功的消息时，激动人心的场面出现了。当晚，党和国家领导人与首都各界群众共同分享这快乐的时刻。五星红旗与奥运旗帜交相辉映，兴高采烈的人们不断发出阵阵欢呼声，嘹亮的《歌唱祖国》的歌声直冲云霄。北京申奥成功，是对改革开放所取得的各项伟大成就的总检阅，也是中国人民多年来不屈不挠、艰苦奋斗所得来的崇高荣誉。

2008年8月8日晚20时整，北京"鸟巢"造型的国家体育场华灯灿烂，流光溢彩。举世瞩目的第二十九届奥林匹克运动会隆重开幕。开幕式恢宏的大手笔、新奇的想象力和炫目的高科技，为现场观众和世界40多亿电视观众，呈现了一场"用世界语言讲述的中国故事"的视听盛宴。

2008年8月8日北京奥运会开幕

在新世纪建设小康社会的征程中，时常有人会发问：为什么说只有中国特色社会主义才能发展中国？

实践已经给出有力的回答。面对 2008 年下半年以来国际金融危机的严峻形势，党和政府果断决策，从容应对，有效遏制了经济增长明显下滑态势，率先实现经济形势总体回升向好，有力地显示出中国特色社会主义的优越性。

在新世纪新阶段，我国完成了"十五"计划和"十一五"规划。2010 年是"十一五"规划结束、"十二五"规划开始之年。这一年，我国国内生产总值排名提升到世界第二位，人均国内生产总值超过 4000 美元，经济发展水平上了一个新台阶。新世纪头十年经济年均增长 11.5％，超过预期，全面建设小康社会取得突破性进展。人民群众得到了更多实惠，城镇和农村居民人均可支配收入大幅度提高，生活水平明显改善，就业规模持续扩大，全面实行了真正的义务教育，建立了覆盖全体城乡居民的社会保障体系。中国特色社会主义经济建设、政治建设、文化建设、社会建设及生态文明建设和党的建设取得重大进展。中国的国际地位和影响力显著提高。

在改革开放一以贯之的接力探索中，我们坚定不移高举中国特色社会主义伟大旗帜，既不走封闭僵化的老路，也不走改旗易帜的邪路。这是总结历史、立足现实、着眼未来得出的结论，是对"举什么旗、走什么路"这个根本问题最直接最深刻的回答，是夺取中国特色社会主义新胜利的关键所在。中国特色社会主义是当代中国发展进步的根本方向，只有中国特色社会主义才能发展中国。这是实践充分证明了的真理，更是全面建成小康社会、实现社会主义现代化和中华民族伟大复兴的必然要求。

小 结

在跨越世纪的探索中，面对复杂多变的国际环境和改革发展的新任务新问题，中国共产党以巨大的理论勇气和政治智慧，与时俱进、开拓创新，不断加深对什么是马克思主义、怎样理解马克思主义，什么是社会主义、怎样建设社会主义，建设一个什么样的党、怎样建设党，实现什么样的发展、怎样发展等重大问题的认识，积累了治党治国的丰富经验，在全面建设小康社会道路上，克服困难、排除障碍，铸就了跨越世纪的新辉煌。

艰辛的奋斗历程与辉煌的建设成就揭示了这样的真理：只有中国特色社会主义才能发展中国。中国特色社会主义是改革开放以来党的全部理论和实践的主题，是党和人民历尽千辛万苦、付出巨大代价取得的根本成就。中国特色社会主义，之所以在中国取得成功，那是因为，它不是从本本上照抄来的社会主义，而是从实践中闯出来的社会主义，是汲取世界社会主义建设的经验教训、不断探索的结果；它不是从他国模式中"克隆"出来的社会主义，而是植根于中华民族优良传统、立足于中国实际的社会主义；它不是走封闭僵化老路或改旗易帜邪路的社会主义，而是锐意改革、着力发展、坚持开放、共同富裕的社会主义。中国特色社会主义道路是实现社会主义现代化、创造人民美好生活的必由之路，中国特色社会主义理论体系是指导党和人民实现中华民族伟大复兴的正确理论，中国特色社会主义制度是当代中国发展进步的根本制度保障，中国特色社会主义文化是激励全党全国各族人民奋勇前进的强大精神力量。我们应该坚定这样的道路自信、理论自信、制度自信、文化自信！

第十三章　新时代新征程

——如何理解中国特色社会主义进入新时代？

党的十八大以来，以习近平同志为核心的党中央不忘初心、砥砺奋进，有效应对国际国内诸多风险和挑战，解决了许多长期想解决而没有解决的难题，办成了许多过去想办而没有办成的大事，取得全方位、开创性的历史性成就，党和国家事业发生深层次、根本性的历史性变革，中国特色社会主义进入了新时代。正确认识我国发展的这个新的历史方位，对于增强中国特色社会主义的道路自信、理论自信、制度自信和文化自信，意义十分重大。

一、中国梦是中华儿女的共同期盼

2012 年 11 月 8 日至 14 日，中国共产党第十八次全国代表大会在北京召开。大会的主题是：高举中国特色社会主义伟大旗帜，以邓小平理论、"三个代表"重要思想、科学发展观为指导，解放思想，改革开放，凝聚力量，攻坚克难，坚定不移沿着中国特色社会主义道路前进，为全面建成小康社会而奋斗。大会阐明了中国特色社会主义的总依据、总布局、总任务，部署了经济建设、政治建设、文化建设、社会建设、生态文明建设、党的建设以及其他各方面工作，对全面建成小康社会、推进社会主义现代化、实现中华民族伟大复兴具有深远的指导意义。

11 月 15 日，中共十八届一中全会选举产生新一届中央领导集体。习近平当选为中共中央总书记。十八大闭幕后不久，11 月 29 日，习近平

总书记率中央政治局常委和中央书记处的同志参观《复兴之路》展览。习近平深情指出："我以为，实现中华民族伟大复兴，就是中华民族近代以来最伟大的梦想。这个梦想，凝聚了几代中国人的夙愿，体现了中华民族和中国人民的整体利益，是每一个中华儿女的共同期盼。"①

链接：《复兴之路》展览

《复兴之路》基本陈列通过回顾1840年鸦片战争以来，陷入半殖民地半封建社会深渊的中国各阶层人民在屈辱苦难中奋起抗争，为实现民族复兴进行的种种探索，特别是中国共产党领导全国各族人民争取民族独立、人民解放和国家富强、人民富裕的光辉历程，充分展示历史和人民怎样选择了马克思主义、选择了中国共产党、选择了社会主义道路、选择了改革开放，充分展示了历史和人民为什么必须始终坚持高举中国特色社会主义伟大旗帜不动摇，坚持中国特色社会主义道路不动摇，坚持中国特色社会主义理论体系不动摇，坚持中国特色社会主义制度不动摇。

中华民族伟大复兴的中国梦，紧扣百年来中华民族历经艰难困苦不懈追寻的时代主题，是凝聚海内外中华儿女团结奋斗的最大公约数，具有强大的包容性和感召力，立即成为国内外关注的重大议题。习近平总书记在多个场合又对什么是中国梦、怎样实现中国梦进行了深入阐述。

2013年3月17日，习近平在第十二届全国人民代表大会第一次会议上的讲话中指出，实现中华民族伟大复兴的中国梦，就是要实现国家富强、民族振兴、人民幸福。实现中国梦必须走中国道路，必须弘扬中国精神，必须凝聚中国力量。中国梦归根到底是人民的梦，必须紧紧依靠人民来实现，必须不断为人民造福。

实现中国梦需要全国各族人民共同努力。2013年4月28日，习近平

———————

① 《十八大以来重要文献选编》上，中央文献出版社2014年版，第84页。

在同全国劳动模范代表座谈时指出，全国各族人民都要向劳模学习，以劳模为榜样，发挥只争朝夕的奋斗精神，共同投身实现中华民族伟大复兴的宏伟事业。

2014年6月6日，习近平在会见第七届世界华侨华人社团联谊大会代表时指出，中国梦是国家梦、民族梦，也是每个中华儿女的梦。广大海外侨胞有着赤忱的爱国情怀、雄厚的经济实力、丰富的智力资源、广泛的商业人脉，是实现中国梦的重要力量。

2016年4月26日，习近平总书记在知识分子、劳动模范、青年代表座谈会上，和大家语重心长地谈心。他说，梦想属于每一个人，广大劳动群众要敢想敢干、敢于追梦。说到底，实现中华民族伟大复兴的中国梦，要靠各行各业人们的辛勤劳动。现在，党和国家事业空间很大，只要有志气有闯劲，普通劳动者也可以在宽广舞台上展示自己的人生价值。许多劳动模范平凡而感人的事迹，都充分说明了这一点。我们要在全社会大力弘扬劳动精神，提倡通过诚实劳动来实现人生的梦想、改变自己的命运，反对一切不劳而获、投机取巧、贪图享乐的思想。

中国梦把国家的追求、民族的向往、人民的期盼融为一体。国家富强，就是要全面建成小康社会，并在此基础上建设富强民主文明和谐美丽的社会主义现代化国家；民族振兴，就是要使中华民族更加坚强有力地自立于世界民族之林，为人类社会作出新的更大的贡献；人民幸福，就是要坚持以人民为中心，增进人民福祉，促进人的全面发展，朝着共同富裕方向稳步前进。中国梦描绘了全国各族人民心驰神往的幸福图景，宣告了我们党团结全体中华儿女把国家建设好、民族发展好的坚定决心和信心，彰显了以习近平同志为核心的党中央承前启后、继往开来的历史使命和政治责任，已成为激荡在十四亿人心中的高昂旋律，表达了中华民族为人类发展进步作出更大贡献的真诚愿望，催人奋进、鼓舞人心。

2017年11月18日，中国共产党第十九次全国代表大会在北京隆

重开幕。习近平总书记在党的十九大报告中又将中国梦称为"伟大梦想"，并与伟大斗争、伟大工程、伟大事业有机联系起来，构成了"四个伟大"。实现伟大梦想，必须进行伟大斗争。社会是在矛盾运动中前进的，有矛盾就会有斗争。我们党要团结带领人民有效应对重大挑战、抵御重大风险、克服重大阻力、解决重大矛盾，必须进行具有许多新的历史特点的伟大斗争，任何贪图享受、消极懈怠、回避矛盾的思想和行为都是错误的。全党要充分认识这场伟大斗争的长期性、复杂性、艰巨性，发扬斗争精神，提高斗争本领，不断夺取伟大斗争新胜利。实现伟大梦想，必须建设伟大工程。这个伟大工程就是我们党正在深入推进的党的建设新的伟大工程。历史已经并将继续证明，没有中国共产党的领导，民族复兴必然是空想。实现伟大梦想，必须推进伟大事业。中国特色社会主义是改革开放以来党的全部理论和实践的主题，是党和人民历尽千辛万苦、付出巨大代价取得的根本成就。中国特色社会主义道路是实现社会主义现代化、创造人民美好生活的必由之路，中国特色社会主义理论体系是指导党和人民实现中华民族伟大复兴的正确理论，中国特色社会主义制度是当代中国发展进步的根本制度保障，中国特色社会主义文化是激励全党全国各族人民奋勇前进的强大精神力量。全党要更加自觉地增强道路自信、理论自信、制度自信、文化自信，既不走封闭僵化的老路，也不走改旗易帜的邪路，保持政治定力，坚持实干兴邦，始终坚持和发展中国特色社会主义。

习近平总书记还深刻揭示了"四个伟大"的辩证关系，强调伟大斗争，伟大工程，伟大事业，伟大梦想，紧密联系、相互贯通、相互作用，其中起决定性作用的是党的建设新的伟大工程。推进伟大工程，要结合伟大斗争、伟大事业、伟大梦想的实践来进行，确保党在世界形势深刻变化的历史进程中始终走在时代前列，在应对国内外各种风险和考验的历史进程中始终成为全国人民的主心骨，在坚持和发展中国特色社会主义的历史进程中始终成为坚强领导核心。

追梦需要激情和理想，圆梦需要奋斗和奉献。每一代人有每一代人的长征路，每一代人都要走好自己的长征路。实现中华民族伟大复兴，是中华民族近代以来最伟大的梦想，也是我们这一代人的历史使命。在中国共产党领导下，有中国人民团结一心、自强不息的精神，有中国人民创新创造、开拓进取的勇气，有中国人民艰苦奋斗、顽强拼搏的毅力，中华民族在苦难和曲折中一步步走到今天，必将在辉煌和奋斗中大踏步走向明天，中华民族伟大复兴的航船一定能够劈波斩浪驶向光辉的彼岸。

二、准确把握新的历史方位

党的十八大以来，以习近平同志为核心的党中央，坚持统筹推进"五位一体"总体布局、协调推进"四个全面"战略布局，坚持稳中求进工作总基调，对党和国家各方面工作提出一系列新理念新思想新战略，科学回答当今时代和当代中国发展提出的重大理论和现实问题，推动党和国家事业发生历史性变革、取得历史性成就，中国特色社会主义进入了新时代。

（1）中国特色社会主义进入新时代的基本依据

如何理解中国特色社会主义进入新时代？新时代是中国特色社会主义新时代，而不是别的什么新时代。这个新时代，是中国共产党在科学把握世情国情党情深刻变化的基础上，作出的一项关系全局的重大战略考量。这个新时代，是我国社会主要矛盾运动的必然结果，是我国社会发展进步的必然结果，也是中国共产党团结带领全国各族人民开创光明未来的必然要求。

一是世情国情党情发生新变化。

党的十八大以来，我国经济社会发展面临许多新情况新变化。第

一，世情新变化提出新要求。世界进入大变革大调整时期，面临百年未有之大变局，如何在世界经济复苏乏力的情况下保持稳中求进？如何在世界动荡和变局中保持定力、抓住机遇？这些都对我们统筹国际国内两个大局提出了更新和更高的要求。当代中国正处在从大国走向强国的关键时期，已不是国际秩序的被动接受者，而是积极的参与者、建设者、引领者。世界对中国的关注，从未像今天这样广泛和聚焦；中国对世界的影响，也从未像今天这样全面和深刻。中国与世界关系的这些重大变化，都需要从新的时代坐标来科学认识。第二，国情新变化提出新任务。新中国成立以来特别是改革开放以来，我国经济社会发展取得举世瞩目的伟大成就。党的十八大以来，党和国家事业发生历史性变革、取得历史性成就，我国发展站在新的历史起点上，中国特色社会主义进入新的发展阶段，新起点需要新气象新作为，需要从新的历史方位来全面把握。第三，党情新变化提出新标准。党的十八大以来，全面从严治党取得显著成就，消除了党内存在的严重隐患，化解了党面临的严重政治风险，保证全党沿着正确航向前进。但是党面临的长期执政、改革开放、市场经济和外部环境这"四大考验"是长期的、复杂的，党面临的精神懈怠、能力不足、脱离群众和消极腐败这"四种危险"是尖锐的、严峻的，特别是一些领导干部把市场经济的等价交换原则引入党内，权钱交易等行为屡禁不绝。全面从严治党永远在路上。我们党执政面临的社会环境和现实条件发生深刻变化，必须始终保持思想上的冷静清醒、增强行动上的勇毅执着，不断推进全面从严治党向纵深发展。世情国情党情的新变化，是中国特色社会主义进入新时代的时代背景。

二是理论创新实现了新的与时俱进

当代中国正经历着我国历史上最为广泛而深刻的社会变革，也正在进行宏大而独特的实践创新。时代是思想之母，实践是理论之源。这是一个需要理论而且一定能够产生理论的时代，是一个需要思想而且一定能够产生思想的时代。党的十八大以来，以习近平同志为核心的党中央在带领全国人民坚持和发展中国特色社会主义的伟大实践中，进行艰辛理论探索，取得重大理论创新成果，创立了习近平新时代中国特色社会主义思想。习近平新时代中国特色社会主义思想同中国特色社会主义进入新时代相适应，是马克思主义中国化的最新成果，是中国特色社会主义理论体系的重要组成部分，是全党全国人民为实现中华民族伟大复兴而奋斗的行动指南。在习近平新时代中国特色社会主义思想指导下，我国经济社会发展站在新的历史起点上，呈现出与时俱进的新特征，党的执政方式和执政方略有重大创新，党推动发展的理念和方式有重大转变，对发展水平和质量的要求比以往更高。这些变革力度之大、范围之广、效果之显著、影响之深远，在党的历史上、在新中国发展史上、在中华民族发展史上都具有开创性意义。党的理论创新实现新飞跃是中国特色社会主义进入新时代的理论依据。

三是社会主要矛盾发生转化。

正确判断和努力解决社会主要矛盾，是中国共产党完成历史使命的重要前提。民主革命时期，中国共产党正是由于正确认识到帝国主义和中华民族的矛盾、封建主义和人民大众的矛盾是中国近代社会的主要矛盾，所以必须通过革命实现民族独立和人民解放。新中国成立后，中国共产党对我国社会主要矛盾作出了正确判断，并取得了社会主义革命和建设的伟大胜利。但是，由于社会主义建设经验不足，受国内外形势变化的影响，中国共产党对社会主要矛盾的判断上也曾有过失误，甚至出现"以阶级斗争为纲"的严重失误。十一届三中全会以来，党对社会主要矛盾作出了新的判断，提出我国社会主要矛盾是人民日益增长的物质文化需要同落后的社会生产之间的矛盾。作出这一判断，主要是基于当时我国经济社会发展水平不高、社会生产力相对落后。坚持对主要矛盾的正确判断，以经济建设为中心，努力解决这个矛盾，社会发展取得了

巨大进步。

经过改革开放 40 年特别是党的十八大来的历史性变革，我国社会生产力水平总体上显著提高，我国已经成为世界第二大经济体，社会生产能力在很多方面进入世界前列，国家的面貌、人民的面貌、军队的面貌、中华民族的面貌发生了前所未有的变化。因此，再用"落后的社会生产"来概括，已经不能准确反映我国社会生产发展的实际状况。从需求方面来讲，我国稳定解决了十几亿人的温饱问题，总体上实现小康，并将全面建成小康社会，人民美好生活需要日益广泛，不仅对物质文化生活提出了更高要求，而且在民主、法治、公平、正义、安全、环境等方面的要求日益增长。当然，也应该看到，发展不平衡不充分问题，已经成为满足人民日益增长的美好生活需要的主要制约因素。发展不平衡主要是各区域各领域各方面发展不够平衡，发展中所存在短板制约了整体发展水平提升。发展不充分主要指一些地区、一些领域、一些方面还存在发展不足的问题，发展的任务仍然很重。

根据社会发展的阶段性特征，党的十九大作出了一个重大政治论断，即我国社会主要矛盾已经转化为人民日益增长的美好生活需要和不平衡不充分的发展之间的矛盾。这个重大判断，反映了我国社会发展的客观实际，指明了解决当代中国发展主要问题的着力点。我国社会主要矛盾的变化，没有改变我们对我国社会主义所处历史阶段的判断，我国仍处于并将长期处于社会主义初级阶段的国情没有变，我国是世界最大发展中国家的国际地位没有变，必须牢牢立足于社会主义初级阶段这个最大实际，坚持党的基本路线不动摇，既不落后于时代，也不能脱离实际、超越阶段。我国社会主要矛盾变化是关系全局的历史性变化，对党和国家工作提出了许多新要求。关于社会主要矛盾转化的重大政治判断，体现了中国共产党对我国社会现实的深刻把握、对人民需求变化的敏锐回应，是又一次重大的理论创新，是中国特色社会主义进入新时代的哲学基础。

四是经济社会发展取得历史性成就、发生根本性变革。

党的十八大以来，面对世界经济复苏乏力、局部冲突和动荡频发、全球性问题加剧的外部环境，面对我国经济发展进入新常态等一系列深刻变化，以习近平同志为核心的党中央团结带领全党全国各族人民，坚持稳中求进工作总基调，迎难而上，开拓进取，取得了改革开放和社会主义现代化建设的历史性成就。

经济建设取得重大成就，发展质量和效益不断提升。在世界经济增长动能严重不足、长期处于低迷的情况下，我国经济一直保持中高速增长，经济总量稳居世界第二，对世界经济增长的贡献率超过了 30%，世界经济中的中国要素不断彰显，影响力不可忽视。此外，供给侧结构性改革深入推进，农业现代化建设稳步发展，城镇化步伐不断加快，区域发展协调性持续增强，创新驱动发展战略大力实施，开放型经济新体制逐步健全。

发展理念和发展方式发生了深刻变革。为了更好地解决我国经济发展进入新常态的各种问题，适应新的形势发展，2015 年 10 月党的十八届五中全会通过的《中共中央关于制定国民经济和社会发展第十三个五年规划的建议》明确提出"创新、协调、绿色、开放、共享的发展理念"，要求全党充分认识"坚持创新发展、协调发展、绿色发展、开放发展、共享发展是关系我国发展全局的一场深刻变革"的重大现实意义和深远历史意义。在新发展理念的指导下，使市场在资源配置中起决定性作用、更好发挥政府作用的体制机制得到不断完善，供给侧结构性改革更加深入发展，"一带一路"建设、京津冀协同发展、长江经济带发展等重大战略有效实施，经济结构调整和新旧动能转换加快推进，特别是强调了要坚持正确政绩观，不简单以国内生产总值增长率论英雄。这些重大工作和重大成就，使全党全国的发展观念发生深刻变化，推动我国经济由高速增长阶段转向高质量发展阶段，为我国发展培育了新动力、拓展了新空间，有力推动了我国发展不断朝着更高质量、更有效率、更加公平、更可持续的方向前进。

人民生活不断改善，人民获得感显著增强。党的十八大以来，以习近平同志为核心的党中央，深入贯彻以人民为中心的发展思想，一大批惠民举措落地实施，人民获得感显著增强，特别是脱贫攻坚取得明显成效，创造了世界减贫史上的奇迹，为全球减贫事业作出重大贡献，形成了全球减贫事业可借鉴的"中国方案"。国际社会高度评价中国脱贫攻坚取得的成果，联合国秘书长古特雷斯称赞："精准减贫方略是帮助贫困人口、实现《2030年可持续发展议程》宏伟目标的唯一途径。中国已实现数亿人脱贫，中国的经验可以为其他发展中国家提供有益借鉴。"

党的十八大以来，习近平总书记30多次到国内各地考察，几乎每次都提到扶贫。从黄土高坡到茫茫林海，从雪域高原到草原牧区，从西北边陲到云贵高原，习近平总书记几乎走遍了全国14个集中连片特困

链接：精准扶贫方略的提出

　　湖南省湘西州花垣县有个十八洞村，是一个苗族小寨。2013年11月3日，习近平总书记来到这里视察。他沿着狭窄山路来到特困户施齐文家走访。木屋四壁黝黑，一盏节能灯是唯一"电器"，家里没有电视，齐文家老人的老伴是位苗族大娘，不认识总书记，她问习近平："怎么称呼您？"村主任说："这是总书记。"习近平握住老人的手询问年纪，听说老人64岁了，他说："你是大姐"。随后，习近平总书记同村干部和村民代表围坐在一起，亲切地拉家常、话发展。村民们谈变化、讲困难、道实情，习近平边听边问。也正是在这次交流中，习近平总书记首次提出了"精准扶贫"。为什么要搞精准扶贫？习近平总书记形象地指出，"手榴弹炸跳蚤"是不行的。抓扶贫切忌喊大口号，也不要定那些好高骛远的目标，要一件事接着一件事做。

地区。2015 年 6 月，习近平总书记在贵州召开部分省区市党委主要负责同志座谈会，深刻论述了精准扶贫精准脱贫的总体思路和基本要求。在同年 11 月召开的中央扶贫开发工作会议上，习近平总书记又全面阐述精准扶贫基本方略。

根据党中央的战略部署，通过设定时间表、留出缓冲期、实行严格评估、实行逐户销号等一系列措施，全国各地用"绣花"的功夫把扶贫工作做实做细，取得明显成效。党的十九大已经发出坚决打赢脱贫攻坚战的动员令，要求确保 2020 年我国现行标准下农村贫困人口实现脱贫，贫困县全部摘帽，解决区域性整体贫困。2021 年 2 月 25 日，中华民族的历史翻开崭新篇章。这一天，在北京召开的全国脱贫攻坚总结表彰大会上，习近平总书记庄严宣告：我国脱贫攻坚战取得了全面胜利！8 年来，近 1 亿人脱贫，832 个贫困县全部摘帽——我们向深度贫困堡垒发起总攻，啃下了最难啃的"硬骨头"。虽遭遇疫情影响，我国依然如期完成新时代脱贫攻坚目标任务，提前 10 年完成联合国 2030 年可持续发展议程的减贫目标。这是中国共产党领导全国各族人民接续奋斗干出来的，在精准扶贫方略指引下，瞄准扶持谁、谁来扶、怎么扶、如何退问题，构建了体现社会主义制度优势、行之有效的帮扶体系。每个贫困户脱贫背后，都是一套量身制定的脱贫方案、一个相互协同的系统工程、一场改变命运的硬仗，国家扶贫政策精准"滴灌"，贫困地区经济社会发展明显加快。经过全党全国各族人民共同努力，完成了消除绝对贫困的艰巨任务，创造了又一个彪炳史册的人间奇迹。脱贫摘帽不是终点，而是新生活、新奋斗的起点。脱贫攻坚目标任务完成后，"三农"工作重心转向了全面推进乡村振兴。

在全面深化改革方面，党中央以前所未有的决心和力度推进全面深化改革，大刀阔斧、蹄疾步稳，谱写了改革新篇章。2013 年 11 月，中国共产党召开了十八届三中全会，通过了《中共中央关于全面深化改革

若干重大问题的决定》，作出了全面深化改革的重大战略决策和战略部署。全会强调，全面深化改革的总目标是完善和发展中国特色社会主义制度，推进国家治理体系和治理能力现代化。经过不懈努力，重要领域和关键环节的改革已经取得突破性进展，社会主义市场经济体制不断完善，改革激发发展活力的作用十分显著。2019年10月召开的党的十九届四中全会明确提出，坚持和完善中国特色社会主义制度、推进国家治理体系和治理能力现代化的总体目标是，到我们党成立一百年时，在各方面制度更加成熟更加定型上取得明显成效；到2035年，各方面制度更加完善，基本实现国家治理体系和治理能力现代化；到新中国成立一百年时，全面实现国家治理体系和治理能力现代化，使中国特色社会主义制度更加巩固、优越性充分展现。通过全方位、宽领域、大力度、深层次的主动改革，不断完善治理体系，提升治理能力，在中外改革史上极为罕见、意义重大、影响深远。

在法治方面，全面依法治国发生了深刻变革。2014年10月，中国共产党召开了十八届四中全会，通过了《中共中央关于全面推进依法治国若干重大问题的决定》，提出全面推进依法治国，总目标是建设中国特色社会主义法治体系，建设社会主义法治国家。在全会精神的指导下，全面依法治国的步伐大大加快，在实践中统筹加强科学立法、严格执法、公正司法、全民守法各环节建设，统筹推进法治国家、法治政府、法治社会一体建设，全面推进司法体制改革，中国特色社会主义法治体系日益完善。

在党的领导方面，全面加强党的领导发生了深刻变革。针对过去一个时期党的领导弱化问题比较普遍的状况，党中央果断提出坚持和改善党的领导的重大政治要求，强调党的领导是做好党和国家各项工作的根本保证，强调党政军民学，东西南北中，党是领导一切的。事在四方，要在中央。全党不断增强政治意识、大局意识、核心意识、看齐意识，坚决维护习近平总书记党中央的核心、全党的核心地位，坚决维护党中央权威和集中统一领导。经过坚持不懈的努力，我们党纠正了一个时期以来在坚持党的领导问题上出现的模糊认识和错误思想认识，扭转了在一些地方和部门存在的党的领导弱化和党的建设缺失现象，实现了全党思想上统一、政治上团结、行动上一致，大大增强了党的凝聚力、战斗力和领导力、号召力。党对意识形态工作的领导不断加强，中国特色社会主义和中国梦深入人心，社会主义核心价值观和中华优秀传统文化广泛弘扬，群众性精神文明创建活动扎实开展，文化自信得到彰显，国家文化软实力和中华文化影响力大幅提升，全党全社会思想上的团结统一更加巩固。

此外，生态文明建设成效显著，强军兴军开创新局面，港澳台工作取得新进展，全方位外交布局深入展开。

总之，党的十八大以来，我国经济社会发展取得全方位、开创性的历史性成就，党和国家事业发生深层次、根本性的历史性变革。这是中国特色社会主义进入新时代的现实依据。

（2）中国特色社会主义进入新时代的重大意义

习近平总书记在党的十九大报告中指出："中国特色社会主义进入新时代，意味着近代以来久经磨难的中华民族迎来了从站起来、富起来到强起来的伟大飞跃，迎来了实现中华民族伟大复兴的光明前景；意味着科学社会主义在二十一世纪的中国焕发出强大生机活力，在世界上高高举起了中国特色社会主义伟大旗帜；意味着中国特色社会主义道路、理论、制度、文化不断发展，拓展了发展中国家走向现代化的途径，给世界上那些既希望加快发展又希望保持自身独立性的国家和民族提供了全新选择，为解决人类问题贡献了中国智慧和中国方案。"

这三个"意味着"，从历史和现实、理论与实践、中国与世界相结合的维度，深刻揭示了中国特色社会主义历史性成就的历史意义、时代

意义和世界意义。

中国特色社会主义进入到新时代，充分表明了中华民族的伟大复兴已经踏入走向强国的新征程。中华民族历史悠久，曾创造过灿烂辉煌的古代文明。近代以来，由于外国列强的入侵和国内封建统治势力的愚昧腐朽，中华民族遭受了世所罕见的屈辱和苦难。正如习近平总书记在庆祝改革开放 40 周年大会上所说，"在近代以来漫长的历史进程中，中国人民经历了太多太多的磨难，付出了太多太多的牺牲，进行了太多太多的拼搏"。中国特色社会主义进入新时代，以无可辩驳的事实说明了中华民族 170 多年不懈奋斗、中国共产党人 90 多年执着追求、中国人民改革开放 40 多年艰辛探索取得了巨大成功，说明了中华民族已经从站起来、富起来发展到强起来。中华民族将在全面建成小康社会的基础上，迅速开启全面建设社会主义现代化建设的新征程，快步进入强国强军的快车道，日益走近世界舞台中央。这在中华民族复兴史上具有划时代的历史意义，不可逆转地开启了中华民族不断发展壮大、走向伟大复兴的新的历史阶段。强起来，反映了近代以来一代又一代中国人的美好夙愿，意味着中国人民会过上更加幸福安康的生活，意味着中华民族以更加昂扬向上、文明开放的姿态屹立于世界民族之林，对人类文明发展做出更大贡献。

中国特色社会主义进入到新时代，充分表明科学社会主义在中国焕发出勃勃生机。社会主义思想从提出到现在，已经 500 多年时间，经历了从空想到科学、从理论到实践、从一国胜利到多国发展的历程。社会主义之所以能够在中国焕发出强大生机活力并不断开辟发展新境界，就是因为中国共产党坚持把马克思主义基本原理与中国实际和时代特征相结合，勇于推进实践基础上的理论创新，创造性地提出了中国特色社会主义。中国特色社会主义是根植于中国大地、反映中国人民愿望、适应中国和时代发展要求的科学社会主义。实践是检验真理的唯一标准。中国特色社会主义的伟大实践及其进入到新时代，使中国特色社会主义成为世界社会主义发展史上的耀眼明珠和里程碑，充分表明了马克思主义、科学社会主义是科学真理，人类历史演进的趋势和规律没有变；表明了社会主义在中国蓬勃有力、生机勃勃，科学社会主义的优越性必将进一步释放、影响力吸引力必将进一步扩大。

中国特色社会主义进入到新时代，充分表明发展中国家的现代化道路有了新的路径选择，有了新的成功借鉴。为人类发展不断作出新的更大的贡献，是中国共产党和中国人民作出的庄严承诺。中国特色社会主义不断取得的重大成就，不仅极大地推动了中国社会的发展进步，也在相当程度上影响了世界发展的进程。作为一个占世界人口五分之一的发展中大国，中国的和平稳定和繁荣发展，本身就是对世界的巨大贡献。坚持和发展中国特色社会主义，从根本上改变了中国人民和中华民族的前途命运，也为发展中国家走向现代化提供了新途径。现代化作为人类社会文明进步的重要标志，是世界各国人民追寻的目标。走向现代化是人类社会发展的必然趋势，但通向现代化的道路是多种多样的。在较长的历史时期，一些国家曾经宣称，欧美模式是走向现代化的唯一途径，一些人极力宣扬所谓"普世价值"。然而战乱频仍和政局动荡已经使一些国家饱尝了照搬欧美模式的苦果，长期以来被奉为圭臬的"西方发展模式"受到世人质疑。相比之下，中国特色社会主义开创了一条与西方不同的崭新的社会主义现代化之路。这条道路以社会主义基本制度为依托，坚持社会主义市场经济的改革方向，以全体人民的共同富裕和人的全面发展为价值旨归，以建设富强民主文明和谐美丽的社会主义现代化国家为目标，实现了当今世界人口规模最大的现代化，让中华文明在现代化进程中焕发出新的蓬勃生机。中国特色社会主义的成功之路表明，现代化的模式并不仅仅只有资本主义条件下的西化模式。中国的现代化范式，为力图走向现代化而又想摆脱西方现代化困境的发展中国家，提

供了可资借鉴的新方案。中国特色社会主义的伟大实践及其进入到新时代，进一步表明西方模式只是实现现代化的一种选择，现代化不等于西方化。中国的成功，改变了长期占主导地位和垄断话语权的西方现代化模式的影响，打破了习惯用西方价值标准和发展模式主宰世界的错误认知，给世界上那些既希望加快发展又不希望走依附式道路的国家和民族提供了全新选择。这在人类现代化史上是具有重大贡献的标志性事件。

新时代意味着新起点新要求，新时代呼唤着新气象新作为。如何理解中国特色社会主义进入新时代的主要任务？习近平总书记在党的十九大报告中明确指出："这个新时代，是承前启后、继往开来、在新的历史条件下继续夺取中国特色社会主义伟大胜利的时代，是决胜全面建成小康社会、进而全面建设社会主义现代化强国的时代，是全国各族人民团结奋斗、不断创造美好生活、逐步实现全体人民共同富裕的时代，是全体中华儿女勠力同心、奋力实现中华民族伟大复兴中国梦的时代，是我国日益走近世界舞台中央、不断为人类作出更大贡献的时代。"

三、新时代的理论指南

新时代孕育新思想，新思想指导新实践。每个时代都会面临不同于其他时代的新问题，回答和解决这些新问题必然产生不同于其他时代的新理论和新实践。党的十八大以来，以习近平同志为核心的党中央，坚持以马克思列宁主义、毛泽东思想、邓小平理论、"三个代表"重要思想、科学发展观为指导，坚持解放思想、实事求是、与时俱进、求真务实，坚持辩证唯物主义和历史唯物主义，紧密结合新的时代条件和实践要求，以全新的视野深化对共产党执政规律、社会主义建设规律、人类社会发展规律的认识，进行艰辛理论探索，从理论和实践结合上系统回答了新时代坚持和发展什么样的中国特色社会主义、怎样坚持和发展中国特色社会主义的一系列基本问题，取得重大理论创新成果，形成了习近平新时代中国特色社会主义思想，党的十九大将其确立为党必须长期坚持的指导思想并庄严地写入党章，实现了党的指导思想的与时俱进。第十三届全国人民代表大会第一次会议通过的宪法修正案，郑重地把习近平新时代中国特色社会主义思想载入宪法，实现了国家指导思想的与时俱进，反映了全国各族人民共同意志和全社会共同愿望。

中国共产党人深刻认识到，只有把马克思主义基本原理同中国具体实际相结合、同中华优秀传统文化相结合，坚持运用辩证唯物主义和历史唯物主义，才能正确回答时代和实践提出的重大问题，才能始终保持马克思主义的蓬勃生机和旺盛活力。习近平新时代中国特色社会主义思想是"两个结合"的重大成果。这一思想涵盖了新时代坚持和发展中国特色社会主义的总目标、总任务、总体布局、战略布局和发展方向、发展方式、发展动力、战略步骤、外部条件、政治保证等基本问题，并不断对经济、政治、法治、科技、文化、教育、民生、民族、宗教、社会、生态文明、国家安全、国防和军队、"一国两制"和祖国统一、统一战线、外交、党的建设等各方面作出理论概括和战略指引，全面阐述了我国改革发展稳定、内政外交国防、治党治国治军等各领域的理论和实践问题，构成一个系统完整、逻辑严密的科学理论体系。

"十个明确"就是明确中国特色社会主义最本质的特征是中国共产党领导，中国特色社会主义制度的最大优势是中国共产党领导，中国共产党是最高政治领导力量，全党必须增强"四个意识"、坚定"四个自信"、做到"两个维护"；明确坚持和发展中国特色社会主义，总任务是实现社会主义现代化和中华民族伟大复兴，在全面建成小康社会的基础上，分两步走在本世纪中叶建成富强民主文明和谐美丽的社会主义现代化强国，以中国式现代化推进中华民族伟大复兴；明确新时代我国社会主要矛盾是人民日益增长的美好生活需要和不平衡不充分的发展之间的

矛盾，必须坚持以人民为中心的发展思想，发展全过程人民民主，推动人的全面发展、全体人民共同富裕取得更为明显的实质性进展；明确中国特色社会主义事业总体布局是经济建设、政治建设、文化建设、社会建设、生态文明建设五位一体，战略布局是全面建设社会主义现代化国家、全面深化改革、全面依法治国、全面从严治党四个全面；明确全面深化改革总目标是完善和发展中国特色社会主义制度、推进国家治理体系和治理能力现代化；明确全面推进依法治国总目标是建设中国特色社会主义法治体系、建设社会主义法治国家；明确必须坚持和完善社会主义基本经济制度，使市场在资源配置中起决定性作用，更好发挥政府作用，把握新发展阶段，贯彻创新、协调、绿色、开放、共享的新发展理念，加快构建以国内大循环为主体、国内国际双循环相互促进的新发展格局，推动高质量发展，统筹发展和安全；明确党在新时代的强军目标是建设一支听党指挥、能打胜仗、作风优良的人民军队，把人民军队建设成为世界一流军队；明确中国特色大国外交要服务民族复兴、促进人类进步，推动建设新型国际关系，推动构建人类命运共同体；明确全面从严治党的战略方针，提出新时代党的建设总要求，全面推进党的政治建设、思想建设、组织建设、作风建设、纪律建设，把制度建设贯穿其中，深入推进反腐败斗争，落实管党治党政治责任，以伟大自我革命引领伟大社会革命。

"十四个坚持"就是：坚持党对一切工作的领导、坚持以人民为中心、坚持全面深化改革、坚持新发展理念、坚持人民当家作主、坚持全面依法治国、坚持社会主义核心价值体系、坚持在发展中保障和改善民生、坚持人与自然和谐共生、坚持总体国家安全观、坚持党对人民军队的绝对领导、坚持"一国两制"和推进祖国统一、坚持推动构建人类命运共同体、坚持全面从严治党。这"十四个坚持"，涵盖坚持党的领导和"五位一体"总体布局、"四个全面"战略布局，涵盖国防和军队建设、维护国家安全、对外战略，是对党的治国理政重大方针、原则的最新概括，体现了理论与实践相统一、战略与战术相结合，是实现"两个一百年"奋斗目标、实现中华民族伟大复兴中国梦的"路线图"和"方法论"。这"十四个坚持"，既是习近平新时代中国特色社会主义思想的重要组成部分，也是落实习近平新时代中国特色社会主义思想的实践要求。

"十三个方面成就"，就是在坚持党的全面领导、全面从严治党、经济建设、全面深化改革开放、政治建设、全面依法治国、文化建设、社会建设、生态文明建设、国防和军队建设、维护国家安全、坚持"一国两制"和推进祖国统一、外交工作等方面取得的历史性成就和发生的历史性变革。这些成就全景展示了以习近平同志为核心的党中央治国理政理念、成就和经验，既是习近平新时代中国特色社会主义思想指导的结果，又以一系列重要原创性成果丰富发展了这一重要思想。

党的二十大报告指出："不断谱写马克思主义中国化时代化新篇章，是当代中国共产党人的庄严历史责任。继续推进实践基础上的理论创新，首先要把握好新时代中国特色社会主义思想的世界观和方法论，坚持好、运用好贯穿其中的立场观点方法。"① 报告从 6 个方面作了概括和阐述，强调必须坚持人民至上，必须坚持自信自立，必须坚持守正创新，必须坚持问题导向，必须坚持系统观念，必须坚持胸怀天下。"六个必须坚持"深刻体现了习近平新时代中国特色社会主义思想的立场观点方法，深刻揭示了这一思想根本的政治立场、彻底的理论品格、独有的精神气质、科学的思想方法，为把握好、运用好这一科学理论的思想精髓、进一步提高全党马克思主义水平提供了"金钥匙"，为继续推进党的理论创新解决了"桥和船"的问题。

---

① 习近平：《高举中国特色社会主义伟大旗帜　为全面建设社会主义现代化国家而团结奋斗——在中国共产党第二十次全国代表大会上的报告》，人民出版社 2022 年版，第 18 页。

习近平新时代中国特色社会主义思想是当代中国马克思主义、二十一世纪马克思主义，是中华文化和中国精神的时代精华，实现了马克思主义中国化时代化新的飞跃。深入学习贯彻习近平新时代中国特色社会主义思想，在学懂弄通做实上下功夫，增进政治认同、思想认同、情感认同，切实做到学、思、用贯通，知、信、行统一，对于统一思想认识、明确前进方向、凝聚奋进力量，为实现社会主义现代化和中华民族伟大复兴，具有重大现实意义和深远历史意义。

四、两岸一家亲共圆中国梦

2019 年新年伊始，中共中央在北京隆重集会，纪念全国人民代表大会常务委员会《告台湾同胞书》发表 40 周年。

台湾问题的产生和演变同近代以来中华民族命运休戚相关。海峡两岸分隔已经 70 多年。1949 年以来，中国共产党、中国政府、中国人民始终把解决台湾问题、实现祖国完全统一作为矢志不渝的历史任务。1979 年 1 月 1 日，全国人民代表大会常务委员会发表《告台湾同胞书》，郑重宣示争取祖国和平统一的大政方针。这是对台工作和两岸关系进程中具有里程碑意义的大事，揭开了两岸关系发展新的历史篇章。

为了解决台湾问题，以邓小平为核心的第二代中央领导集体，在毛泽东、周恩来 50 年代提出的关于和平解放台湾设想的基础上，创造性地提出"一国两制"构想，开辟了以和平方式实现祖国统一的新途径。"一国两制"就是在统一的国家之内，国家主体实行社会主义制度，个别地区依法实行资本主义制度。"一国两制"是一个完整的概念。"一国"是实行"两制"的前提和基础，"两制"从属和派生于"一国"，并统一于"一国"之内。"一国两制"是中国特色社会主义的一个伟大创举，是一项前无古人的开创性事业。按照"一国两制"伟大构想，香港、澳门实现了和平回归，改变了历史上很多收复失地都要大动干戈的所谓定势。

不断推进"一国两制"在香港、澳门的成功实践，是中国梦的重要组成部分，也为解决台湾问题、推进祖国和平统一进程提供了宝贵经验。

党的十八大以来，习近平总书记始终站在全民族的高度、透过大历史的视野来把握台湾问题。2015 年 11 月 7 日，中共中央总书记、国家主席习近平在新加坡同台湾地区领导人马英九会面，双方围绕推进和平发展、致力民族复兴的主题，就两岸关系坦诚交换意见。这是 1949 年以来两岸领导人首次会面，开创了两岸领导人直接对话、沟通的先河，将两岸关系和平发展和政治互动推到了新高度。在世界面临百年未有之大变局的大背景下，在中国强起来的新时代，中共中央隆重纪念全国人大常委会发表《告台湾同胞书》40 周年，习近平总书记发表了题为《为实现民族伟大复兴推进祖国和平统一而共同奋斗》的重要讲话，充分反映了全体中华儿女对实现祖国完全统一的决心和底气，具有划时代的意义。

习近平总书记的重要讲话，深刻昭示了两岸关系发展和祖国必然统一的历史大势。习近平总书记指出，祖国必须统一，也必然统一。这是 70 载两岸关系发展历程的历史定论，也是新时代中华民族伟大复兴的必然要求。台湾是中国一部分、两岸同属一个中国的历史和法理事实，是任何人任何势力都无法改变的！两岸同胞都是中国人，血浓于水、守望相助的天然情感和民族认同，是任何人任何势力都无法改变的！台海形势走向和平稳定、两岸关系向前发展的时代潮流，是任何人任何势力都无法阻挡的！国家强大、民族复兴、两岸统一的历史大势，更是任何人任何势力都无法阻挡的！

"不畏浮云遮望眼，自缘身在最高层。"这两个"无法改变"、两个"无法阻挡"，凝练总结了 70 多年来两岸关系发展的基本启示，深刻昭示了两岸关系发展的历史大势，明确指出了大势所趋、大义所在、民心所向。

2015 年 9 月 3 日，纪念中国人民抗日战争暨世界反法西斯战争胜利 70 周年大会在北京隆重举行。这是中国人民解放军三军仪仗方队接受检阅

习近平总书记郑重提出了新时代推动两岸关系和平发展、推进祖国和平统一进程的五项重大政策主张：第一，携手推动民族复兴，实现和平统一目标；第二，探索"两制"台湾方案，丰富和平统一实践；第三，坚持一个中国原则，维护和平统一前景；第四，深化两岸融合发展，夯实和平统一基础；第五，实现同胞心灵契合，增进和平统一认同。这五项主张视野宏大、内涵丰富、思想深邃，贯穿着历史思维、战略思维、辩证思维、创新思维，具有很强针对性、极大包容性，科学回答了新时代如何推动两岸关系和平发展、团结台湾同胞共同致力于实现民族伟大复兴和祖国和平统一的时代命题，丰富了新时代坚持"一国两制"和推进祖国统一基本方略的重要内涵，指明了今后一个时期对台工作的基本思路、重点任务和前进方向。

习近平总书记的重要讲话，深刻揭示了台湾前途命运与民族伟大复兴的内在联系。他强调指出，台湾问题的产生和演变同近代以来中华民族命运休戚相关。台湾前途在于国家统一，台湾同胞福祉系于民族复兴。台湾问题因民族弱乱而产生，必将随着民族复兴而终结。两岸同胞要携手同心，共圆中国梦，共享民族复兴的荣耀。两岸一家亲，共圆中国梦。习总书记重要讲话深刻揭示了台湾与大陆是休戚相关的命运共同体，深刻揭示了台湾同胞福祉利益与中华民族伟大复兴的内在联系，充分体现了习总书记的民族情怀和历史使命感，必将激励广大台湾同胞树立正确的历史观、民族观，认真思考台湾在民族复兴中的地位和每个人的责任，积极参与到推进祖国和平统一、实现民族伟大复兴的光辉事业中来。

习近平总书记的重要讲话，充分体现了对台湾同胞利益福祉的关心关怀。习总书记重要讲话自始至终贯穿着和平统一的鲜明主题，强调中国人不打中国人，愿意以最大诚意、尽最大努力争取和平统一的前景，愿意为和平统一创造广阔空间，体现了对和平统一的坚定追求，表明了我们维护的是全民族根本利益和台湾同胞整体利益，展现出对广大台湾同胞最大的善意和关爱。

习近平总书记的重要讲话，鲜明表达了坚决反对"台独"分裂、外来干涉的严正立场。习近平总书记指出，统一是历史大势，是正道。"台独"是历史逆流，是绝路。我们绝不为各种形式的"台独"分裂活动留下任何空间。我们不承诺放弃使用武力，保留采取一切必要措施的选项，针对的是外部势力干涉和极少数"台独"分裂分子及其分裂活动。台湾问题攸关国家核心利益，攸关中国人民的民族感情。习近平总书记在讲话中再度宣示了绝不容忍"台独"分裂图谋和行径得逞的严正立场，清晰划出了不容逾越的红线。在原则问题上，我们决不妥协退让。如果"台独"势力胆敢铤而走险，我们将坚决予以粉碎。任何势力都不要低估中国政府、中国人民维护国家主权和领土完整的坚定决心、强大能力，我们绝不允许任何一寸领土从中国分裂出去。坚持一个中国原则是公认的国际关系准则，是国际社会普遍共识。我们相信，中国人民反对"台独"分裂、争取完成国家统一的正义事业，必将得到国际社会更加广泛的理解和支持。[①]

民族复兴、国家统一是大势所趋、大义所在、民心所向。党的二十大报告指出："解决台湾问题、实现祖国完全统一，是党矢志不渝的历史任务，是全体中华儿女的共同愿望，是实现中华民族伟大复兴的必然要求。""解决台湾问题是中国人自己的事，要由中国人来决定。我们坚持以最大诚意、尽最大努力争取和平统一的前景，但决不承诺放弃使用武力，保留采取一切必要措施的选项，这针对的是外部势力干涉和极少数"台独"分裂分子及其分裂活动，绝非针对广大台湾同胞。国家统一、

[①]　本部分内容参考了《指引新时代对台工作的纲领性讲话——刘结一谈习近平总书记在〈告台湾同胞书〉发表 40 周年纪念会上重要讲话学习体会》,《人民日报》2019 年 1 月 3 日。

民族复兴的历史车轮滚滚向前，祖国完全统一一定要实现，也一定能够实现！"[1] 两岸同胞和衷共济、共同奋斗，就一定能够共同推动两岸关系和平发展、推进祖国和平统一进程，共圆中华民族伟大复兴中国梦。

五、中国梦与世界的美好梦想相通

中国梦是中国人民追求美好生活的幸福梦，也是与各国人民追求和平与发展的美好梦想相通的。实现中华民族伟大复兴的中国梦，不仅造福中国人民，而且造福各国人民。

自从提出中国梦的概念以来，习近平总书记利用出访、会见、答问、演讲等机会向国际社会阐释中国梦的科学内涵，并不断赋予其深刻的世界意义。2013 年 3 月 23 日，他在莫斯科国际关系学院演讲时指出，中国发展壮大，带给世界的是更多机遇而不是什么威胁。我们要实现的中国梦，不仅造福中国人民，而且造福各国人民。3 月 25 日，他在坦桑尼亚尼雷尔国际会议中心演讲时指出，13 亿多中国人民正致力于实现中华民族伟大复兴的中国梦，10 亿多非洲人民正致力于实现联合自强、发展振兴的非洲梦。中非人民要加强团结合作、加强相互支持和帮助，努力实现我们各自的梦想。6 月 7 日，他在同美国总统奥巴马共同会见记者时指出，中国梦要实现国家富强、民族振兴、人民幸福，是和平、发展、合作、共赢的梦，与包括美国梦在内的世界各国人民的美好梦想相通。10 月，他在接受印度尼西亚和马来西亚媒体联合采访时指出，中国梦同东盟各国寻求国家发展振兴、人民富裕幸福的追求和梦想息息相通，中国愿同东盟各国在实现理想的道路上携手并肩、心心相印、互帮互助，发挥各自优势，挖掘合作潜力，实现互利共赢。

---

[1] 习近平：《高举中国特色社会主义伟大旗帜　为全面建设社会主义现代化国家而团结奋斗——在中国共产党第二十次全国代表大会上的报告》，人民出版社 2022 年版，第 58、59 页。

2014 年 5 月 15 日，习近平总书记在中国国际友好大会暨中国人民对外友好协会成立 60 周年纪念活动上发表讲话指出，中国梦既是中国人民追求幸福的梦，也同世界人民的梦想息息相通。中国将在实现中国梦的过程中，同世界各国一道，推动各国人民更好实现自己的梦想。

2016 年 4 月 28 日，他在亚洲相互协作与信任措施会议第五次外长会议开幕式上又强调指出，中国发展将继续为各国创造更多机遇、给各国民众带来更多福祉。中国人民将在追求中国梦的过程中帮助和支持各国人民实现各自的美好梦想，一道实现持久和平、共同繁荣的亚洲梦，共创亚洲美好未来。2017 年 11 月 10 日，他在亚太经合组织工商领导人峰会上的主旨演讲中指出，中国人民的梦想同各国人民的梦想息息相通。当今世界充满挑战，前面的道路不会平坦，但我们不会放弃理想追求，将以更大的作为，同各方携手建设持久和平、普遍安全、共同繁荣、开放包容、清洁美丽的世界。

习近平总书记对中国梦的阐释，有利于消除误解，增进理解。中国梦与世界的美好梦想相通，意味着向世界再一次庄严承诺，中国将坚定不移地走和平发展道路，中国的发展带给世界的不是灾难而是机遇。

党的十八大以来，中国政府在保持外交大政方针连续性和稳定性的基础上，根据国际形势新变化，不断推进外交理论创新发展，推动建立新型国际关系，为实现中华民族伟大复兴的中国梦争取有利外部条件，为实现持久和平、共同繁荣的世界梦贡献中国智慧和中国方案。

坚持推动构建人类命运共同体，是习近平外交思想的核心和精髓。人类命运共同体，顾名思义，就是每个民族、每个国家的前途命运都紧紧联系在一起，应该风雨同舟，荣辱与共，努力把我们生于斯、长于斯的这个星球建成一个和睦的大家庭，把世界各国人民对美好生活的向往变成现实。全球 190 多个国家、约 70 亿人口，我们因何而紧密相连、未来又将走向何方？迈向人类命运共同体，这是中国领导人基于对历史和现实的深入思考给出的中国方案。

当今世界面临着百年未有之大变局，各国间的联系和依存日益加深，但也面临诸多共同挑战。全球发展深层次矛盾突出，霸权主义、强权政治依然存在，保护主义、单边主义不断抬头，战乱恐袭、饥荒疫情此起彼伏，传统安全和非传统安全问题复杂交织。在经济全球化背景下，一国发生的危机通过全球化机制的传导，可以迅速波及全球，危及国际社会整体。面对这些危机，国际社会只能"同舟共济""共克时艰"。亚洲金融危机后中国把握其宏观经济政策以帮助东盟国家，2008年国际金融危机后二十国集团机制的出现，都是国家之间在相互依存中通过国际机制建设应对国际危机的例证。可以设想，如果国家之间互不合作、以邻为壑、危机外嫁，这些危机完全可能像 20 世纪 20—30 年代的危机一样，引发冲突甚至战争，给人类社会带来严重灾难。特别是互联网把各国空前紧密地连在一起，在世界任何一点发动网络攻击，看似无声无息，但给对象国经济社会带来的损失却有可能不亚于一场战争。

党的十八大以来，习近平总书记多次强调，国际社会日益成为一个你中有我、我中有你的"命运共同体"，面对世界经济的复杂形势和全球性问题，任何国家都不可能独善其身。从国与国双边的命运共同体，到区域内的命运共同体，到人类命运共同体，习近平总书记近百次谈及"命运共同体"，深入思考事关人类命运的宏大课题，展现出中国领导人面向未来的长远眼光、博大胸襟和历史担当。

2015 年 9 月，习近平在纽约联合国总部发表重要讲话指出："当今世界，各国相互依存、休戚与共。我们要继承和弘扬联合国宪章的宗旨和原则，构建以合作共赢为核心的新型国际关系，打造人类命运共同体。"

构建人类命运共同体内涵十分丰富，概括起来说就是党的十九大报告提出的"建设持久和平、普遍安全、共同繁荣、开放包容、清洁美丽的世界"。2018 年 3 月 11 日，第十三届全国人民代表大会第一次会议通过的宪法修正案，将宪法序言第十二自然段中"发展同各国的外交关系和经济、文化的交流"修改为"发展同各国的外交关系和经济、文化交流，推动构建人类命运共同体"。

2018 年 4 月 10 日，习近平主席在博鳌亚洲论坛 2018 年年会开幕式上的主旨演讲中指出，"从顺应历史潮流、增进人类福祉出发，我提出推动构建人类命运共同体的倡议，并同有关各方多次深入交换意见。我高兴地看到，这一倡议得到越来越多国家和人民欢迎和认同，并被写进了联合国重要文件。我希望，各国人民同心协力、携手前行，努力构建人类命运共同体，共创和平、安宁、繁荣、开放、美丽的亚洲和世界"。

党的二十大报告指出："构建人类命运共同体是世界各国人民前途所在。万物并育而不相害，道并行而不相悖。只有各国行天下之大道，和睦相处、合作共赢，繁荣才能持久，安全才有保障。中国提出了全球发展倡议、全球安全倡议，愿同国际社会一道努力落实。中国坚持对话协商，推动建设一个持久和平的世界；坚持共建共享，推动建设一个普遍安全的世界；坚持合作共赢，推动建设一个共同繁荣的世界；坚持交流互鉴，推动建设一个开放包容的世界；坚持绿色低碳，推动建设一个清洁美丽的世界。"[①]

推动建设人类命运共同体，源自中华文明历经沧桑始终不变的"天下"情怀。从"以和为贵""协和万邦"的和平思想，到"己所不欲，勿施于人""四海之内皆兄弟"的处世之道，再到"计利当计天下利""穷则独善其身，达则兼济天下"的价值判断，中华优秀传统文化的重要基

---

① 习近平：《高举中国特色社会主义伟大旗帜　为全面建设社会主义现代化国家而团结奋斗——在中国共产党第二十次全国代表大会上的报告》，人民出版社 2022 年版，第 62—63 页。

因，薪火相传，绵延不绝。

构建人类命运共同体，深刻回答了"建设一个什么样的世界，怎样建设这个世界"的问题，为世界更好地发展奉献了中国智慧和中国方案。人类只有一个地球，各国共处一个世界。经济全球化让"地球村"越来越小，社会信息化让世界越来越平。人类命运共同体意识超越种族、文化、国家与意识形态的界限，为思考人类未来提供了全新的视角，为推动世界和平发展给出了一个理性可行的行动方案，体现了和平、发展、公平、正义、民主、自由等全人类共同的价值追求，汇聚着世界各国人民对和平、发展、繁荣向往的最大公约数，为人类文明的发展进步指明了方向。构建人类命运共同体这一倡议已被多次写入联合国文件，正在从理念转化为行动，产生日益广泛而深刻的国际影响，成为中国引领时代潮流和人类文明进步方向的鲜明旗帜。

中国积极推动建设相互尊重、公平正义、合作共赢的新型国际关系，这是构建人类命运共同体的基本途径。世界长期发展不可能建立在一批国家越来越富裕而另一批国家却长期贫穷落后的基础之上。中国高举和平、发展、合作、共赢的旗帜，始终不渝走和平发展道路，恪守维护世界和平、促进共同发展的外交政策宗旨，坚定不移在和平共处五项原则基础上发展同各国的友好合作，打造覆盖全球的"朋友圈"。

构建人类命运共同体是一个历史过程，不可能一蹴而就，也不可能一帆风顺，需要付出长期艰苦的努力。中国是构建人类命运共同体的倡导者，也是积极的实践者。"一带一路"战略构想的提出，充分展现了中国平等互信、包容互鉴、合作共赢的外交理念，开拓了中国外交新局面。

"一带一路"建设，以政策沟通为重要保障，以设施联通为优先领域，以贸易畅通为重点内容，以资金融通为重要支撑，以民心相通为

链接："一带一路"倡议的提出

　　"一带一路"是"丝绸之路经济带"和"21世纪海上丝绸之路"的简称。
2013年9月和10月，习近平总书记出访中亚和东南亚国家期间，先后提出
共建"丝绸之路经济带"和"21世纪海上丝绸之路"的重大倡议。"一带一路"
贯穿亚欧非大陆，一头是活跃的东亚经济圈，一头是发达的欧洲经济圈，中
间广大腹地国家经济发展潜力巨大。丝绸之路经济带重点畅通中国经中亚、
俄罗斯至欧洲（波罗的海）；中国经中亚、西亚至波斯湾、地中海；中国至东
南亚、南亚、印度洋。21世纪海上丝绸之路重点方向是从中国沿海港口过南
海到印度洋，延伸至欧洲；从中国沿海港口过南海到南太平洋。

社会根基。"一带一路"建设，既是我国扩大开放的重大举措和经济外
交的顶层设计，也是为破解人类发展难题提供的中国智慧和中国方案。
中国制定出台了推动共建"一带一路"的愿景与行动文件，丝路基金
已经成立，亚洲基础设施投资银行也已正式开业。全球100多个国家
和国际组织积极支持和参与"一带一路"建设，联合国大会、联合国
安理会等重要决议也纳入"一带一路"建设内容。2017年5月，中国
成功主办"一带一路"国际合作高峰论坛，标志着共建"一带一路"
倡议已经进入从理念到行动、从规划到实施的新阶段。几年来，"一带
一路"建设完成了总体布局，绘就了一幅"大写意"，取得了令人瞩目
的成就。今后的任务是聚焦重点、深耕细作，共同绘制精谨细腻的"工
笔画"。

　　"一带一路"建设跨越不同地域、不同发展阶段、不同文明，是各
方共同打造的全球公共产品。"一带一路"架起了中国梦与世界梦相融
通的桥梁，是促进共同发展、实现共同繁荣的合作共赢之路，是增进理
解信任、加强全方位交流的和平友谊之路。

　　我们生活的世界充满希望，也充满挑战。有人将地球比作一艘大

船，190多个国家就是这艘大船的一个个船舱。世界各国只有相互尊重、平等相待，合作共赢、共同发展，实现共同、综合、合作、可持续的安全，坚持不同文明兼容并蓄、交流互鉴，承载着全人类共同命运的"地球号"大船才能乘风破浪，平稳前行。

小 结

中国特色社会主义进入新时代，这是中国共产党在科学把握世情、国情、党情深刻变化的基础上作出的关系全局的重大战略考量。习近平总书记强调，"新时代是中国特色社会主义新时代，而不是别的什么新时代"。这个新时代，是在新的历史条件下继续夺取中国特色社会主义伟大胜利的时代，是决胜全面建成小康社会、进而全面建设社会主义现代化强国的时代，是逐步实现全体人民共同富裕的时代，是实现中华民族伟大复兴中国梦的时代，是中国不断为人类作出更大贡献的时代。习近平总书记在党的十九大报告中形象而又深刻地指出："行百里者半九十。中华民族伟大复兴，绝不是轻轻松松、敲锣打鼓就能实现的。"党的二十大报告明确提出："我们比历史上任何时期都更接近、更有信心和能力实现中华民族伟大复兴的目标，同时必须准备付出更为艰巨、更为艰苦的努力。"中华民族历史上经历过很多磨难，但从来没有被压垮过，而是愈挫愈勇，不断在磨难中成长、从磨难中奋起。回望历史，中国共产党领导中国人民攻克了一个又一个看似不可攻克的难关，创造了一个又一个彪炳史册的人间奇迹。面向未来，中国共产党领导全国各族人民必将汇聚起势不可挡的磅礴力量，不断夺取伟大斗争的新胜利，实现中华民族的伟大复兴。

结　语

中华民族历经磨难，自强不息，从未放弃对美好梦想的追求。回顾中华民族百年追梦的历程会得到深刻启迪。

理论是行动的指南。科学的理论在照亮人们精神世界的同时，必然会指引着人们改造物质世界。如果没有符合客观实际的理论指引，革命实践就会走弯路或者导致失败。太平天国的绝对平均主义虽然也会有暂时的号召力和凝聚力，最终却因为是脱离实际的空想而归于失败。洋务派搞"中学为体，西学为用"，试图在维护封建统治的前提下走强国之路，结果必然是事与愿违。资产阶级改良派试图搞君主立宪式的资本主义，属于"跪着造反"，最终被顽固的封建势力杀得七零八落。孙中山的三民主义指导辛亥革命推翻了两千多年的封建帝制，但是由于中国资产阶级的软弱性和妥协性，中国仍然在黑暗中徘徊。就在中国先进的知识分子苦苦求索救国真理之时，十月革命第一次把社会主义从理论变成了现实。它像一缕新世纪的曙光，照亮了黑夜中的中国。马克思主义在中国的传播促成了中国共产党的诞生。马克思主义成为中国人民革命斗争的伟大旗帜，中国革命面貌焕然一新。理论引领着实践，实践又推动理论创新。对马克思主义的灵活运用和创新发展，形成中国化马克思主义，为实现中华民族伟大复兴指明了前进的方向。

道路关乎命运。在中国这样一个经济文化比较落后的国家探索民族复兴道路，是极为艰巨的任务。有人认为，暴力革命对中国现代化起了破坏和延误作用，似乎不发生革命，中国的现代化会更早些到来。这种观点完全脱离了当时的历史条件。实际上，革命者选择走革命道路并不是他们对革命有什么特别的喜爱，根本原因在于那个时代中华民族已处于生死存亡的关头，多种方案已经试验过了，结果都行不通，都没有完成中华民族救亡图存的历史任务。从波澜壮阔的历史进程中可以清楚地看到：不触动帝国主义、封建主义统治根基的改良主义失败了，中国人民才选择了革命道路；走资本主义道路的各种方案都行不通，中国人民才选择了经过新民主主义走向社会主义的道路。近百年来，中国共产党依靠人民，把马克思主义基本原理同中国实际和时代特征结合起来，独立自主走自己的路，历经千辛万苦，付出各种代价，取得革命、建设、改革的伟大胜利，开创和发展了中国特色社会主义，从根本上改变了中华民族和中国人民的前途命运。坚持走正确道路必须有制度保障。在实践探索中形成的中国特色社会主义制度，就是人民代表大会制度的根本政治制度，中国共产党领导的多党合作和政治协商制度、民族区域自治制度以及基层群众自治制度等基本政治制度，还有相关的各项具体制度等。中国特色社会主义文化积淀着中华民族最深沉的精神追求，代表着中华民族独特的精神标识，是激励全党全国各族人民奋勇前进的强大精神力量。坚定中国特色社会主义道路自信、理论自信、制度自信、文化自信，才能避免走封闭僵化的老路和改旗易帜的邪路，才能在中国特色社会主义道路上实现中华民族伟大复兴。

领导力量是事业成功的关键。中国的近现代史，是一部中国人民为实现中华民族独立、解放和伟大复兴而不懈奋斗的历史。在这个艰难的征程中，由哪个阶级哪个政党来领导人民进行斗争才能完成这个艰巨的历史任务，成为中国近现代史的核心问题。太平天国运动证明农民阶级不能摆脱封建主义的束缚，无法提出先进的思想理论，不可能成为领导阶级。戊戌变法的失败说明资产阶级改良派既不敢否定封建主义，又对帝国主义抱有幻想，同时惧怕人民群众，更不可能成为领导者。资产阶级革命派组织了自己的政党中国同盟会，但其内部组织松散，派系纷争，缺乏一个统一和稳定的领导核心。辛亥革命的最终失败证明了中国资产阶级同样无力担当中国革命的领导职责。中国共产党的诞生开启了中国人民救亡图存的崭新阶段。一代又一代的中国共产党人，满怀激情与梦想，为实现民族独立、人民解放，为实现国家富强、人民富裕奋起革命，前仆后继，竭尽全力，成为国家和民族的脊梁。领导力量的坚强，不在于不犯错误，关键是能否及时纠正错误。政党的先进不是永恒的，过去先进不等于现在和将来永远先进，执政地位也不是一劳永逸的。所以，党的自身建设就格外重要。中国共产党把自身建设作为伟大工程来抓，全面从严治党，从而成为中国革命、建设、改革事业的坚强领导核心。正是因为有了这个领导核心，中国人民才不断取得出一个又一个伟大胜利。我们已经走过千山万水，但仍需要跋山涉水。大道至简，实干为要。只要我们胸怀理想，艰苦奋斗，就一定能在中国共产党成立一百年时全面建成小康社会，就一定能在新中国成立一百年时建成富强民主文明和谐美丽的社会主义现代化国家。

追梦的历程增强信心，圆梦的目标催人奋进。党的二十大报告明确提出："从现在起，中国共产党的中心任务就是团结带领全国各族人民全面建成社会主义现代化强国、实现第二个百年奋斗目标，以中国式现代化全面推进中华民族伟大复兴。""全面建成社会主义现代化强国，总的战略安排是分两步走：从二〇二〇年到二〇三五年基本实现社会主义现代化；从二〇三五年到本世纪中叶把我国建成富强民主文明和谐美丽的社会主义现代化强国。"① 新时代"两步走"战略安排，发出了实现中

① 习近平：《高举中国特色社会主义伟大旗帜　为全面建设社会主义现代化国家而团结奋斗——在中国共产党第二十次全国代表大会上的报告》，人民出版社 2022 年版，第 21、24 页。

华民族伟大复兴中国梦的最强音。

历史蕴含丰富智慧。让历史告诉未来：我们现在比历史上任何时期都更接近中华民族伟大复兴的目标，比历史上任何时期都更有信心、有能力实现这个目标。勿忘昨天的苦难辉煌，无愧今天的使命担当，不负明天的伟大梦想，更加美好的中国将在亿万中华儿女的共同努力下变为现实。在中国共产党的坚强领导下，坚持走中国特色社会主义道路，团结奋斗，崇尚实干，勇往直前，就一定能够实现中华民族伟大复兴的中国梦！

后　记

习近平总书记指出，历史是最好的教科书。党的二十大报告明确提出，要持续抓好党史、新中国史、改革开放史、社会主义发展史的宣传教育，引导人民知史爱党、知史爱国，不断坚定中国特色社会主义共同理想。在庆祝中华人民共和国成立 75 周年之际，为深入学习"四史"提供参考材料，我们对《大国追梦》一书作了修订，采用讲道理与讲故事相结合的纪实写法，描绘中国共产党领导全国各族人民为中华民族伟大复兴而奋斗的光辉历程，旨在揭示历史必然性，回答一些历史之问，澄清一些模糊认识。

本书由王炳林设计框架，撰写前言、第六章和结语，并负责统编。阚和庆、冯留建参加了提纲讨论和书稿整理工作。参加书稿撰写的有：昝爱民、闫莉：第一章；丁云：第二章；赵朝峰：第三章；湛风涛：第四章；阚和庆：第五章；周良书：第七章；马宁：第八章；刘洪森：第九章；于昆：第十章；冯留建：第十一章；路淑英：第十二章；方建：第十三章。

金冲及、邵维正、仝华、黄修荣、王宪明、柳建辉等专家学者审阅了书稿并提出了指导性意见，人民出版社陈鹏鸣、杨美艳为本书出版付出了辛勤劳动，在此一并表示衷心感谢。

以专题的形式、从回答问题的视角叙述中国近现代历史，对我们来说是一个创新，不足之处在所难免，敬请读者批评指正。

2024 年 5 月 1 日

责任编辑：杨美艳

装帧设计：林芝玉

责任校对：张　彦

图书在版编目（CIP）数据

大国追梦／王炳林　主编 . — 北京：人民出版社，2020.9（2024.6 重印）

ISBN 978 - 7 - 01 - 016407 - 6

I.①大…　Ⅱ.①王…　Ⅲ.①中国历史 - 近现代 - 通俗读物　Ⅳ.① K250.9

中国版本图书馆 CIP 数据核字（2016）第 147754 号

大国追梦
DAGUO ZHUIMENG

王炳林　主编

人 民 出 版 社 出版发行

（100706　北京市东城区隆福寺街 99 号）

中煤（北京）印务有限公司印刷　新华书店经销

2020 年 9 月第 1 版　2024 年 6 月北京第 11 次印刷

开本：710 毫米 ×1000 毫米 1/16　印张：20.25

字数：268 千字

ISBN 978 - 7 - 01 - 016407 - 6　定价：68.00 元

邮购地址 100706　北京市东城区隆福寺街 99 号

人民东方图书销售中心　电话（010）65250042　65289539